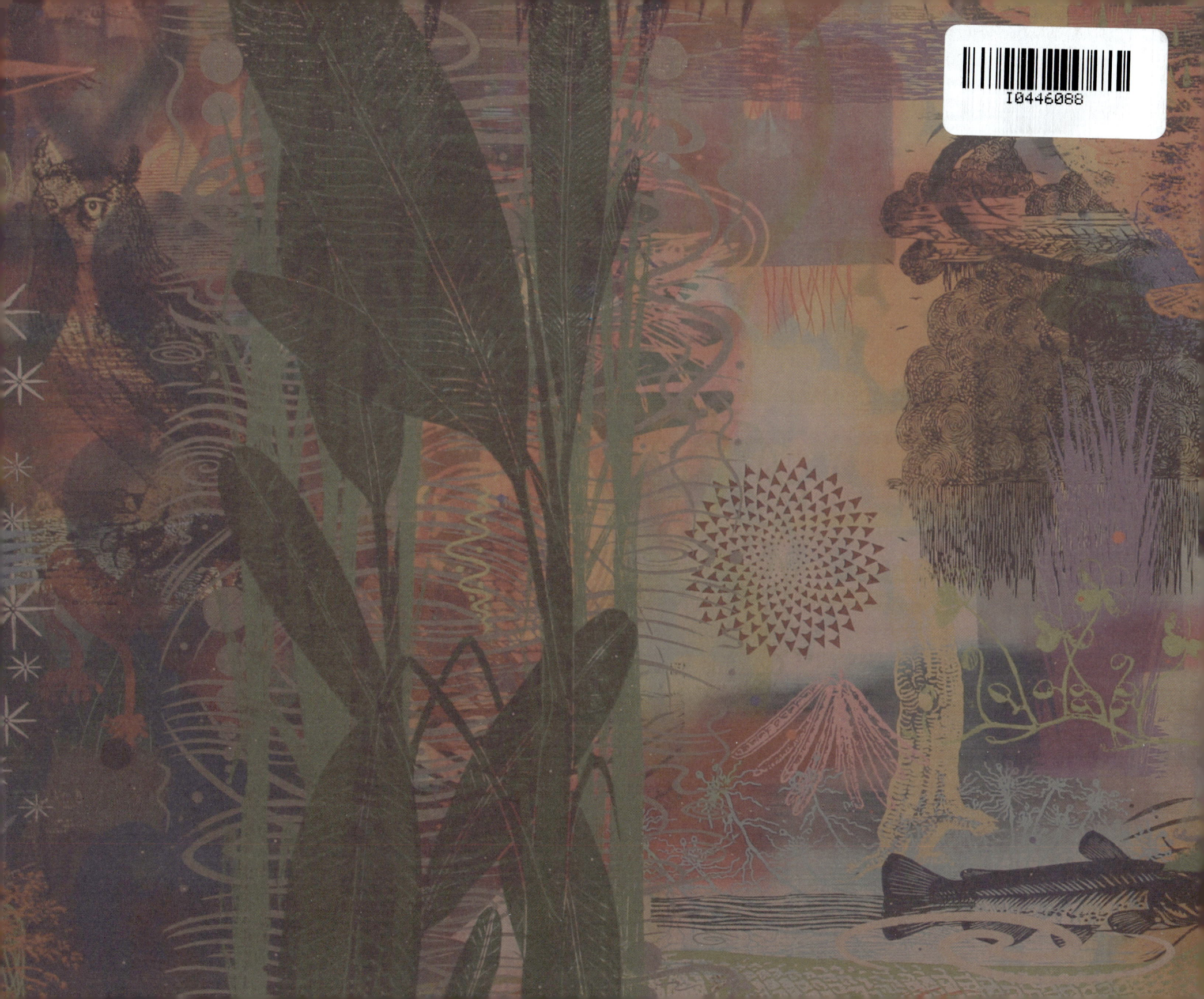

FRANCIS PAVY

VISIONS by Alexandre Leupin & Francis Pavy

FRANCIS PAVY

VISIONS by Alexandre Leupin & Francis Pavy

To Caroline and Greg

Published by Louisiana State University Department of French Studies
Distributed by Louisiana State University Press
Copyright © 2018 Alexandre Leupin, Louisiana State University
Department of French Studies

Louisiana State University Department of French Studies
416 Hodges Hall
Baton Rouge, LA 70803
www.lsu.edu/hss/french

ISBN: 978-0-8071-7136-3

Francis Pavy: VISIONS is the second book in the Louisiana Treasures series. The publication of this book would not have been possible without the support of Caroline Kennedy-Stone and Greg Stone, and the Louisiana State University Department of French Studies and its chair, Professor Adelaide Russo.

LOUISIANA TREASURES

louisianatreasures.lsu.edu

DESIGN AND PRODUCTION

PROJECT DIRECTOR
Kitty Pheney

FACULTY ADVISOR
Rod Parker

DESIGNER
Hayden Nagin
LSU School of Art: GDSO
(Graphic Design Student Office)

CREATIVE DIRECTOR
Luisa Restrepo Pérez

PRINTING
Pacom Korea, Inc.

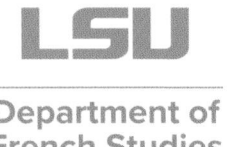
Department of French Studies

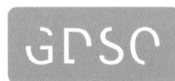

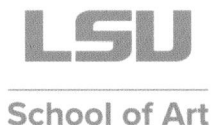
School of Art

ACKNOWLEDGMENTS

The authors wish to express their gratitude to all the individuals who made the path from concept to reality so much easier: Alkis Tsolakis, Dean of the College of Art and Design; Rod Parker, Director, School of Art; Kitty Pheney, Associate Head, Art Operations and Programs, School of Art; Luisa Restrepo Perez, Faculty, School of Art; Hayden Nagin, School of Art, Graphic Design Student Office; and last, but not least, Professor Jeffrey M. Leichman, who proofread the English version of the text.

ALEXANDRE LEUPIN

Alexandre Leupin is Phyllis M. Taylor Professor in French Studies at Louisiana State University. He has written extensively on literature, art history, psychoanalysis, and philosophy.

www.lsu.edu/hss/french/people/faculty/LeupinAlexandre

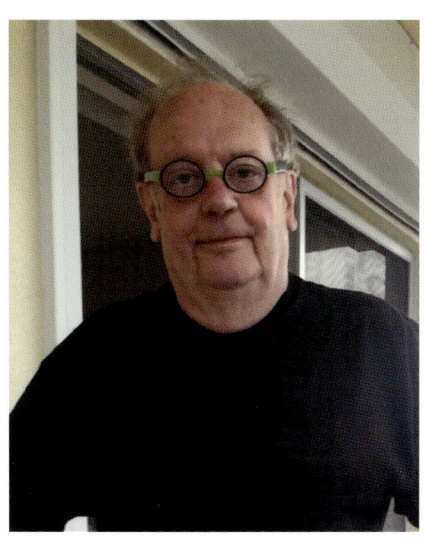

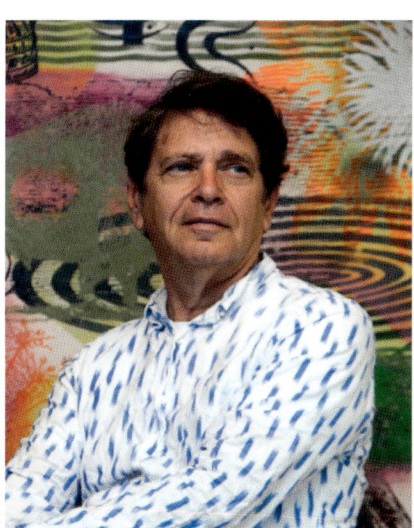

FRANCIS X. PAVY

Francis X. Pavy is an internationally renowned artist. He lives in Lafayette, Louisiana.

www.pavy.com

DU MÊME AUTEUR

Édouard Glissant, philosophe : Héraclite et Hegel dans le Tout-Monde, Paris, Hermann, 2016.

Proust en bref, Geuève, Furor, 2015.

Les entretiens de Baton Rouge, avec Édouard Glissant, Paris, Gallimard 2008.

Lacan Today, Psychoanalysis, Science, Religion, New York, The Other Press 2004.

Fiction and Incarnation, English translation, Minneapolis, University of Minnesota Press, 2003.

Phallophanies, La chair et le sacré, Paris, Éditions du Regard, 2000.

La Passion des Idoles I - Foi et pouvoir dans la Bible et la Chanson de Roland, Paris, L'Harmattan, janvier 2000.

Fiction et incarnation, théologie et littérature au Moyen Âge, Paris, Flammarion, (collection "Idées et recherches"), décembre 1993.

Barbarolexis, traduction italienne, Cuculibri Press, Parme 1993.

Barbarolexis: Medieval Literature and Sexuality, Cambridge, Harvard University Press 1989. Traduit par Kate M. Cooper.

Lacan and the Human Sciences, Edited with a foreword, Lincoln, University of Nebraska Press, March 1991.

Le Graal et la littérature, étude sur la vulgate arthurienne en prose, Lausanne, L'Âge d'Homme, 1983.

TABLE OF CONTENTS
TABLE DES MATIÈRES

Style for the writer,
color for the painter,
are a matter not of technique, but of vision.

MARCEL PROUST

A new region, which is an epoch mixing
all times and all durations, an epoch
which is also an inexhaustible country accumulating expanses,
which search for other limits,
incalculable in numbers but always finite, like it has been said of atoms…

ÉDOUARD GLISSANT

Le style pour l'écrivain,
aussi bien que la couleur pour le peintre,
est une question non de technique mais de vision.

MARCEL PROUST

Une région nouvelle qui est une époque aussi qui est un inépuisable pays
accumulant les étendues, qui se cherchent d'autres limites,
en nombre incalculable mais toujours fini,
ainsi qu'on a dit des atomes...

ÉDOUARD GLISSANT

THE MARDI GRAS OF PAINTING

Assessing anything historically calls for narratives, great or humble. Indeed, there is a master narrative in art history, which was put in place by Giorgio Vasari during the Renaissance, redrawn by Hegel in the nineteenth century, and then reworked by Hans Belting and Arthur Danto. The story goes something like this: European art, through Giotto at the beginning of the fourteen century, shifts from (sacred) images that are important only insofar as they point to a Presence outside of themselves, to representations that aim at reproducing what is seen with a better and better accuracy. After Giotto, the emphasis is no longer on icons, where the artist's skill is secondary to the sacred subject the image represents, but on painting techniques that aim at a more and more precise mimesis of the world, the formalization of perspective being but one of the stages of this evolution. The Medieval image was transitive, had no value, artistic or other, in itself, because it pointed to a Presence outside it. When art devotes itself to likeness, it becomes partially intransitive, since the accent is now put on the painterly technique.

In its turn, this paradigm shifts at the end of the nineteenth century, when painters like Manet and the Impressionists decide that the only thing that matters in painting is painting itself, not the objects art depicts. The emphasis is now in making technique completely manifest: Manet will underline the artificial nature of painting by combining flat surfaces that make the two-dimensional nature of a picture apparent, the Impressionists will attract attention to the brushstrokes in their rendition of nature. Thus is modern art founded, in opposition to mimetic art. The gaze is diverted form the representation of reality to the canvas' surface, and the ever expanding refinement of mimetic figuration comes to an end, until it will be resurrected by Photorealism.

Then, the paradigm moves again during an eleven-year period beginning with Kandinsky's first abstract aquarelle (1910), Duchamp's first ready-mades (1914), Malevich's *Black Square* (1915), Dada's first exposition (Berlin, 1921). This decade having passed, all the presuppositions supporting artistic activity have been called into question, on all fronts: art can be anything (Duchamp and Dada); art does not need to be figurative anymore (Kandinsky); it can

refer to itself exclusively (Malevich); art doesn't have to express individuality, a specific talent, or technical apprenticeship and mastery; it doesn't need to project the artist's interior life on the canvas; it does not need to "represent" the world. Also, as Duchamp's ready-mades make clear, the history of art is no longer written through canvas or marble; painting and sculpture have lost their privileged place in that history.

With Duchamp, Modernism comes to an end and the era of "anything goes" begins, culminating in Andy Warhol's *Brillo Box*, Arthur Danto's favorite example, where nothing distinguishes the art object from the merchandise in a supermarket, except for its materials and Warhol's signature. And thus ends the master narrative of European art (Danto, 106).

It is no coincidence that abstract and contemporary art decided to get rid of references to story, stories, History or histories; it is of a piece with the collapse of the master narrative of European Art. This narrative phobia also indicates that European artistic traditions had exhausted, over the course of many millennia of experimentation, all their expressive possibilities. Hegel predicted this end, declaring in the opening of his *Aesthetics* (1828): "Art is for us something of the past." Arthur Coleman Danto is without doubt the art critic who most lucidly took stock of the Hegelian dissolution of art: "The master narrative of the history of art - in the West but by the end not in the West alone - is that there is an era of imitation, followed by an era of ideology, followed by our post-historical era in which, with qualification, anything goes… In our narrative, at first only mimesis [imitation] was art, then several things were art but each tried to extinguish its competitors, and then, finally, it became apparent that there were no stylistic or philosophical constraints. There is no special way works of art have to be. And that is the present and, I should say, the final moment in the master narrative. It is the end of the story." [1]

Danto also indicates the similarity of his thesis with the rejection of narrative by Generation Xers; in passing, this shows that the end of the master narrative

LE CARNAVAL DES IMAGES

Toute évaluation historique exige une narration, humble ou grandiose. Ainsi, dans le domaine de l'histoire de l'art existe un récit, qui fut mis en place par Giorgio Vasari à la Renaissance, reconstruit par Hegel au dix-neuvième siècle, et enfin relevé par Hans Belting et Arthur Danto. Ce récit dit à peu près que l'art européen, à partir de Giotto au début du quatorzième siècle, passe de l'image sacrée dont la seule fonction est d'évoquer une Présence qui lui est extérieure (tel est le statut de l'icône), à une représentation qui vise à reproduire ce qui est vu avec une précision de plus en plus grande. Après Giotto, l'accent n'est plus mis sur le statut iconique de l'image, où l'habileté de l'artiste est secondaire par rapport à la sacralisation de son sujet, mais sur des techniques picturales qui visent à une mimesis exacte du monde, la théorisation de la perspective n'étant qu'une des étapes de ce procès. L'icône médiévale était transitive, elle n'avait pas de valeur, artistique ou autre, en elle-même, parce qu'elle indexait la Présence qui lui était extérieure. Quand l'art se voue à l'imitation, il devient partiellement intransitif, puisque la valeur est désormais partiellement attribuée à la technique picturale.

A son tour, ce changement de paradigme est soumis à une nouvelle rupture à la fin du dix-neuvième siècle, quand Manet et les impressionnistes décident que la seule chose qui importe est la peinture elle-même, non les objets qu'elle représente. L'accent porte maintenant sur une manifestation aussi complète que possible de la technique picturale : Manet soulignera l'artificialité du tableau en agençant des surfaces aplaties qui mettent en évidence la nature bi-dimensionnelle de la peinture, les impressionnistes attireront l'œil vers les coups de pinceau dans leur reproduction des motifs. Ainsi commence l'art moderne, dans une opposition à la tradition de la mimesis. Le regard est détourné de la représentation de la réalité vers la surface de la toile, et le raffinement toujours plus grand de la figuration mimétique meurt, jusqu'à ce qu'il soit ressuscité par le photoréalisme.

Le paradigme du modernisme est à son tour bouleversé durant une période de onze ans, commençant avec la première aquarelle abstraite de Kandinsky (1910), le premier Ready Made de Duchamp (1914), Le carré noir de Malevitch (1915) pour aboutir à l'exposition inaugurale de Dada à Berlin, en 1921. Cette décade remet en question, sur tous les fronts, tous les présupposés qui sous-tendaient l'activité artistique : tout objet peut prétendre au statut d'art (Duchamp et Dada), la peinture n'a plus besoin d'être figurative (Kandinsky) ; l'art n'a pas à exprimer une individualité, un talent ou une vocation individuels, il ne passe plus par un apprentissage qui mène à une quelconque maîtrise technique. La vie intérieure de l'artiste n'a plus à se projeter sur la toile, le monde n'a plus à être représenté. Et, comme les Ready Made de Duchamp le signalent, l'histoire de l'art n'est plus écrite sur la toile ou le marbre, la peinture et la sculpture ont perdu le privilège qu'ils occupaient dans cette histoire.

Avec Marcel Duchamp, le Modernisme meurt et l'ère du « tout est permis » s'inaugure, Elle va culminer dans la Brillo Box d'Andy Warhol, l'exemple favori du philosophe et historien de l'art Arthur Danto. Désormais, rien ne distingue plus l'objet d'art de la marchandise au supermarché, sauf la signature de l'artiste. Et ainsi s'achève le récit fondamental de l'art européen (Danto, 106).

Que l'art abstrait et l'art contemporain aient décidé de se débarrasser du récit, de l'histoire et des histoires, des fables et du mythe n'est en rien une coïncidence. Cet abandon est solidaire de l'écroulement du récit fondamental de l'art européen. Cette phobie du narratif indique aussi que les traditions artistiques européennes ont épuisé, au cours des nombreux millénaires de leur expérimentations, toutes leurs possibilités expressives. Hegel avait prédit cette fin, qui déclare au début de son Esthétique (1828) : « L'art est pour nous quelque chose qui appartient au passé. » Arthur Coleman Danto est sans doute le critique d'art qui a le mieux tiré parti de la dissolution hégélienne de l'art : « Le récit fondamental de l'histoire de l'art - en Occident mais en dernière analyse pas seulement en Occident — est qu'il y a l'ère de l'imitation, suivie par l'ère de l'idéologie, suivie à son tour par notre ère postmoderne où, avec certaines restrictions, tout est permis… Dans le cadre de notre récit, tout d'abord seule la mimesis était de l'art, ensuite plusieurs choses étaient de l'art, nais chacune d'elles tentait d'étouffer ses rivaux, et, enfin, il devint manifeste qu'il n'a avait plus de contraintes philosophiques ou stylistiques. C'est là notre présent, et, j'y insiste, le terme du récit fondamental. C'est la fin du conte. » [1]

of European art is part of a much broader story, which affects individuals on both side of the Atlantic – in Western civilization:

"My thesis is, rather, akin (but only akin) to that of a spokesman for the so-called Generation X, who said of his peers that "they have no narrative structure to their lives," and then, after listing some of these, went on to say, "All these narrative templates have eroded." [2]

The notion of the End of Art has to be taken seriously; in Hegel, it was a prediction or a prophecy, related to his notion of the End of History. This prediction is not invalidated by the enormous exuberance of artistic movements in Europe between 1828 (publication of the *Aesthetics*) and 1917, when Marcel Duchamp tries to have *The Fountain* exhibited by the Society of Independent Artists in New York, or 1918, when Casimir Malevich paints *White Square on a white background*, or 1921, Dada's first exposition in Berlin. These three events materialize Hegel's accurate prediction and verify it. In fact, all that was needed was a little patience, then the End would happen. Arthur Danto, as he himself states, replicates almost word for word Hegel's prophecy. He has however an advantage over the German philosopher, in the sense that the End has indeed happened; the prophecy has averred itself. What is left for Danto to do is explore as profoundly and meticulously as possible the consequences of the apocalypse.

In European culture, a momentous event such as the End of Art cannot not be limited to painting or sculpture; indeed, Stéphane Mallarmé's poetics and Marcel Proust *A Remembrance of Things Past* both manifest the End in literature. Mallarmé abolishes the human subject, and Proust exhausts all possibilities of expression for the subject's psychological depths. But, for Hegel, Art and Literature are symptoms of a larger finale, the End of History, where the philosopher has achieved Absolute Knowledge, and can return to quiet contemplation. Nietzsche, who opens *Zarathustra* with the Last Men's bleating, further expands this theme.

An additional parallel between literature and painting can be drawn through Proust, who loved Impressionism; both *A Remembrance of Things Past* and modern painting draw attention, not to the object represented, but to the materiality and manner of representation. Proust writes the definitive Book on the Book, and Manet and the Impressionists are the first to fully paint on painting, by accentuating its two-dimensional property: flatness and/or visible brushstrokes are at the same time an index of painting as painting and the ushering of art into modernity. [3]

A critique or revision of Hegel and Danto cannot be based on their internal contradictions: they are philosophers, after all, that is, people who think coherently by professional obligation. Furthermore, Hegel's prediction and Danto's findings are verified by history, even if we continue to produce art, write literature and simply live after the End of History and the Last Man. Any criticism, thus, must originate from outside of their systems of thought.

Hegel's and Danto's notion of the End share three important characteristics. First, for both of them, art history is linear and oriented towards a finality, art's dissolution, after which comes Danto's "anything goes", which is nothing else than a Hegelian resolution (*Aufhebung*) of the dialectics of history. A historical non-linearity and non-finality, which upset the unfurling of dialectics, cannot be accommodated by a Hegelian system.

Second, the developments of art history (mimesis, modern art, nonfigurative art, contemporary art), are specific to European and American art, which are indeed the master location for the historical development of representation and the geographic space where abstraction, performance, minimalism (which, of course, begat maximalism in America), *arte povera*, etc. were invented. The same goes for Hans Belting's progress from functional image (sacred art) to secular art (*Likeness and Presence, An History of the Image before the Era of Art*), which is grounded in the particular evolution of Christian sacred art in the Middle ages, a historical moment that is specific to Europe. Art from elsewhere, temporally or geographically, is excluded from consideration, unless we consider the "anything goes" of contemporary art as universal, which is far from being the case.

Thirdly, linearity implies progress, at least on the level of mimetic technique, until the "anything goes" gets rid of the notions of technique and mastery themselves, and thus nonlinearity becomes the norm, after the apocalypse.

4

Danto indique également la similitude de sa thèse avec le rejet du récit par la génération X, celle qui suit les « baby boomers »; en passant, nous saisissons que la fin du maître récit de l'art européen fait partie d'une histoire beaucoup plus large, qui affecte les individus des deux côtés de l'Atlantique - dans la civilisation occidentale:

«Ma thèse, plutôt, est semblable à celle d'un porte-parole de la soi-disant Génération X, qui dit de ses pairs qu' « ils n'ont pas de structure narrative dans leur vie », puis, après avoir fait une liste de ces structures, déclara : « Tous ces modèles narratifs ont été érodés». [2]

Il faut prendre la notion de la Fin de l'Art au sérieux : pour Hegel, elle était une prédiction ou une prophétie en corrélation étroite avec sa conception de la Fin de l'Histoire. Cette prédiction n'est pas invalidée par la fantastique exubérance des mouvements artistiques européens de 1828, date de la publication de l'Esthétique, *et 1917, quand Marcel Duchamp essaie de faire admettre* La fontaine *à l'Exposition des artistes indépendants à New York, ou 1918, quand Casimir Malevitch peint* Carré blanc sur fond blanc, *ou encore 1921, date de de la première exposition Dada à Berlin. Ces trois événements matérialisent la prédiction d'Hegel et la vérifient. De fait, il fallait juste un peu de patience pour attendre que la Fin se produise. Arthur Danto, comme il l'écrit lui-même, répète la prophétie d'Hegel presque mot pour mot. Il jouit cependant d'un avantage sur le philosophe allemand, en ce sens que la Fin de l'Art est bel et bien arrivée : la prophétie s'est avérée. Ce qui reste à faire à Danto, c'est d'explorer de manière aussi profonde et méticuleuse que possible les conséquences de l'apocalypse.*

Un événement aussi important que la Fin de l'Art ne peut pas se limiter à la peinture ou à la sculpture ; par exemple, la poétique de Stéphane Mallarmé et A la recherche du temps perdu *de Marcel Proust manifestent tous deux la Fin dans la littérature. Mallarmé abolit le sujet humain, et Proust épuise toutes les possibilités d'expression offertes aux profondeurs psychologiques du sujet. Mais, pour Hegel, l'art et la littérature sont des symptômes d'un terme plus grand, celui de la Fin de l'Histoire, où le philosophe a atteint le savoir absolu et peut revenir à une tranquille contemplation. Nietzsche, qui ouvre le* Zarathoustra *avec les bêlements du Dernier Homme, élargit encore ce thème.*

Un parallèle supplémentaire entre la littérature et la peinture peut être tracé à travers Proust, qui a aimé l'impressionnisme; comme A la recherche du temps perdu, *la peinture moderne attire l'attention, non pas sur l'objet représenté, mais sur la matérialité et la manière de la représentation. Proust écrit le livre sur le livre définitif, et Manet et les impressionnistes sont les premiers à peindre sur la peinture, en accentuant sa propriété bidimensionnelle: la planéité et / ou les coups de pinceau visibles sont à la fois un index de la peinture comme peinture et le début de l'entrée de l'art dans la modernité .* [3]

Une critique ou une révision de Hegel et de Danto ne peuvent pas être basées sur leurs contradictions internes : après tout, ce sont des philosophes, c'est-à-dire des individus qui pensent de manière cohérente par obligation professionnelle. En outre, la prédiction de Hegel et les découvertes de Danto sont vérifiées par une preuve empirique (à tout le moins, la Fin de l'Art a bel et bien eu lieu), même si nous continuons à produire de l'art, à écrire de la littérature et simplement à vivre après la fin de l'histoire et le dernier homme. Toute critique doit donc provenir de l'extérieur de leurs systèmes de pensée.

*La notion de la Fin d'Hegel et de Danto possède trois caractéristiques importantes. Tout d'abord, pour les deux, l'histoire de l'art est linéaire et orientée vers une finalité, celle de la dissolution de l'art, après quoi vient le « tout est permis » de Danto, qui est rien d'autre qu'une résolution hégélienne (*Aufhebung) *de la dialectique de l'histoire. Une non-linéarité historique et une non-finalité qui dérangeraient le déroulement de la dialectique ne peuvent être prises en compte par une dialectique hégélienne.*

*En second lieu, les développements de l'histoire de l'art (mimésis, art moderne, art non-figuratif, art contemporain) sont spécifiques à l'art européen et américain, qui sont en effet le lieu principal du développement historique de la représentation et aussi l'espace géographique où l'abstraction, la performance, le minimalisme (qui, bien sûr, en Amérique engendra le maximalisme), l'arte povera, etc. ont été inventés. De même, pour Hans Belting, le passage de l'image fonctionnelle sacrée à l'art non-iconique profane (*Ressemblance et Présence, *une histoire de l'image avant l'ère de l'art), est fondée sur l'évolution particulière de l'art chrétien au Moyen Age, un moment historique spécifique à l'Europe. L'art non-européen, temporairement ou géographiquement, est exclu de l'évaluation, à moins que nous considérions comme « universel » le «tout est possible» de l'art contemporain, ce qui est loin d'être le cas.*

Today, anything that returns, for example, to the insistence on the painterly (like Hopper, Balthus, Lucian Freud, Bacon, or Odd Nerdrum), to technical mastery (like Photorealism), to contemporary "folk art", is either outside of history, not part of the contemporary narrative, or simply a regression, because it contradicts the implosion of the master narrative. So, paradoxically, "anything goes" ends up in a massive exclusion, which radically contests its universality.

Thus, on these three important levels, at each time a characteristic that is in fact idiosyncratic and specific to a restricted space and time of the human engagement with images and representation is elevated to the level of a universal or universality. And this all-encompassing reach excludes anything that lies outside of its presuppositions. This is not at all to say that these notions are non-pertinent (in all cases, in Hegel, Danto, or Belting, they are powerfully functional), only that they have limited pertinence and application. The only universal remaining is the "anything goes;" but, precisely, its generality makes it inoperative: as a statement, it is simultaneously the most abstract and general and the most devoid of content and meaning, truly signifying the end of history and thus, the end of Hegelian dialectics in Europe and America. But, for a Haitian, African or Louisiana painter, anything does not go.

The first move of Abstract art was to separate itself from context ("the outer world") and turn inward, to the artist's inner life. Whatever happened later, that was the tenet of its founder, Wassili Kandinsky: "These two possible resemblances between the art forms of today and those of the past will be at once recognized as diametrically opposed to one another. The first, being purely external, has no future. The second, being internal, contains the seed of the future within itself." (*On the Spiritual in Art*, 1910). Abstract art was at first a retreat into the interiority of a singular artist: "Beauty is what comes from an interior necessity of the soul. Beauty is internal beauty." (*Ibid.*) The subject and subjectivity were central to Robert Delaunay's as well as Kandinsky's project: "Without the subject, no recourse. The subject in painting is entirely visual and proceeds from vision; the subject must be the pure expression of human nature." (*Du cubisme à l'art abstrait*, 1957)

But Malevich, five years after Kandinsky's breakthrough, discarded even this singular, internal and spiritual subject: *The Black Square* makes no pretense of expressing its creator's inner life. It thus becomes truly non-contextual, freed from any external reference, except in its contestation of works past, and at the same time it exhausts the pleasures and meanings of subversions that would come later (Ad Reinhardt and other monochromists come to mind), since *The Black Square*'s context has already been upended.

As Arthur Danto himself, writing not as an art historian but as a philosopher (*Connections to the World: The Basic Concepts of Philosophy*, 1997), reminds us, we need context to make sense of anything. There was a strong context for Duchamp's *Fountain*, Kandinsky's *Untitled* aquarelle and Malevich's *White Square*, a context given by art history or simply history, that made the elucidation of these works possible, even if or because they destroyed this context. In this specific framework, these works signify the ushering in of the End of Art, at which point, if we follow Danto, we enter the post historical era of art, which simply means that historical contextualization as a means of understanding works of art is no longer available to us.

This is why post historical artists themselves will be in charge of providing the context for their own work. It is no coincidence that the dawn of official – published – commentaries by the artist on his work coincides with the birth of abstraction itself and originates with Kandinsky's beautiful meditation and Malevich's *Suprematist manifesto*. Thus we enter the era of what Danto names the Age of Manifestos.

We know that art has always been surrounded and made possible by language; the tribes responsible for the Lascaux frescoes probably discussed what had to be painted on the cave's wall and must have declared their appreciation for the result (we shouldn't suppose that prehistoric man was any less smart than we are). We can surmise that art was always surrounded by discourses explaining the meaning of a work: Pausanias, Pliny the Elder, Abhinavagupta, Confucius all commented on art. These ancient commentaries and treatises, though, were not indispensable to the very essence and functioning of works. The latter could also be enjoyed outside of the mediation of words, for themselves, in an unmediated sensory and emotional experience.

Troisièmement, la linéarité implique le progrès, au moins sur le plan de la technique mimétique, jusqu'à ce que le « tout est possible » se débarrasse des notions de technique et de maîtrise elles-mêmes, et alors la non-linéarité devient la norme d'après l'apocalypse. Aujourd'hui, tout ce qui revient, par exemple, à l'insistance sur le pictural (à l'instar de Hopper, de Balthus, de Lucian Freud, de Bacon ou d'Odd Nerdrum), à la maîtrise technique (comme le photoréalisme), à l'art folklorique contemporain, est soit en dehors de l'histoire, ne fait pas partie du récit contemporain, ou alors, simplement une régression, car cela contredit l'implosion du récit principal. Ainsi, paradoxalement, le « tout est possible » débouche sur une exclusion massive, ce qui conteste radicalement son universalité.

De ce fait, sur ces trois niveaux importants, à chaque fois, une caractéristique qui est en fait idiosyncrasique et spécifique à une époque et un espace définis de la tractation humaine avec des images et de la représentation, est élevée au niveau d'un ou de l'universel. Et cet universalisme exclut tout ce qui se situe en dehors de ses présuppositions. Cela ne revient pas à dire que ces notions ne sont pas pertinentes (dans tous les cas, chez Hegel, Danto et Belting, elles sont puissamment fonctionnelles), seulement qu'elles ont une pertinence et une application limitées. Le seul universel qui subsiste est le « tout est possible ». Mais, précisément, sa généralité le rend inopérant : en tant qu'assertion et prise de position, il est simultanément le plus abstrait, le plus général et le plus dépourvu de contenu et de sens, manifestant de la sorte réellement la fin de l'histoire et donc la fin de la dialectique hégélienne en Europe et en Amérique. Mais, pour un peintre haïtien, africain ou louisianais, tout n'est pas possible.

Le premier geste de l'art abstrait fut de se séparer du contexte (du « monde extérieur ») et de se tourner vers la vie intérieure de l'artiste. Quoi qu'il soit arrivé plus tard, ce fut le principe de son fondateur, Vassily Kandinsky: « Ces deux ressemblances possibles entre les formes d'art d'aujourd'hui et celles du passé seront immédiatement reconnues comme diamétralement opposées les unes aux autres. Le premier, étant purement externe, n'a aucun avenir. Le second, interne, contient la graine de l'avenir en lui-même. » (Du spirituel dans l'art, 1910). L'art abstrait fut d'abord un retrait dans l'intériorité d'un artiste singulier: « La beauté est ce qui vient d'une nécessité intérieure l'âme. La beauté est la beauté intérieure. » (Ibid.) Le sujet et la subjectivité étaient au cœur du projet de Robert Delaunay aussi bien que celui de Kandinsky : « Hors du sujet, pas de ressource. Le sujet dans la peinture est entièrement visuel et procède de la vision ; le sujet doit être l'expression pure de la nature humaine. » (Du cubisme à l'art abstrait, 1957)

Mais Malevitch, cinq ans après l'innovation de Kandinsky, met au rebut même ce sujet singulier, interne et spirituel: Le carré noir n'a pas la prétention d'exprimer la vie intérieure de son créateur. Il devient donc vraiment non contextuel, débarrassé de toute référence externe, sauf dans sa contestation des œuvres du passé ; il épuise du même coup les plaisirs et les significations des subversions qui viendront plus tard (Ad Reinhardt et d'autres monochromistes viennent à l'esprit), puisque le contexte du Carré noir a déjà été subverti.

Comme Arthur Danto lui-même le rappelle, quand il écrit non pas en tant qu'historien de l'art, mais en tant que philosophe (Liens avec le monde: les concepts de base de la philosophie, 1997), nous avons besoin de contexte pour donner un sens à quoi que ce soit. Il y avait un contexte solide pour La Fontaine de Duchamp, l'aquarelle Sans titre de Kandinsky et Le carré blanc de Malevitch, un contexte donné par l'histoire de l'art ou simplement par l'histoire qui rendait l'élucidation de ces œuvres possibles, même si (ou parce que) elles détruisaient ce contexte. Dans ce cadre spécifique, ces œuvres signifient l'irruption de la fin de l'art, c'est-à-dire, à suivre Danto, le moment où nous entrons dans l'ère post-historique de l'art, ce qui signifie simplement que la contextualisation historique comme moyen de comprendre les œuvres d'art n'est plus à notre disposition.

C'est pourquoi les artistes postmodernes eux-mêmes se chargeront de fournir le contexte de leurs propres œuvres. Ce n'est pas par hasard que le début des commentaires officiels publiés par l'artiste sur son travail est contemporain de la naissance de l'abstraction elle-même : l'autointerprétation naît dans la belle méditation de Kandinsky et du manifeste suprématiste de Malevitch. Par eux, nous entrons dans l'ère de ce que Danto nomme l'Âge des manifestes.

Nous savons que l'art a toujours été entouré et rendu possible par la langue; Les tribus responsables des fresques de Lascaux ont probablement discuté de ce qui devait être peint sur le mur de la grotte et ont dû déclarer leur appréciation pour le résultat (nous ne devrions pas supposer que l'homme préhistorique était moins intelligent que nous). Nous pouvons supposer que l'art a toujours été entouré de discours expliquant le sens d'une œuvre: Pausanias, Pline l'Ancien, Abhinavagupta

A key turning point in the history of art is when emotion becomes superfluous, is rejected in order to lay bare the concept. With emotion's disappearance, any aspiration to beauty is also put into question. In that sense, most abstract and conceptual art presents us with a barren landscape, devoid of any pathos, any passion. I can have an emotional rapport with a prehistoric statuette, even if that requires knowledge (that is to say, an informed emotion), because imagination is at play in my appreciation, I figure the artist carving and the tribe admiring. Closer to us, before I even admire its beauty, analyze its composition and palette, understand its innovative force regarding the history of art, Masaccio's *Adam and Eve* have a direct emotional charge. Likewise, at another level, the beauty of Modigliani or Raphael is apprehensible without any mediation, and the same goes for the emotion and beauty in Pavy's work. From this standpoint, much of abstract and contemporary art surrenders to a flight toward a Platonic, abstract Heaven of Ideas, where bodies, desires, passions, and feelings have disappeared and are replaced by a discourse on art.

Thus, contemporary art ushers in another mode of social functioning, where the work of art cannot be separated from its commentary, lest it become meaningless. For much of the art that is created today, a complementary discourse is indeed an absolute necessity: it has no value, autonomy or meaning per se. In a sense, we have not left the age of manifestos. But the manifestos don't found schools and movements anymore, their presence is requested to explain a sole artist's work, or even a single performance or object.

To illustrate the need for discourse, there is no better example than putting Robert Ryman's monochromes side by side with Malevich's *White Square*. For Ryman's work not to be a meaningless repetition, a narrative must be provided (which Arthur Danto obligingly supplies).

This commingling of art and commentary, where each reinforces the other and both are indispensable to each other, is in itself a sign of the End, if we follow Hegel's interpretation: "Art doesn't anymore offer us the fulfillment of our spiritual needs, which other people sought and found. Our needs have been displaced to the representational domain and, to fulfill them, we need the help of cogitation, thoughts, and abstractions, abstract and general representations. […] That is why today, we are tending towards cogitations

and thoughts about art." (*Aesthetics*) To turn back again to literature, it is also no coincidence that the masterpiece that exhausts the possibilities of the expression of the self, *A Remembrance of Things Past*, is also the ultimate Book on writing a book: literature on literature is a sign of the End; similarly, *The White Square*, *The Fountain*, art on art, are coeval with Proust, and both manifest the end of history of Art in Europe.

• • •

In contemporary art, something is always left to be didactically elucidated, lest the product become meaningless and thus unsalable. Devoid of its pedagogical context, the work cannot access meaning, it becomes an orphan child always in search of his father's or mother's assistance and explanations to survive and attain meaningfulness. [4]

By contrast, Pavy's works are not orphans, but grown and joyous children: they can stand alone, making sense by themselves. Thus, the context the interviews below provide is not a justification of his works, which they don't need in order to exist, but an elucidation or furthering of meaning that is already present in the painting itself. Each work has its part of mystery, and some of these enigmas will remain out of reach. But don't we look at paintings or read books because we hope to elucidate or commune with a mystery or solve an enigma, inside or outside of ourselves? By contrast, abstract and contemporary art is essentially devoid of mystery, it cannot fit in any narrative referring to and defining humankind.

Some abstract painters themselves understood this; Jacques Villon, for example, declares, "Humanity loves images, it is difficult to do without them." And Villon was the elder brother of Marcel Duchamp, whose *Fountain*, a signed urinal, joyfully signaled the End of Western Art in provocation, derision, excretion and self-consciousness. What is left to be figured out, in all senses of the word, after the *Fountain*? Which artist can outdo this provocation without needlessly repeating it in a parody of a parody? And the same goes for monochrome painters after Malevich. A game of one-upsmanship in provocation and of witty repartee with the history of art and its accomplishments can only carry you so far.

et Confucius ont tous écrit des commentaires sur l'art. Ces anciens interprétations et traités, cependant, n'étaient pas indispensables à l'essence même et à la fonction des œuvres. Elles pouvaient également être appréciées en dehors de la médiation des mots, pour elles-mêmes, dans une expérience sensorielle et émotionnelle non médiatisée par le langage.

Un moment décisif de l'histoire de l'art est lorsque l'émotion devient superflue et se trouve rejetée afin de mettre à nu le concept. Avec la disparition de l'émotion, toute aspiration à la beauté est également remise en question. Dans ce sens, l'art abstrait et conceptuel nous présente, très souvent, un paysage stérile, dépourvu de tout pathos, de toute passion. Je peux avoir un rapport émotionnel avec une statuette préhistorique, même si cela nécessite une connaissance (c'est-à-dire une émotion éclairée), parce que l'imagination est en jeu dans mon appréciation, je me représente l'artiste sculptant pendant que la tribu l'admire. Plus près de nous dans le temps, avant même que j'admire sa beauté, sa composition et que j'analyse sa palette, avant que je comprenne sa force d'innovation selon la mesure de l'histoire de l'art, les Adam et Eve de Masaccio ont une charge émotionnelle directe. De même, à un autre niveau, la beauté de Modigliani ou celle de Raphaël sont appréhendables sans aucune médiation, et il en va de même pour l'émotion et la beauté de l'œuvre de Pavy. De ce point de vue, l'art abstrait et l'art contemporain succombent à une fuite vers un ciel abstrait d'idées platoniciennes, d'où les corps, le désir, les sentiments, les passions ont disparu et sont remplacés par un discours sur l'art.

Ainsi, l'art contemporain inaugure un autre mode de fonctionnement social, où l'œuvre d'art ne peut pas être séparée de son commentaire, à moins qu'elle ne perde tout sens. Pour une grande partie de l'art qui est créé aujourd'hui, en effet, un discours complémentaire est une nécessité absolue : il n'a aucune autonomie par rapport au discours, il n'a pas de valeur en soi. En un sens, nous n'avons pas quitté l'âge des manifestes. Mais les manifestes ne fondent plus les écoles et les mouvements, leur présence est nécessaire à l'explicitation du travail d'un seul artiste, ou même d'une performance ou d'un objet unique.

Pour illustrer la nécessité d'un discours, il n'y a pas de meilleur exemple que de mettre les monochromes de Robert Ryman côte à côte avec Le carré blanc de Malevitch. Pour que le travail de Ryman ne soit pas une répétition sans importance, il faut l'accompagner d'un récit (qu'Arthur Danto fournit avec obligeance).

Ce mélange d'art et de commentaire, où chacun se renforcent l'un l'autre et sont indispensables l'un à l'autre, est en soi un signe de la Fin, à suivre l'interprétation de Hegel: « L'art ne nous offre plus l'accomplissement de nos besoins spirituels, que d'autres hommes avaient cherché et trouvé. Nos besoins ont été déplacés vers le domaine de la représentation et, pour les remplir, nous avons besoin de l'aide de la cogitation, de la pensée, des abstractions, des représentations abstraites et générales. [...] Voilà pourquoi aujourd'hui, nous tendons vers des cogitations et des réflexions sur l'art. » (Esthétique) Pour en revenir à la littérature, ce n'est pas un hasard si le chef-d'œuvre qui épuise les possibilités de l'expression de soi, A la recherche du temps perdu, est aussi le livre ultime sur l'écriture d'un livre: la littérature sur la littérature est un symptôme de la fin; De même, Le carré blanc, La fontaine, l'art sur l'art, contemporains de Proust, manifestent tous la fin de l'histoire de l'Art en Europe.

• • •

Dans l'art contemporain, il y a toujours un reste qui doit être élucidé de manière didactique, pour éviter que l'objet d'art ne devienne un non-sens et donc invendable. Dépourvu de son contexte pédagogique, l'œuvre ne peut accéder au sens, elle devient un enfant orphelin toujours à en quête de l'aide et des explications de son père ou sa mère pour survivre et atteindre la signifiance . [4]

En revanche, les travaux de Pavy ne sont pas des orphelins, mais des enfants heureux et joyeux: ils sont autonomes, produisant du sens par eux-mêmes. Ainsi, le contexte que les entretiens ci-dessous fournissent n'est pas une justification personnelle de son œuvre, qui n'en a pas besoin pour exister, mais une élucidation ou un affermissement de la signifiance qui est déjà présente dans les œuvres elles-mêmes. Chaque tableau a sa part de mystère, et certaines de ces énigmes resteront hors d'atteinte. Mais ne regardons-nous pas les peintures ou ne lisons-nous pas parce que nous espérons éclairer ou partager un mystère ou résoudre une énigme, à l'intérieur ou à l'extérieur de nous-mêmes ? Au contraire, l'art abstrait et contemporain est essentiellement dépourvu de mystère, il ne se lie à aucun récit définissant et faisant référence à l'humanité.

Certains peintres abstraits l'avaient bien compris ; Jacques Villon, par exemple, déclare: «L'humanité aime les images, il est difficile de s'en passer». Et Villon était le frère aîné de Marcel Duchamp, dont la Fontaine, un urinoir signé, marque

The Fountain and *The White Square* also made a feature of post historical works prominent: irony, which is now omnipresent in art (see for example Duane Hanson). At its best, in Voltaire for example, irony is a critique of the present and carries within it a hope for a different, better future. But most of the time, irony is not creative: it just depreciates and undermines what is at hand, it criticizes without proposing a positivity. In that sense, irony is a sign of impotence, or even decadence, which swallows the future through its negativity. This is exactly how Hegel interprets it: for him, Socrates the ironist is a symptom of the dissolution of Greek thought, Aristophanes the comedian a symptom of the end of classical Greek literature, the Schlegel brothers and Romanticism a manifestation of the End of Art and History altogether in Western Europe. Thus, the fact that so much in contemporary art is ironic is in itself a sign of the End of Art.

The grand European art narrative as expounded by Hegel, Belting and Danto is nothing but rational in its development and finality. It answers the fundamental requirement of thought since Socrates, that philosophical discourse should obey Reason. This doesn't come as a surprise, since Hegel and Danto are philosophers and will seek reason, and the ruses of reason, in any narrative. In fact, Hegel's philosophy is a history of humankind's progress towards reason. And this march is at the same time a purification of the senses towards abstraction and universality. More surprising perhaps is that the post-historical artists themselves, before philosophers put their works in context, in fact begat rational art. Malevich's and Mondrian's dryness and abstraction, for example, are an acting out of the work of reason in history, even before Danto or others elucidate it as such. I would here inverse Danto's reasoning: *The Fountain*, *The White Square*, the *Brillo Box* were already abstract and rational philosophy before philosophers and art critics took an interest in them. A work of art indeed may also be a philosophy.

We can derive pleasures from the exercise of reason: indeed, I like to understand Hegel's dialectics or Duns Scot's thoughts about transubstantiation. But reason's pleasures are arid and, despite their monopolistic and universalistic pretense, they are not the only ones; in most of our joys, reason plays a minimal role, if at all. Also, we must remember that rational philosophy supplanted entire schools of thought for which the task of philosophy was not to ground itself in rational procedure, but to explain Nature and society in poetic terms: that was what Heraclites, Parmenides and the sophists did, before being swept away by the Athenian school of Socrates, Plato and Aristotle. If we had to attach Pavy's work to a master narrative, it would be to the one the pre-Socratics and sophists initiated, only to see it brutally interrupted. Indeed, Pavy insists, with his ecstasies, with the unconscious, with his dreams, that the fountain of his creativity is not rational thought, but has its roots elsewhere. We are not forced to obey Plato's banishment of poets from his ideal city in the Republic; we can choose the side of poetical philosophy or poetic painting, outside of the demands of reason. We can even have the two sides coexist and enter in a rich dialogue. We can look at Pavy's work as a reconciliation with a very ancient narrative that was forgotten by European philosophy.

The iconoclasm of abstract art, of course, is not a recent tendency, witness the second commandment in the Old Testament and the iconoclasts in the 8th century AD in Byzantium. Ultimately, to submit oneself to the superegoistical prohibition against figures and images demanded by abstraction is to repeat and to obey unknowingly a very old religious imperative. European art ends in an orgy of destructive iconoclasm: bodies, souls, flesh, the entire world has disappeared through its de-figuration. In that sense, European nonfigurative art really manifests the End of European history.

Duchamp's provocation was real in its historical context; *The Fountain* derives most of its significance from this context, high modern art. Creating the *Fountain*, Duchamp also exposed himself to the risk of being misunderstood, vilified and rejected. Manzoni's *Shit of the Artist*, at the opposite, is an insignificant caricature of Duchamp, and only an extremely narrow, petit bourgeois part of our mind may be shocked by it, after so many provocations. Above all, Manzoni doesn't expose himself to any risk. What is shocking, maybe, is to believe that such a childish and repetitive provocation may shock by its nonsense instead of inducing a shrug from the beholder. The repetition of provocation (Malevich by Ad Reinhardt, Duchamp by Manzoni, etc.) gives a new meaning to the "post historical" epithet applied by Danto to everything that comes after the End of Art. [5] In a sense, the qualification is perfectly logical: if one considers the End of History as an absolute and

10

joyeusement la fin de l'art occidental qui se délite dans la provocation, la dérision, l'excrétion et l'auto-conscience de soi. Que reste-t-il à résoudre, après la Fontaine? Quel artiste peut surenchérir sur cette provocation sans vainement la répéter dans une parodie de la parodie? Et il en va de même pour les peintres monochromes après Malevitch. La surenchère dans la provocation et la riposte amusante à l'histoire de l'art et à ses réussites trouvent vite leurs limites.

La Fontaine et Le carré blanc *promeuvent aussi une caractéristique fondamentale de l'art post historique : l'ironie, qui est aujourd'hui omniprésente dans l'art (voir par exemple Duane Hanson). À son zénith, chez Voltaire par exemple, l'ironie est une critique du présent et porte l'espoir d'un avenir différent et meilleur, sans oser une affirmation positive. Mais l'ironie, le plus souvent, n'est pas créatrice : elle déprécie et mine tout ce qu'elle attaque. Elle est en ce sens un signe d'impuissance, ou plus, de décadence, qui engloutit l'avenir dans sa négativité. C'est exactement ainsi qu'Hegel l'interprète : pour lui, Socrate l'ironiste est un symptôme de la dissolution de la pensée grecque, Aristophane le comédien est un signe de la fin de la littérature grecque classique, les frères Schlegel et le romantisme, une manifestation de la fin de l'art et de l'histoire en Europe. Le fait que tant d'œuvres de l'art contemporain soient ironiques est en soi un signe de la fin de l'art.*

Le récit fondamental de l'art européen exposé par Hegel, Belting et Danto est, dans son développement et sa finalité, entièrement rationnel. Il répond à l'exigence fondamentale de la pensée depuis Socrate : le discours philosophique doit obéir à la Raison. Ce n'est pas une surprise, puisque Hegel et Danto sont des philosophes et chercheront la raison, et les ruses de la raison, dans n'importe quel récit. En fait, la philosophie de Hegel est une histoire du progrès de l'humanité vers la raison ; cette marche est en même temps une purification des sens vers l'abstraction et l'universalité. Il est peut-être plus surprenant que les artistes postmodernes eux-mêmes, avant même que les philosophes aient mis leurs œuvres en contexte, aient de fait inauguré un art rationnel. La sécheresse et l'abstraction de Malevitch et de Mondrian, par exemple, manifeste l'avance de la raison dans l'histoire, avant même que Danto ou d'autres l'élucident en tant que telle. J'inverse ici le raisonnement de Danto: La Fontaine, Le carré blanc, la Brillo Box étaient déjà de la philosophie abstraite et rationnelle avant que les philosophes et les critiques d'art s'intéressent à eux. De fait, un objet d'art peut être de la philosophie.

Nous pouvons prendre plaisir à l'exercice de la raison : j'aime bien comprendre la dialectique de Hegel ou la pensée de la transsubstantiation chez Duns Scot. Mais les plaisirs de la raison sont arides et, malgré leur prétention au monopole et à l'universel, ils ne sont pas les seuls; dans la plupart de nos jouissances, la raison joue un rôle minimal, voire nul. Il faut aussi garder en mémoire que la philosophie rationnelle a supplanté toute une série d'écoles philosophiques pour lesquelles la tâche de la philosophie n'était pas de fonder une procédure rationnelle, mais d'expliquer la nature et la société en termes poétiques : c'est ce que faisaient les Héraclite, les Parménide, les sophistes, avant d'être balayés par l'école athénienne de Socrate, de Platon et d'Aristote. Si nous devions rattacher le travail de Pavy à un récit fondamental, ce serait celui que les présocratiques et les sophistes ont fait surgir. En effet, Pavy montre, avec ses extases, son inconscient et ses rêves, que la source de sa créativité n'est pas une pensée rationnelle, mais a ses racines ailleurs. Nous ne sommes pas obligés d'obéir à l'exil des poètes de sa cité idéale que Platon impose dans la République ; nous pouvons choisir le côté de la philosophie poétique ou de la peinture poétique, en dehors des exigences de la raison. Nous pouvons même faire coexister les deux côtés et les voir s'engager l'un l'autre dans un fécond dialogue. Nous pouvons considérer le travail de Pavy comme une réconciliation avec un récit très ancien qui a été oublié par la philosophie européenne.

L'iconoclasme de l'art abstrait n'est évidemment pas une tendance récente, témoin le deuxième commandement de l'Ancien Testament et les iconoclastes du 8 ème siècle après JC à Byzance. En fin de compte, se soumettre à l'interdiction surmoïque contre les figures et les images exigée par l'abstraction est répéter et obéir sans le savoir à un impératif religieux très ancien. L'art européen se termine par une orgie d'iconoclasme destructif: corps, âmes, chairs, le monde entier a disparu à travers sa dé-figuration. En ce sens, l'art européen non figuratif manifeste réellement la fin de l'histoire européenne.

La provocation de Duchamp était une véritable provocation dans son contexte historique ; La Fontaine tire la majeure partie de son importance de ce contexte, celui de l'élitisme de l'art moderne. La fontaine représentait un grand risque pour Marcel Duchamp : celui d'être incompris, vilipendé et rejeté. La Merde de l'artiste de Manzoni est une caricature insignifiante de Duchamp, et elle ne peut choquer qu'un esprit borné et petit-bourgeois, après tant de provocations (ce qui est peut-être choquant, c'est de croire que la provocation enfantine et répétitive

universal moment, everything that follows will be post historical. But at that point, repeating the art that closed art history is essentially meaningless. Here, repetition is but an irony, since it is impossible to construe an historical context from which the works could assume at least a bit of meaning. Post-historicism is not only the End of History, it is the end of histories, tales and historical depth thanks to which we continually build meanings.

But, if we limit the universal scope of the End of History, and understand that it applies only, in a limited way, to the destiny of Europe, then the question of repetition can be addressed in a less sterile way, in the sense that Histories, different from the European master-narrative, are ceaselessly emerging around the world. As such, new historical contexts are created which allow for new understandings that make repetition something other than an empty rehashing.

There is nothing inherently bad about this rather successful auto-destruction and creative explosion that manifests itself in European art, at the beginning of the twentieth century, as revealing symptom of spent forces. The problem arises when the purveyors of the End of Art (be they artists or critics), who mostly originated in Europe, assume that art, everywhere and across all time, has come to an End, through Duchamp's Fountain or Piero Manzoni's *Shit of the Artist*, which literally excrete art from art and by art. The expulsion of Odd Nerdrum, a monumental figurative painter, from the Art Academy of Oslo is but one of the episodes of a contemporary superego invading everything, of the censored becoming the censors, while believing that their values have a worldwide application. Arthur Danto's "anything goes" becomes the fig leaf of a fundamental intolerance. The fallacy of this universalization is at the same time pretentious and an arbitrary imposition on the rest of the world. The censors should remember that, facing an imposition, everybody has a choice, namely to not follow it and to not fall into the manufacture of infinite derivativeness.

Hegel himself is contradictory; on one hand, the advent of Absolute Knowledge he had ushered in was indeed, for him, the logical end of history, after which the philosopher could retreat in the peaceful contemplation of Nature. On the other hand, following his dialectics, he declares that a new history could be written (in America).[6] This second statement aligns better with the dynamics of Hegelian dialectics: negativity is always an opening for positive affirmation, and Hegel contradicts himself when he declares History closed by Absolute Knowledge. Thus, the implosion of European art, its definitive dusk, must be interpreted as a dawn in which all art everywhere participates and is reborn, a moment that Danto's post-historicism cannot account for. Such a category makes sense only in the specific context of the history of art in Europe, just as Hegel's End of History and Nietzsche's Last Man fit only in the narrative framework of European history. Elsewhere, other stories, histories, new men and new arts ceaselessly arise, indifferent to any end. The End of Art is in fact the moment where the pseudo universality of European art itself is definitively absorbed, transformed, and dismissed.

Abstract and contemporary art's iconoclasm has roots in Protestant asceticism (and, further back in time, Jewish iconoclasm), inasmuch as the Second Commandment intends to get rid of images and flesh. For example, Mondrian's refusal of figuration can be linked to his Protestant heritage. It fits right in with those churches the Protestants stripped of anything

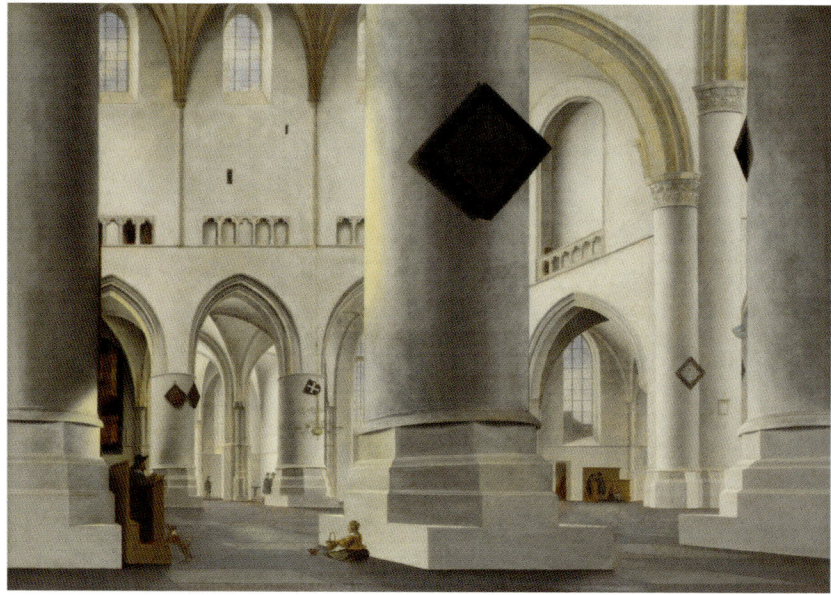

The Interior of the Grote Kerk at Haarlem 1635-7 Pieter Jansz Saenredam
Photo credit © National Gallery, London / Art Resource, NY

de Manzoni est capable d'offusquer par son non-sens, au lieu de provoquer un haussement d'épaules chez le spectateur. Et surtout, Manzoni ne court aucun risque en produisant son œuvre. La répétition de la provocation (Malevitch par Ad Reinhardt, Duchamp par Manzoni, etc.) donne un nouveau sens à l'épithète « post - historique », appliquée par Danto à tout ce qui vient après la Fin de l'Art.[5] En un sens, la qualification est parfaitement logique : si nous considérons la Fin de l'Histoire comme un moment absolu et universel, tout ce qui suit sera post- historique. Mais dès lors, la répétition de l'art qui a clos l'histoire de l'art n'a absolument plus aucun sens. La répétition n'est qu'une ironie, puisqu'il est impossible de se référer à un contexte historique à partir duquel les œuvres pourraient acquérir un sens minimal. Le post-historicisme n'est pas seulement la Fin de l'Histoire, il est la fin des histoires et de la profondeur historique grâce auxquels nous construisons le sens. Mais, si nous limitons la portée universelle de la Fin de l'Histoire et comprenons qu'elle s'applique seulement, de façon limitée, à la destinée de l'Europe, la question de la répétition peut être abordée de manière moins stérile, dans le sens où les Histoires, différant du récit fondamental de l'Europe, ne cessent d'émerger dans le monde entier. A cet égard, de nouveaux contextes historiques sont continuellement créés, qui permettent de nouvelles compréhensions ; en particulier, ces nouvelles Histoires font de la répétition autre chose qu'un remaniement vide.

En soi, il n'y a rien de mauvais à cette autodestruction et cette explosion de créativité plutôt réussies qui se manifestent dans l'art européen au début du XXe siècle, comme symptôme révélateur de l'épuisement de ses forces. Le problème se pose lorsque les colporteurs, artistes ou critiques de la Fin de l'Art pour la plupart originaire d'Europe, présupposent que tout art, partout et dans tous les temps, est arrivé à une Fin identique, à travers La Fontaine de Duchamp ou La merde de l'artiste de Piero Manzoni, qui, littéralement, excrètent l'art de l'art par l'art. L'expulsion d'Odd Nerdrum, peintre figuratif monumental, de l'Académie des Arts d'Oslo n'est qu'un des épisodes d'un surmoi contemporain qui envahit tout, les censurés devenant les censeurs, tout en croyant que leurs valeurs ont une portée mondiale. Pour le reste du monde, la contrainte arbitraire de cet universalisme est prétentieuse. Le « tout est possible » d'Arthur Danto devient ici la feuille de vigne d'une intolérance fondamentale. Les censeurs devraient se rappeler que, à l'égard d'une règle arbitraire, tout le monde a un choix, à savoir de ne pas lui obéir et de ne pas tomber dans la fabrication d'un infini rabâchage.

Hegel lui-même est contradictoire; d'un côté, l'avènement du Savoir Absolu qu'il avait suscité était en effet pour lui la fin logique de l'histoire, après quoi les philosophe pouvait se retiver dans la contemplation pacifique de la Nature. De l'autre, après sa dialectique, il déclare qu'une nouvelle histoire pourrait être écrite (en Amérique).[6] Cette deuxième proposition s'accorde bien mieux avec la dynamique de la dialectique hégélienne : la négativité est toujours une ouverture pour l'affirmation positive, et Hegel se contredit quand il déclare Histoire close par le Savoir Absolu. Dès lors, l'implosion de l'art européen, son crépuscule définitif, peuvent être interprétés

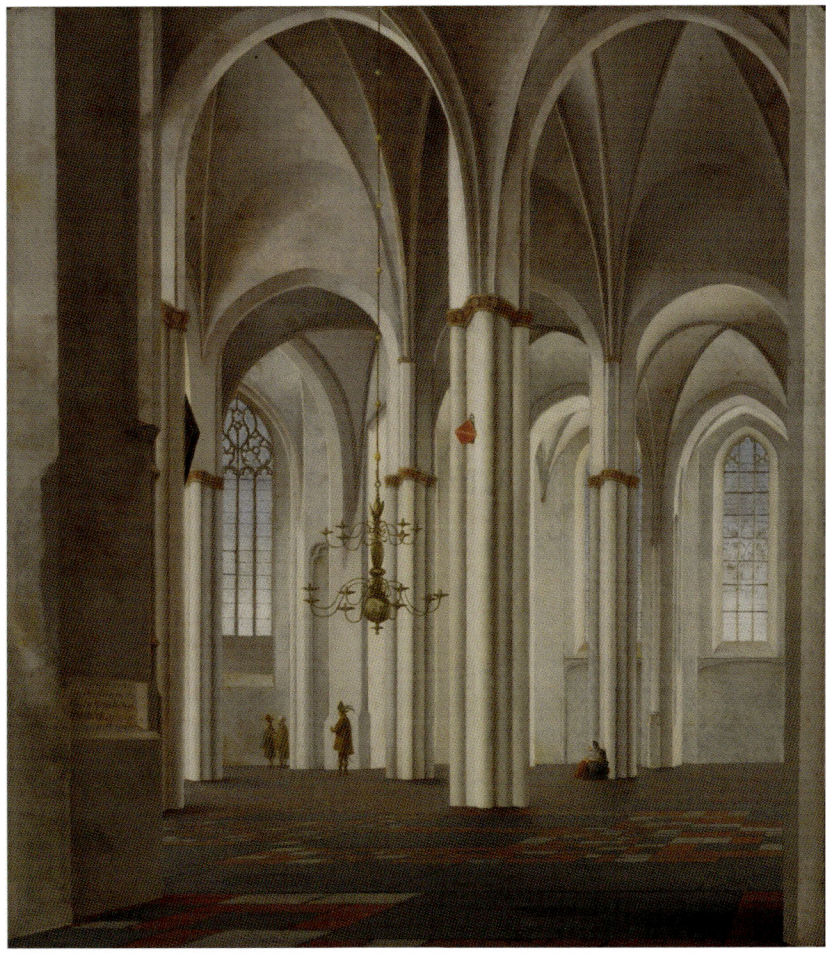

Interior of the Buurkerk, Utrecht 1645 Pieter Jansz Saenredam
Photo credit © Kimball Art Museum Ft. Worth, TX /Art Resource, NY

figurative, as Saenredam so beautifully painted them in the seventeenth century, where the parishioners' bodies are reduced to tiny spots.

Abstract art repudiates the flesh and sensual pleasure. The only bliss it procures is purely intellectual, the reasoning backing up the work's creation: precisely, an abstract joy; this is the end process of extreme sublimation, a mechanism that can be attributed to the imperatives of an oversized superego. Nonfigurative art would then have to be interpreted with an ultimate suppression of human desire. Mondrian and, later, the minimalists are a good illustration of what happens to an extreme classicism that wants to discover the pure essence of things, painting in this case, as Kandinsky so cogently puts it: "In every life (therefore in painting too), what counts is the purity of the goal." Embarking on the path of purism is to uncover its last chapter, the almost nothingness of Casimir Malevich, Piet Mondrian, or Ad Reinhardt.

I am talking here about general trends, and I do not preclude the advent of new abstract or contemporary masterworks: abstract art has of course produced many masterpieces by Paul Klee, Matta, Kandinsky, Tapiès, and Pierre Soulages; the same goes for contemporary art, by Jean-Michel Basquiat, Alain Jacquet, Jean Dubuffet and Anselm Kiefer for example. But these masterpieces are a minority, in the context of an exhaustion that literally thins art to the point of extinction.

• • •

My cursory and schematic art history, which doesn't take into account the multitude of exceptions to the European master-narrative, provides a kind of a negative background for what Francis Xavier Pavy does. All his works in fact contradict one aspect or another of Hegel's and Danto's master narrative. Whereas, in post-historical art, technical mastery is no longer a criterion of evaluation, Pavy uses specific techniques with great skill. However, technique is not the ultimate goal it was in the Vasarian, mimetic narrative, but just a means of expression: "At its best technique provides a way for an artist to say what needs to be said, at its worst technique can be gimmicky." (See below, fourth interview). In other words, we are going back to Proust's epigraph quoted above: vision is the foundation of art, techniques will adapt to it and be contingent on it, and they will not enslave the expression.

Pavy has an immediately recognizable style, so individualized, as matter of fact, that he doesn't need to sign his paintings on the front. The signature is always on the back. This stylistic signature would be a mark, for Danto, that Pavy belongs to an era before the post-historical End of Art.[7] But Pavy is also keenly aware of the history of art that precedes and surrounds him, which indicates that any "post-historical" label does not describe his work aptly. Indeed, post-historicism means that, at the least, we can no longer refer any more to an historical narrative. After all, to start a new history, when you are aware of History, means that you recognize some pertinence to the concept of history itself.

However, there is more to Pavy's style than a repeated formula that insures a monotone identity; we can distinguish at least three different manners: to the first one belong the apparently naïve and folk art canvases, where composition and the colorist's supreme skill, as well as the sometimes cryptic and allusive titles, add complexity to our first impression: this manner we can call elementary, because it surrenders to the power of the visual elements. The second one veers towards the abstract: witness the little squares or cubes used to evoke urban spaces, either on paintings or in three dimensions; indeed, any detail or fragment of a work of art can be deemed abstract. In Pavy's work, theses abstractions quickly return to figuration or transfiguration by their reinsertion in a tangible staging. The third one is the manner where all the elements, instead of being articulated through clear delineations and contours, are fused together through the prevalence of melodic harmony, as in the 2005 *Bar Scene*.

Furthermore, Francis Pavy's attitude towards tradition is not at all part of the "anything goes", where there are no more rules and thus no need to become acquainted with them: "Once you know the rules, you can disobey the rules" (see below, Section 4, "Visual practices and fables"). Hence his innovations are at the same time rooted in the history of art and separate themselves from it. Like Pavy's work, which incessantly reuses the same motifs, art repeats itself to progress.

comme une aurore à laquelle tout art, partout, participe et renaît, un moment dont le post-historicisme de Danto ne peut rendre compte. Une telle catégorie n'a de sens que dans le contexte spécifique de l'histoire de l'art en Europe ; la fin hégélienne de l'histoire et le dernier homme de Nietzsche ne font sens que dans le cadre narratif de l'histoire européenne. Ailleurs, d'autres contes, d'autres histoires, des hommes nouveaux et des arts inouïs apparaissent sans cesse, indifférents à toute Fin. La fin de l'art est de fait le moment où la pseudo universalité de l'art européen lui-même est définitivement absorbée, transformée et rejetée.

L'iconoclasme de l'abstraction et de l'art contemporain a ses racines dans l'ascétisme protestant (et, au-delà, dans la prohibition hébraïque des images), dans la mesure où le deuxième commandement entend de se débarrasser des images et de la chair. Ainsi, le refus de la figuration pratiqué par Piet Mondrian peut être lié à son patrimoine protestant. Il correspond bien à ces églises protestantes, dépouillées de tout objet figuratif, que peignait si bellement Saenredam au dix-septième siècle, où les corps des fidèles ne sont plus que de minuscules taches.

L'art abstrait répudie la chair et les plaisirs des sens. La seule jouissance qu'il procure est purement intellectuelle, celle du raisonnement soutenant la création de l'œuvre : une joie abstraite. C'est le processus final d'une extrême sublimation, un mécanisme qui peut être attribué aux impératifs d'un surmoi hypertrophié. L'art non-figuratif devrait alors être interprété comme une suppression ultime du désir humain. Mondrian et, plus tard, les minimalistes, sont un bon exemple de ce qui arrive à un classicisme extrême qui veut découvrir l'essence pure des choses, dans ce cas celle de la peinture, comme le déclare clairement Kandinsky : « Dans toute vie (donc aussi dans la peinture), ce qui compte, c'est la pureté du but. » S'engager dans la voie du purisme, c'est dévoiler son ultime chapitre, le quasi néant de Casimir Malevitch, de Piet Mondrian ou d'Ad Reinhardt.

Je parle ici d'une tendance générale, et n'exclus nullement que l'art abstrait et l'art contemporain ne puissent produire de nouveaux chefs-d'œuvre. L'art abstrait a bien sûr produit des sommets, avec Paul Klee, Matta, Kandinsky, Tapiès, ou Pierre Soulages; il va de même pour l'art contemporain, avec Jean-Michel Basquiat, Alain Jacquet, Jean Dubuffet et Anselm Kiefer par exemple. Mais ces chefs-d'œuvre sont en minorité dans un contexte plus général d'épuisement qui amuït la représentation jusqu'au point de sa disparition.

• • •

Ma sommaire histoire de l'art, qui ne tient aucun compte de la foule des exceptions au récit fondamental de l'art européen, offre une espèce de toile de fond négative pour ce que fait Francis X. Pavy. Toutes ses œuvres contredisent en fait un aspect ou l'autre du récit fondamental d'Hegel et de Danto. Alors que, dans l'art post-historique, la maîtrise technique n'est plus un critère d'évaluation, Pavy utilise des techniques spécifiques avec une grande compétence. Cependant, la technique n'est pas la finalité qu'elle était dans le récit mimétique de Vasari, mais seulement un moyen d'expression: « Au mieux, la technique est un moyen pour un artiste de dire ce qui doit être dit, au pire elle devient un trucage. » (Voir ci-dessous, quatrième entretien, p. 55). En d'autres termes, nous en revenons à l'épigraphe de Proust cité plus haut : la vision est là l'assise de l'art, les techniques s'y adaptent et en dépendent, et elles ne l'asservissent pas.

Pavy a un style immédiatement reconnaissable, tellement individualisé, en fait, qu'il n'a pas besoin de signer ses tableaux. Sa signature est toujours au verso de la toile. Cette signature stylistique serait en soi, pour Arthur Danto, signe de l'appartenance de Pavy à une époque précédant la fin post-historique de l'art.[7] Mais Pavy est très averti de l'histoire de l'art qui le précède et l'entoure, ce qui indique qu'une étiquette « post-historique » s'adapte mal à son œuvre. En effet, le post-historicisme signifie au minimum que nous ne pouvons plus nous référer à un récit historique. Après tout, pour commencer une nouvelle histoire, lorsque vous êtes au courant de la fin de l'Histoire, veut dire que vous reconnaissez une certaine pertinence au concept d'histoire lui-même.

Cependant, Pavy maitrise plus qu'une formule répétée qui assurerait une identité monocorde à son œuvre. On peut distinguer au moins trois manières différentes: la première appartient aux toiles apparemment naïves et folkloriques, où la composition et la compétence suprême du coloriste, ainsi que les titres parfois cryptiques et allusifs complexifient notre première impression ; on peut les étiqueter « élémentaires », dans le sens noble du terme, parce que le style s'abandonne au pouvoir des éléments visuels. Le second style est attiré par l'abstrait, comme nous l'avons noté, et tout détail ou fragment d'une œuvre d'art peut être à la limite considéré comme abstrait. Dans l'œuvre de Pavy, ces abstractions retournent rapidement à la figuration ou à la transfiguration par leur réinsertion dans une mise en scène concrète.

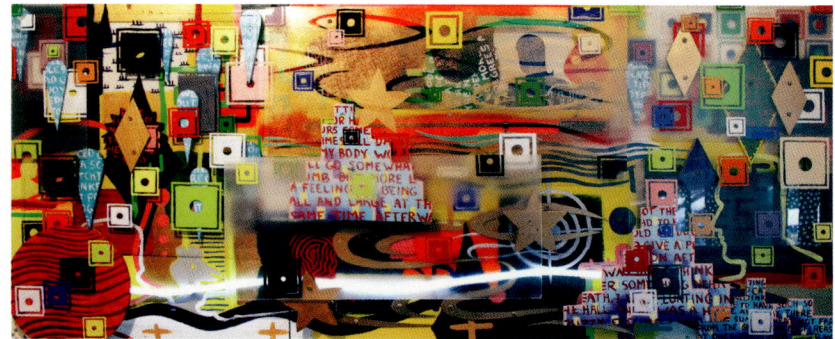

The non-linear saturation of time and space with favor and grace
2010, 28 x 68 in, mixed media with neon

He is figurative, although abstraction, as noted, makes an appearance in his work here and there. His paintings are firmly anchored in a specific time and space that become the materials of his vision. Should we then minimize his oeuvre as regional folk art and get done with it, because as such it would not belong to Danto's master narrative?

But he moves us, in the here and now: when I first saw his work, at the I-49 exhibition organized in 1990 by Caroline Kennedy at the Louisiana Museum of Art in Alexandria, I was immediately drawn to it, emotionally and aesthetically, without a need for words expressing my impression. Was he, was I therefore condemned to the dustbin of history created by the End of Art? Were we hopeless retrogrades or ignoramuses unaware of Art's leaping in the post-historical and the postmodern? Were we irrelevant to our own times and places, refugees or relics of an already distant history, clinging to a consoling fantasy? Or was a new elucidating narrative necessary for Francis Pavy's works?

The question that Pavy's activity begs for is the following: because his paintings are figurative, and because they imply a great deal of technical mastery (much more than appears at first glance), should we assess his corpus as just an uninteresting, irrelevant regression to things past? Or should we resolutely get out of the European master narrative in order to make sense of this impressive oeuvre? And, through a new narrative, validate Pavy's work as well as other artists' anywhere in the world, including artists in Europe and America, deliberately or not, do not follow the grand Hegelian story?

This new narrative could be seen as an extension and radicalization of Danto's "anything goes": it has to be inclusive and global, in order to account for the enormous mass of art created outside the now closed European narrative. This inclusivity will not dismiss any narrative as "other", including the various phases of the European narrative, which it will comprise in its totality. Europe, in this conception, becomes just another "new region of the world", albeit with its importance and specificities. The totality will remain open, in order to accommodate all the future narratives that will certainly emerge in the future. By the way, this is precisely Pavy's stance in regard to the European tradition, which he knows well and which he integrates with ease in his work. To create anew doesn't mean that you have to annihilate the past.

Lafayette, Louisiana, not Paris, not New York, is the "center of the world", Pavy says. As a matter of historical fact, Louisiana is not part of Hegel's European dialectics. It is an elsewhere, where Indian, French, Spanish, American, and Creole influences and identities crisscross constantly in a whirlwind of relations. Its history is multigenetic, it is creolized country and thus escapes Hegel's End of Art and Danto's Pale of History; the linearity and finality of the European master narrative cannot be applied to Lafayette. It is not an arbitrary geographical and historical coincidence that Pavy's art was born outside the European sphere: this "elsewhere" allowed him to escape contemporary iconoclasm's despair and diktats. He thus avoided an all too frequent trap: building an oeuvre which would have been a mere response to the preeminent clichés of a period, therefore limiting itself, willingly or not, to the mimicry of real subversion. Located outside Europe, Francis Pavy is not cursed by the end of art or (it is the same thing) crushed by the weight of a tradition stretching back thirty five thousand years, to the Chauvet cave. He can start Art anew.

Interestingly, though, Pavy began his career as a painter as a member of an art avant-garde: hyperrealism (or photorealism; they are differences in these schools, but they are not relevant here). Notably, he painted two Carnival Krewe Queens, but, more importantly, a stunning self-portrait. There are already two iconographic elements in this earlier painting that the painter will abundantly reuse later: music, with the flute, and cars (a big part of Louisiana culture). More telling is what will disappear from the later iconography: namely, the representation of the self.

Le troisième style est la manière par laquelle tous les éléments, au lieu d'être articulés à travers des délimitations et des contours clairs, sont fusionnés par la prévalence d'une harmonie mélodique, comme dans Bar Scene, 2003 (voir ci-dessous dans « Œuvres importantes »).

En outre, l'attitude de Francis Pavy à l'égard de la tradition n'est nullement celle du «tout est possible», où il n'y a plus de règles et donc où il n'est pas nécessaire de les connaître: «Une fois que vous connaissez les règles, vous les transgressez.» (voir ci-dessous, section 4, «Pratiques et fables visuelles» p. 51). Par conséquent, ses innovations sont simultanément enracinées dans l'histoire de l'art et s'en départent. A l'instar de l'art qui se répète afin de pouvoir se dépasser, l'œuvre de Pavy réitère sans cesse les mêmes motifs pour progresser.

Il est figuratif, bien que l'abstraction apparaisse dans son travail ici et là, sous la forme, comme nous l'avons vu, de carrés pointillés. Ses peintures sont fermement ancrées dans un espace et un temps spécifiques qui deviennent les matériaux de sa vision. Devrions-nous alors minimiser son œuvre en la rangeant dans les catégories d'art populaire, régional ou folklorique et en finir ainsi avec elle, puisqu'elle n'appartient pas au récit fondamental à la Danto ?

Mais il nous touche dans l'ici et le maintenant : quand, pour la première fois, j'ai vu son travail, lors de l'exposition I-49 organisée en 1990 par Caroline Kennedy au musée d'art d'Alexandrie, en Louisiane, j'ai été tout de suite séduit, émotionnellement et esthétiquement, sans avoir besoin des mots pour rendre compte de mon impression. Est-ce que Pavy et moi-même étions donc condamnés à la poubelle de l'histoire créée par la fin de l'art ? Étions-nous des rétrogrades ou des ignorants sans appel, non avertis du saut de l'art dans le post-historique et le post-moderne? Étions-nous désaccordés de notre temps et de nos espaces, réfugiés ou vestiges accrochés au fantasme consolant d'une histoire déjà lointaine ? Ou alors, nous fallait-il construire un nouveau récit fondamental pour élucider l'œuvre de Francis Pavy?

La question que l'activité de Pavy pose est la suivante : parce que ses tableaux sont figuratifs, et parce qu'ils impliquent une grande maîtrise technique (beaucoup plus qu'il n'y paraît au premier coup d'œil), doit-on évaluer son corpus comme une régression à un passé révolu ? Ou devrions-nous résolument sortir du récit fondamental européen afin de donner sens à cette œuvre impressionnante, et,

grâce à un nouveau récit, valider l'œuvre de Pavy, comme d'autres partout au monde, y compris celles qui, en Europe et en Amérique aussi bien, ne suivent pas, délibérément ou non, la grande narration hégélienne?

Ce nouveau récit est une extension et une radicalisation du « tout est possible » de Danto: il doit être inclusif et global, afin de rendre compte de l'énorme masse d'art créée en dehors du récit européen aujourd'hui terminé. Cette inclusion ne rejettera aucun récit comme «autre», y compris les différentes phases du récit européen, qu'elle comprendra dans sa totalité. L'Europe, dans cette conception, devient une des « nouvelles régions du monde », avec ses spécificités et son importance propre. Et la totalité restera ouverte, afin de tenir compte de tous les récits qui apparaîtront certainement dans le futur. Telle est précisément la position de Pavy en ce qui

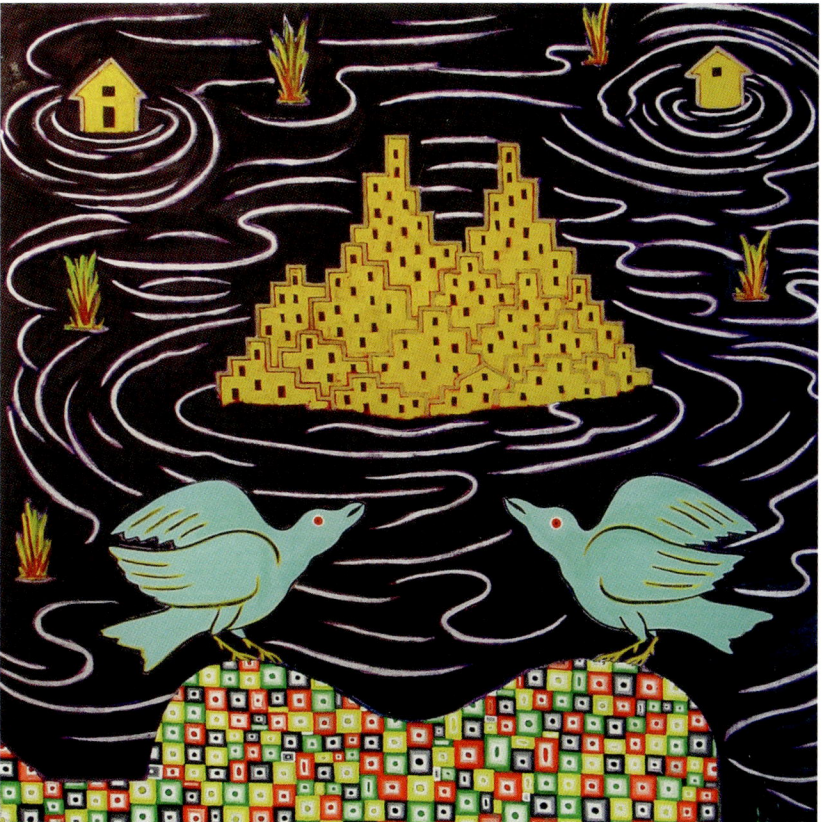

Golden City, 2004, 90 x 90 cm

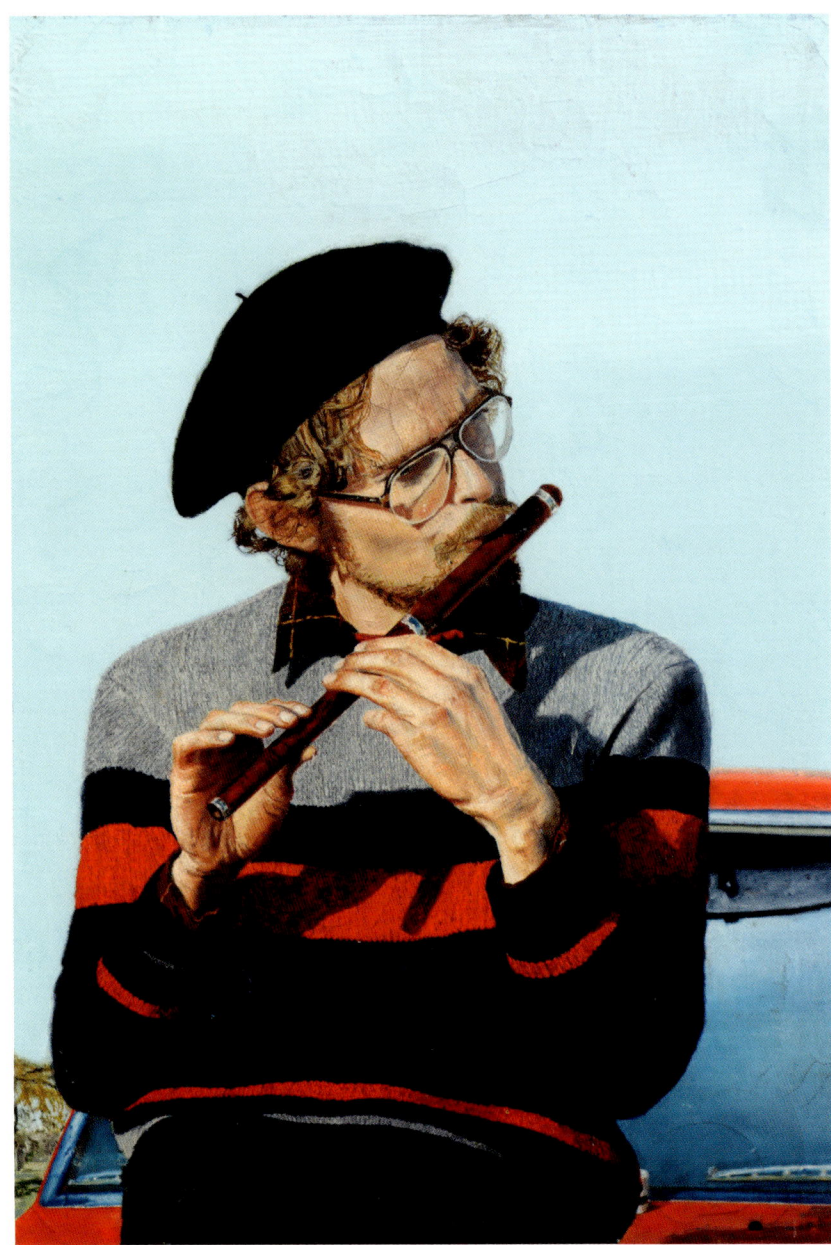

Francis X. Pavy, *Self Portrait*, 1982, 16 x 11 in, oil on canvas

A self-portrait is always an inward turned vision, materialized on the canvas. In Pavy's journey, the break with hyperrealism is also where the gaze turns from himself as figurative object to the outward world, and this, counterintuitively to the tenets of hyper- or photorealism, which is supposed to photographically represent external realities, whereas Pavy will transfigure the world that surrounds him.

Moreover, hyperrealism doesn't fit neatly in Danto's master narrative, so much so that he does not even mention it. It appeared at the end of the sixties, after the "anything goes" of the *Brillo Box*; it could fit into "anything goes" concept, but also reveals its inherent weakness. As a first attempt at explication, and beginning with Robert Bechtle's *'61 Pontiac* (1961) up to Glenray Tutor's *Dream of Love*, (1995), we can obviously reattach hyper- and photo- realism to Vasari's grand mimetic narrative and consider it as its closing chapter.

And what if photo-realism were not part of the Vasarian narrative (as resurgence, regression or relic), but the start of something new that does not fit into the master narrative? And what would allow such an interpretation? Inasmuch as Hegelian dialectics is always anchored in a specific history, then the emergence of photo-realism as a genuinely original art movement on American soil does not make it part of any European narrative.

Then, as a first consequence, photorealism demonstrates that Hegel was right in predicting that another, new history would emerge in America. Second, hyperrealism illustrates the non-linearity of any historical narrative today. Third, it shows that new histories will emerge anywhere: outside of Europe, but also within Europe, since hyperrealism migrated back to it. Lastly, as an extreme repetition of Vasarian aesthetics, it shows that reiteration cannot be reduced to simple Xeroxing: very often, repetition is the way of ushering in what is new and original. The dynamics of history (of art) cannot be thus reduced to a Hegelian linearity.

In retrospect, it is easy to see why Pavy broke away from a school that forbade any artist's input, be it subjective, emotional or visionary, except for the painter's technical expertise: the confines of a strict mimesis could not have

concerne la tradition européenne, qu'il connaît bien et qu'il intègre aisément à son œuvre. Créer du neuf ne signifie pas anéantir le passé.

Lafayette en Louisiane, non Paris, non New York, est le « centre du monde », dit Pavy. Du point de vue de l'histoire, la Louisiane est hors de la dialectique européenne de Hegel. Elle est un ailleurs, où les indiens, les français, les espagnols, les influences et les identités américaines et créoles se croisent constamment dans un tourbillon de relations. Son histoire est multigénétique, elle est un pays créolisé qui échappe ainsi à la fin de l'histoire l'art d'Hegel et de Danto ; la linéarité et la finalité du récit fondamental européen ne peuvent pas être appliquées à Lafayette, Louisiane. Ce n'est pas par une coïncidence géographique et historique arbitraire que l'art de Pavy est né en dehors de la sphère européenne : cet « ailleurs » lui a permis d'échapper aux désespoirs et aux oukases de l'iconoclasme contemporain. Il a évité ainsi un piège trop fréquent : la construction d'une œuvre qui aurait été une simple réponse aux clichés régnants d'une période, et qui se serait limitée, volontairement ou non, à une mimique de subversion réelle. Situé hors de l'Europe, Francis Pavy ne subit pas la malédiction de l'art post historique, il n'est pas non plus écrasé par le poids d'une tradition qui débute il y a trente-cinq mille ans, dans la grotte Chauvet. Il peut recommencer l'art à neuf.

Cependant, Pavy a commencé son métier de peintre en tant que membre d'une avant-garde, celle de l'hyperréalisme (ou du photoréalisme, il y a des différences entre ces écoles, mais elles ne sont pas pertinentes ici). En particulier, il a peint deux Reines du Carnaval, et aussi, ce qui importe plus, un autoportrait magnifique. Il y a déjà deux éléments iconographiques dans ce tableau que le peintre va abondamment réutiliser plus tard: la musique, symbolisée par la flûte, et les automobiles, qui sont partie intégrante de la culture louisianaise et américaine. Mais l'élément le plus important est celui qui va disparaître plus tard de l'iconographie: à savoir la représentation de soi.

Un autoportrait est toujours une vision tournée vers l'intérieur, qui est ensuite matérialisée sur la toile. Dans le parcours de Pavy, la rupture avec l'hyperréalisme est le moment où le regard se détourne de soi-même comme objet figuratif pour aller au monde extérieur, paradoxalement contre les principes de l'hyper- ou du photoréalisme, qui est censé représenter photographiquement les réalités extérieures, puisque Pavy va transfigurer les réalités qui l'entourent.

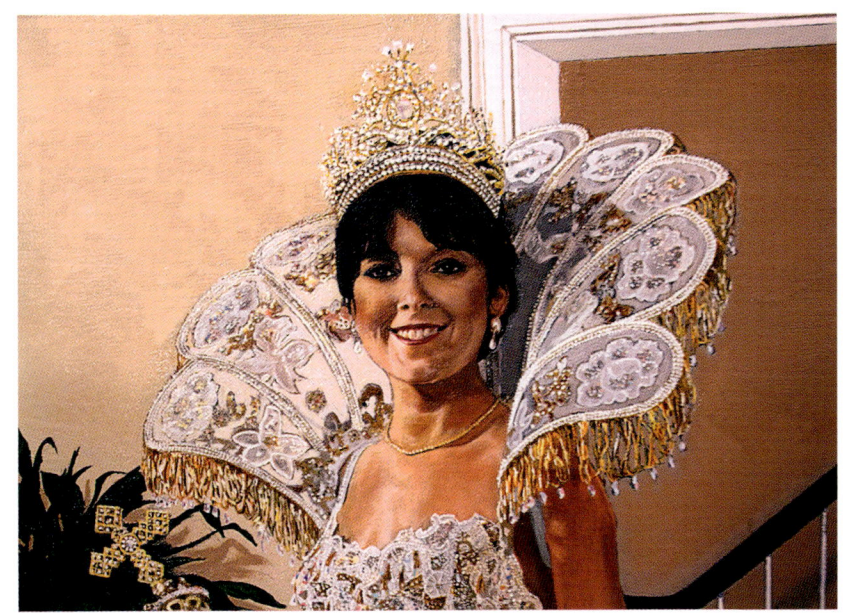

Mardi Gras Queen (détail), 1983, 75 x 120 cm, huile sur toile

Par ailleurs, l'hyperréalisme s'insère mal dans le récit fondamental de Danto, si bien qu'il ne mentionne même pas. Il apparaît à la fin des années soixante, après le « tout est possible » de la Brillo Box; il pourrait être classé, comme n'importe quoi d'ailleurs, dans le post historicisme de Danto, mais il révèle aussi la faiblesse du concept. En première approximation, à commencer par '61 Pontiac de Robert Bechtle (1968-1969) jusqu'à Dream of Love de Glenray Tutor (1995), nous pouvons évidemment rattacher l'hyper- et le photoréalisme au récit fondamental de la mimesis inauguré par Vasari et les considérer comme en étant le dernier chapitre.

Et si le photoréalisme ne faisait pas partie du récit de Vasari (comme résurgence, régression ou relique), mais était l'exorde de quelque chose de nouveau qui ne s'accorde pas au maître-récit ? Et qu'est-ce permettrait un telle interprétation ? Dans la mesure où la dialectique hégélienne est toujours ancrée dans une histoire spécifique, l'émergence du photoréalisme aux États-Unis comme mouvement artistique réellement original ne fait pas partie du récit européen fondamental.

Dès lors, le photoréalisme démontre en premier lieu qu'Hegel avait vu juste en prédisant qu'une histoire nouvelle et différente émergerait en Amérique. Deuxièmement,

satisfied him (see interview 11, *Painting is Vision, not technique*). His answer to these limits was to break free of them, steered by an internal necessity, not by the art market's forces or by a reaction to an artistic tradition, be it the need to prolong or, at the opposite pole, to contest it.

It is also telling that Pavy's repudiation of photorealism is also a dismissal of (narcissistic) self-representation, or (narcissistic) figuration of the Belles of the Krewes, as if the depiction of the self or other selves had come to an end. It is as if the time had come for the painter to look at the world around him and to transfigure it, no longer reproducing it mimetically.

But there is more: the hyperrealist paintings are highly technical achievements. In fact, the main and only requirement of that school requires that the artist possess the technical mastery needed for photorealism. The dismissal of that manner by Pavy thus indicates something capital needed for the assessment of his art: that the folkloristic, regional elements of his painting are not there because a technical inability, but because of a personal aesthetic choice. Ancient writers sometimes practiced a style known as unadorned that they called *simplicitas* (simplicity); to them, *simplicitas* was the mark of supreme skill, which hid itself in the "plain" result. Similarly, Pavy's apparent technical plainness is a result of a long meditation on the means and ends of painting – a parallel can be drawn with Pablo Picasso's evolution, who, having proved his virtuosity, turned towards an elemental expression.

With Pavy's dismissal of hyperrealism, we witness a micro-narrative, seemingly restricted to an individual artist's creative journey. But something much larger is at play here: Pavy's singular situation shows that the conclusion of the European master narrative is the chance for other narratives, histories and stories to emerge anywhere. The End of Art has not only produced an extraordinary explosion of talent, it has lead artists into tackling new histories in an amazing plurality and diversity. In fact, the end of the master narrative means not that narratives have ended (as proven, a contrario, by Danto's interpretative narrative around Ryman), but that we no longer need a master-narrative. Narratives will from now on coexist, relate to each other, without needing to be referenced, hierarchized, or organized through and by the magnificent European master narrative.

If you add up the entire iconography that Pavy uses repeatedly, it designates only one place, his. The oeuvre is thus grounded in the reality of a very tangible space and time, it escapes any evasion into the sublime, idealism, and Platonism by manifesting its anchoring in its land.

Pavy's work acquires a real cultural identity, which is inextricable from its home, through the staging of everyday life details. "Louisiana has not lost its identity", Pavy said in 1990 (*Catalogue de l'exposition de Rennes*). Indeed, anyone who knows a bit about Louisiana is struck by the flavor of the state, a singular something not found anywhere else in America. This special flavor is a tremendous mix of cultural influences, which make of the state's origins a genuine multigenesis: Native Americans (some of them Francophones), Spaniards, Frenchmen, Germans, and Cajuns displaced from Canada, Americans, all have left their mark in this multilayered history. In Louisiana, everything is in everything, like water, earth and sky, everything relates to everything, while remaining distinct in its uniqueness. In that sense, Pavy's work is the most faithful emanation of the place where it is created. The juxtaposition of his icons is but the manifestation of the multiple strata of the Louisiana culture he lives in. [8]

But Pavy is no "regional" or "folkloric" painter. Let's remember his astute and humorous observation about Impressionists, who, precisely, would paint from nature, from what they had under their eyes in their place: "If you look at the history of art, what was Impressionism, if not a French regional movement? … Nevertheless, these painters have changed the path of art. People like Louisiana today precisely because it is a region that did not renounce its identity." (*Catalogue*, 1990).

As we needed a new narrative, we require here a new definition of region. Pavy is "regional", but only in the sense that he participates in a "new region of the world", as Édouard Glissant has put it, an imaginary region where times ancient and new, places distant and close echo each other and fuse together, a region where an incalculable but finite number of details, emblems or icons, each with their singularities, begin to dialogue with the whole world.

l'hyperréalisme illustre la non-linéarité qui affecte aujourd'hui tout récit historique. En troisième lieu, il démontre que les nouvelles histoires vont émerger partout : en dehors de l'Europe, mais aussi en Europe, puisque l'hyperréalisme y a émigré à partir des États-Unis. Enfin, comme répétition extrême de l'esthétique vasarienne, il montre que la réitération ne peut pas être réduite à une simple copie : très souvent, la répétition ouvre à ce qui est nouveau et original. La dynamique de l'histoire (de l'art) ne peut pas être réduite à une linéarité hégélienne.

Avec le recul, il est facile de voir pourquoi Pavy s'est détaché d'une école qui interdisait tout apport de l'artiste, qu'il fut subjectif, émotionnel ou visionnaire, à l'exception de l'habileté technique: les limites d'une stricte mimesis ne pouvaient pas le satisfaire. Sa réponse à ces limites fut de s'en libérer, selon l'exigence d'une nécessité intérieure, et non selon la demande du marché de l'art ou par une réaction à une tradition artistique à prolonger ou, au contraire, à contester.

Le congédiement du photoréalisme par Pavy est aussi une répudiation du narcissisme de l'autoreprésentation, ou de la figuration des Belles du Carnaval, comme si la représentation du moi ou d'autres moi était parvenue à sa fin. Tout se passe comme si le temps était venu pour le peintre de regarder le monde autour de lui et de le transfigurer hors mimesis.

Mais il y a plus : les tableaux hyperréalistes sont des réalisations d'une haute maîtrise technique. De fait, la seule condition requise de cette école est celle de l'expertise technique. Le rejet de l'habileté picturale par Pavy indique un point capital pour l'évaluation de son art : les éléments apparemment régionaux, folkloriques et naïfs de sa peinture n'existent pas en raison d'une incapacité technique, mais en vertu d'un choix esthétique personnel.

Les écrivains de l'Antiquité pratiquaient parfois un style élémentaire, qu'ils appelaient simplicitas (simplicité) ; arriver à la simplicitas était la marque d'une compétence suprême, qui se dissimulait dans l'objet « ordinaire ». De même, l'apparente clarté technique de Pavy est le résultat d'une longue méditation sur les moyens et les fins de la peinture. Un parallèle peut être fait avec l'évolution de Pablo Picasso qui, ayant prouvé sa virtuosité, se tourna vers une expression élémentaire.

Avec la révocation de l'hyperréalisme par Pavy, nous entrons dans un micro-récit, apparemment limité au parcours créatif d'un seul artiste. Mais quelque chose de beaucoup plus important est ici en jeu : le cas singulier démontre que la clôture du maître-récit européen est l'ouverture à d'autres récits, à des histoires et des contes qui émergent partout. La Fin de l'Art n'a pas seulement produit une explosion extraordinaire de talents, elle a obligé les artistes de tous pays à faire face aux nouvelles histoires dans une pluralité et une diversité étonnantes. En fait, la fin du maître-récit signifie non pas que les récits ont pris fin (comme le prouve, par exemple et a contrario, le récit interprétatif de Danto sur Ryman), mais que nous n'avons plus besoin de maître-récit. Désormais, les narrations coexistent, se rapportent les unes aux autres, sans avoir besoin d'être référencées, hiérarchisées, ou organisées à travers et par le magnifique maître-récit européen.

Si vous faites la somme de toutes les icônes que Pavy utilise de façon répétée, ils peuvent désigner qu'un seul lieu, le sien. L'œuvre est donc ancrée dans la réalité d'un espace et d'un temps tout à fait tangibles, elle échappe à toute fuite vers le sublime, l'idéalisme, le platonisme en montrant son ancrage dans sa terre .

L'œuvre de Pavy acquiert une véritable identité culturelle, inextricable de son lieu, grâce à la mise en scène des détails de la vie de tous les jours. « La Louisiane n'a pas perdu son identité », déclare Pavy en 1990 (Catalogue de l'exposition de Rennes, France). En effet, quiconque connaît un peu la Louisiane est frappé par la saveur particulière de l'État, une singularité qui ne se retrouve en aucun état américain. Cette saveur est la résultante du mélange étonnant des influences culturelles qui font des origines de l'état une véritable multigenèse: les indiens (avec des tribus francophones), les espagnols, les français, les allemands, les cajuns jetés hors du Canada, les yankees, tous ont laissé leur marque dans cette histoire à plusieurs strates. En Louisiane, tout est dans tout, comme l'eau, la terre et le ciel, tout se rapporte à tout, tout en restant distinct dans son unicité. En ce sens, l'œuvre de Pavy est l'émanation la plus fidèle du lieu où elle est faite. La juxtaposition de ses icônes n'est que la manifestation des multiples sédiments de la culture louisianaise dans laquelle Francis Pavy respire.[8]

Mais Pavy n'est pas un peintre « régional » ou « folklorique ». Rappelons-nous son observation amusante et astucieuse sur les impressionnistes, qui, précisément, peignaient la nature qu'ils avaient sous leurs yeux, en leur lieu : « Si vous considérez l'histoire de l'art, qu'était-ce que l'impressionnisme, sinon un mouvement régional

21

If we follow Glissant, Louisiana is indeed part of this new region of the world. At one point, he proposed to consider the American South as an integral part of what he called the "space of plantations", sharing a common history partially defined by the Atlantic slave trade: "We already know that Louisiana is in many respects close to the Caribbean, and especially the West Indies: the system of plantations, the moving persistence of Creole languages, the background of the French language, and the most urgent, but common to all the slave countries, the suffering and the maronnage of the black slaves." (*Faulkner, Mississippi*, p. 46) But this most awful oppression also gives birth, in Glissant's view, to new cultures and new possibilities. Faulkner, creole languages and cultures are in that respect his prime examples.

Pavy's opus is another illustration of this new region: at the same time inextricably local and infinitely open to other works and places. Location is not transcended by vision, it is opened, through its sheer strength, elegance, subtlety and joyfulness, to other locations just as singular and vibrantly unlocked. Between these specific locations, a new dialogue of relations emerges, relations that were foreseen neither by Hegel nor by Danto.

Francis Xavier Pavy is a Creole painter.

How to understand this qualification? In the sense of how Édouard Glissant defines the creolization of today's world: "Creolization brings into contact several cultures or at least several distinct cultural elements in one part of the world, resulting in a new given, which is totally unpredictable in relation to the sum or the simple synthesis of these elements". (*Traité du Tout-Monde*, p. 37) Now listen to Pavy describing the music of Clifton Chenier, a musician from Opelousas, Louisiana: "An African-American man playing Caribbean inspired bayou pop and swamp rhythm and blues songs in Creole French...". Here, Pavy describes his own pictorial gesture, which merges distinct cultural elements without losing the specificity of their place. Creolizing his work, he opens his region to the whole world.

But there is more: it is possible to compare the internal and external network of relations with the world that his work constructs from Louisiana as a rhizome, according to the definition proposed by Gilles Deleuze and Felix

Guattari: "... unlike trees or their roots, the rhizome connects any point to any other point, and its traits are not necessarily linked to traits of the same nature; it brings into play very different regimes of signs, and even nonsign states." (*A Thousand Plateaus*, p. 31)

The detail, in every work of art and in the world, is an outline that seems to isolate and analyze a singular element, visually or poetically. In Pavy's work, the detail repeats itself (see the *Pavicons*) and migrates from one painting to another. But this circulation is not only internal to the work: the detail is also all the points of view on the world that the eye of Pavy offers. When caught in the rhizomic network, the detail becomes Relation. It becomes both irreducible and incircumventible, since its outline can no longer be delineated when it enters in relation with all other details. Through the rhizome, the work of Pavy becomes an open whole, where all points / details come into connection with each other.

This new maelstrom of relations induces not only a different idea of what a region is, but also a radical overhaul of the notion of modernism. In art history, modernism (distinguished from both newness and contemporariness) has a pretty clear definition. For Arthur Danto and Clement Greenberg, it begins when painting gets rid of the Vasarian mimetic imperative, even if they disagree with the beginning point (Danto's is the visible brush strokes of Van Gogh and the Impressionists, Greenberg's the flatness of Manet). Modernity ends for Danto with Duchamp, whose *Fountain* blurs the distinction between trivial objects and art objects. But again, this grand narrative cannot be contested from the inside, it is coherent within itself. Per se, its successive stages are easily verified through the historical evolution of European and American art. However, the narrative's pertinence is strictly restricted to both of these geographies and histories. Elsewhere, the narrative's notions of "ancient", "new", or "modern" will not apply.

Hence, the need also for a redefinition of modernity, which I extract from Charles Baudelaire and Édouard Glissant. Baudelaire gets rid of the historicity of modernism by detaching it from time ; a work of art or a book is modern not because it is our contemporary or has just been published, but because it speaks to us in our present. Thus Homer, Nefertiti's bust, a

français ? ... Néanmoins, ces peintres ont changé la direction de l'art. Les gens aiment la Louisiane aujourd'hui, précisément parce qu'elle est une région qui n'a pas renoncé à son identité. » (Catalogue de l'exposition de Rennes, *France, 1990*).

De même que nous avions besoin d'un nouveau récit, il nous faut ici une nouvelle définition de ce qu'est une région. Pavy est « régional », mais seulement dans le sens où il participe à une « nouvelle région du monde », comme Édouard Glissant l'a écrit, une région imaginaire où les temps anciens et nouveaux, les lieux lointains et proches se font écho les uns aux autres et fusionnent ensemble, une région où un nombre incalculable mais fini de détails, d'emblèmes ou d'icônes, chacune avec leurs singularités, commencent à dialoguer dans le Tout-Monde. Si nous suivons Glissant, la Louisiane fait effectivement partie de cette nouvelle région du monde. À un moment donné, il a proposé de considérer le Sud américain comme une partie intégrante de ce qu'il appelait «l'espace des plantations», partageant une histoire commune partiellement définie par la traite négrière de l'Atlantique : « Nous savons déjà que la Louisiane est à beaucoup d'égards proche de la Caraïbe, et des Antilles surtout : le système des plantations, l'émouvante persistance des langues créoles, l'arrière-fond de la langue française, et le plus pressant, mais commun à tous les pays esclavagistes, la souffrance et le marronnage des nègres. » (FM 46) Mais cette oppression la plus horrible donne naissance, selon Glissant, à de nouvelles cultures et à de nouvelles possibilités. Faulkner, les langues créoles et les cultures sont à son égard ses principaux exemples.

L'opus de Pavy est un paradigme de cette nouvelle région du monde : en même temps inextricablement locale et infiniment ouverte à d'autres œuvres et d'autres lieux. Le lieu n'est pas transcendé par la vision, il est aéré, par sa force, son élégance, sa subtilité et sa gaîté abruptes, à d'autres endroits tout aussi singuliers et ouverts dans la vibrance. Entre ces lieux spécifiques, un nouveau dialogue de relations émerge, relations qui n'ont été prévues ni par Hegel ni par Danto.

Francis Xavier Pavy est un peintre créole.

Comment entendre cette qualification? Dans le sens où Édouard Glissant définit la créolisation du monde d'aujourd'hui : « La créolisation est la mise en contact de plusieurs cultures ou au moins de plusieurs éléments de cultures distinctes, dans un endroit du monde, avec pour résultante une donnée nouvelle, totalement imprévisible par rapport à la somme ou à la simple synthèse de ces éléments. » (Traité du Tout-Monde, *p. 37*) Écoutons maintenant Pavy décrivant la musique de Clifton Chenier, musicien natif d'Opelousas en Louisiane : « Un noir américain qui joue du Bayou pop inspiré des Caraïbes et du rythm and blues des marais en français créole… ». Pavy décrit là son propre geste pictural, qui fusionne des éléments culturels distincts, sans pourtant perdre la spécificité de leur lieu. En créolisant sa peinture, il ouvre sa région au monde entier.

Mais il y a plus : il est possible de comparer le réseau intérieur et extérieur de relations avec le monde que son œuvre construit à partir de la Louisiane comme un rhizome, selon la définition que proposent Gilles Deleuze et Felix Guattari : «… à la différence des arbres ou de leurs racines, le rhizome connecte un point quelconque avec un autre point quelconque, et chacun de ses traits ne renvoie pas nécessairement à des traits de même nature, il met en jeu des régimes de signes très différents et même des états de non-signes. » (Milles Plateaux, *Minuit 1980, p. 31*)

Le détail, dans tout œuvre d'art et dans le monde, est un contour qui semble isoler et analyser visuellement ou poétiquement un élément singulier. Dans le travail de Pavy, le détail se répète (voir les pavicônes) et migre d'un tableau à l'autre. Mais cette circulation n'est pas seulement interne à l'œuvre : le détail, c'est aussi tous les points de vue sur le monde qu'offre l'œil de Pavy. Quand il est pris dans le réseau rhizomique, le détail devient relation. Il devient à la fois irréductible et incontournable, puisqu'on ne peut plus en tracer les contours, dans sa relation à tous les autres détails. Par le rhizome, l'œuvre de Pavy devient une totalité ouverte, ou tous les points/détails entrent en connexion les uns avec les autres.

Ce nouveau maelström de relations induit non seulement une idée différente de ce qu'est une région, mais aussi une refonte radicale de la notion de modernisme. Dans l'histoire de l'art, le modernisme (distingué à la fois de la nouveauté et de la contemporanéité) a une définition assez claire. Pour Arthur Danto et Clement Greenberg, il commence quand la peinture se débarrasse de l'impératif mimétique de Vasari, même s'ils sont en désaccord avec le point de départ (pour Danto ce sont les coups de brosses visibles de Van Gogh et des impressionnistes, pour Greenberg la planéité de Manet). Le modernisme se termine pour Danto avec Marcel Duchamp, dont La Fontaine brouille la distinction entre objets triviaux et objets d'art. Une fois encore, ce maître-récit ne peut être contesté de l'intérieur : il est cohérent avec

Fayum mummy portrait or an Aztec statuette of Xipe Toltec ("The Flayed One") can be modern, if they move us, even if they were created two or three millennia ago. Conversely, a work of art created today can fall into immediate obsolescence, if we cannot relate to it emotionally and find meaning through it; examples in contemporary art are too numerous to list, beginnning with the *Brillo Box*. For Baudelaire, modernity is not opposed to antiquity, but to obsolescence. This means that chronology is only of partial relevance when we read books or look at works of art.

Édouard Glissant gives a second, crucial twist to the notion of modernity. For him, congruent with his critique of the linearity, finalism and exclusionism of Hegel's art history (traits that apply ipso facto to Danto), modernity begins with the eye-opening consciousness that we live in a world totality where all parts are in Relation and thus constitute this new region of the world he worked to usher in. In such a conception, Relation works not only between Europe and other parts of the world, but also upends any chronological narrative, even more so than Baudelaire's modernity. Everything may now dialogue with everything, everything, whatever its chronological or geographical origins can be related to everything. The limitations of a Hegelian narrative, with its strict consecution constraints (chronologically or logically) are made readily manifest in the Glissantian conceptual frame.

Thus Pavy is modern, because he speaks to us, from his region and time that are outside of the Hegelian narrative.

• • •

Plato's aesthetics presupposed that we aspire to both Beauty and Truth, which are for him quasi synonyms. But to attain them, we have to get rid of our flesh, because Truth and Beauty reside in the Heaven of Ideas, where they are at the same time universal and disincarnated – indeed, they are universal because they are disincarnated. Francis Pavy's aesthetics is at the polar opposite of Platonism; it is concerned with everyday life bodies, plants, animals and things.

At a young age, Francis Xavier Pavy regularly attended mass at the church of Our Lady of Fatima or the cathedral of Saint John the Divine, both in Lafayette. Since the mass was in Latin, he would let his eyes wander to the sculptures and the stained glass that illustrated the narrative of the Gospels, like the early, illiterate Christians to whom the church offered images to make the rituals understandable. The priest's sermons were thus translated in a visual narrative that intrigued the young Pavy. Indeed, his taste for things of the world, bodies, and figuration is definitively rooted in a Catholic tradition, which accentuates the physical aspect of things because it centers on an idea incarnated in a body, Jesus-Christ. The Catholic Church, contrary to Jewish iconoclasm (mimicked by Islam), contrary to Platonic purification of the senses and later, contrary to Protestant asceticism, gave rise to the richest efflorescence of images in history. Religious painting always reverted to the same, limited repertoire of sacred themes: this repetition didn't prevent the painters inspired by Catholic tradition from exploring an amazing array of expressive possibilities.

In Catholic practice, mystics are viewed with suspicion by their own Church: through their ecstasies, they communicate directly with God, making the intercession of the ecclesiastical apparatus obsolete, whereas this hierarchy insists on the monopoly of communication between the faithful and the divine. Pavy is a secular mystic, belonging to no church, school or chapel in art. He communicates directly with the visions, dreams and ecstasies he projects on canvas.

This said, strange things happen to bodies, faces and things in his work. Iconographic elements are most often clearly delineated: their outlines give them an existential, undisputed solidity and weight that reinforces their materiality anchored in worldly reality. But they are also gifted with lightness and transparency. A woman can encompass a starry sky, in a beer glass resides the black King of Mardi-Gras, a bird or a 1960 red Corvette are like the torn page of a manuscript, the fragment of an unknown fable. A bottle multiplies inside itself while hosting an indecent acrobat, a cross or a red guitar looks at us with wide open eyes, a face contains a white and sky-blue whirlwind. Objects and people are the space of a widespread exchange of everything with everything, without losing their identity, echoing Glissant's words: "I change by exchanging with others, however without losing and denaturing myself…" (*Philosophie de la Relation*, p. 66). Pavy's vast, swirling fusion of distinct elements grounded in a specific time and

soi-même. En tant que tel, ses étapes successives sont facilement vérifiées par l'évolution historique de l'art européen et américain. Cependant, la pertinence du récit est strictement limitée à ces deux zones géographiques et historiques. En dehors de ces deux espaces, les notions de « ancien », « nouveau » ou « moderne » du maître-récit ne sont pas applicables.

D'où, aussi, la nécessité d'une redéfinition de la modernité, que j'extrais de Charles Baudelaire et d'Édouard Glissant. Baudelaire se débarrasse de l'historicité du modernisme en le détachant du temps ; une œuvre d'art ou un livre est moderne, non parce qu'il est notre contemporain ou vient de paraître, mais parce qu'il nous parle dans notre présent. Ainsi Homère, le buste de Néfertiti, un portrait d'un sarcophage de Fayoum ou une statuette aztèque de Xipe Toltec (« Le Dieu Écorché ») peut être moderne, s'ils nous émeuvent, même s'ils ont été créés il y a deux ou trois millénaires. À l'inverse, une œuvre d'art créé aujourd'hui peut tomber dans une immédiate désuétude, si nous ne pouvons entrer en relation émotionnelle avec elle et trouver un sens à travers elle (les exemples dans l'art contemporain sont trop nombreux pour être mentionnés, mais la Brillo Box en est le paradigme). Pour Baudelaire, la modernité n'est pas opposée à l'antiquité, mais à la désuétude. Cela veut dire que la chronologie n'a qu'une pertinence partielle pour le déchiffrage d'une œuvre d'art.

Édouard Glissant donne une seconde torsion, essentielle, à la notion de modernité. Pour lui, en en accord avec sa critique de la linéarité, du finalisme et de l'exclusivisme de l'histoire de l'art de Hegel (traits qui s'appliquent ipso facto à Danto), la modernité commence avec la prise de conscience que nous vivons dans une totalité-monde dont toutes les parties sont en relation et constituent ainsi la nouvelle région du monde qu'il a travaillé à promouvoir. Dans une telle conception, la Relation fonctionne non seulement entre l'Europe et d'autres parties du monde, mais bouleverse aussi tout récit chronologique, plus encore que le modernisme selon Baudelaire. Tout peut maintenant dialoguer avec tout, tout, tout peut être lié à tout, quelles que soient les origines chronologiques ou géographiques. Les limites d'un récit hégélien, avec ses contraintes strictes de consécution (chronologiques ou logiques) sont aisément décelées dans le cadre conceptuel glissantien.

Ainsi Pavy est un moderne, parce qu'il nous parle, à partir de sa région et de son temps, qui sont en dehors du récit hégélien.

●●●

L'esthétique de Platon supposait une double aspiration à la Beauté et à la Vérité, qui sont pour lui quasi synonymes. Mais pour les atteindre, nous devons nous débarrasser de notre chair, parce que la Vérité et la Beauté résident dans le ciel des idées, où elles sont en même temps universelles et désincarnées – en fait, elles sont universelles parce qu'elles sont désincarnées. L'esthétique de Francis Pavy est à l'opposé du platonisme ; elle s'occupe des corps, des plantes, des animaux et des choses dans la vie quotidienne.

Pendant sa jeunesse, à Lafayette, Francis Xavier Pavy allait régulièrement à la messe à l'église de Notre-Dame de Fatima ou à la cathédrale de Saint Jean l'Evangéliste. La messe étant en latin, il laissait vagabonder son regard sur les sculptures et les vitraux qui illustrent les récit des évangiles, tout comme les premiers chrétiens illettrés à qui l'Église offrait des images pour rendre les rituels compréhensibles. Les sermons du prêtre étaient ainsi traduits dans un récit visuel qui intriguait le jeune Pavy. De fait, le goût de Pavy pour les choses du monde, les corps et la figuration est définitivement ancré dans une tradition catholique, qui accentue l'aspect physique des choses parce qu'elle pose en son centre une idée incarnée dans le corps de Jésus-Christ. L'Église catholique, contrairement à l'iconoclasme juif (imité par l'Islam), contrairement aussi à la purification platonicienne des sens et, plus tard, à l'ascèse protestante, a donné lieu ainsi à la plus riche efflorescence des images dans l'histoire. La peinture religieuse revenait toujours au même répertoire limité des thèmes sacrés: cette répétition n'a pas empêché les peintres d'inspiration catholique d'explorer un extraordinaire éventail de possibilités expressives.

Dans la tradition catholique, les mystiques sont considérés avec suspicion par leur propre Église: à travers leurs extases, ils communiquent directement avec Dieu, ce qui rend l'intercession de l'appareil ecclésiastique redondant, quand bien même cette hiérarchie insiste sur le monopole de la communication entre les fidèles et le divin. Pavy est un mystique laïque, n'appartenant à aucune église, école ou chapelle de la peinture. Il communique directement avec la vision, les rêves et les extases qu'il projette sur la toile.

Ceci dit, des choses étranges se produisent dans les corps, les visages et les choses de son œuvre. Les éléments iconiques sont le plus souvent clairement délimités : leur

space is not "regional", since that is precisely what is happening, right now, everywhere in the world. Indeed, Pavy's painting may be a grand figuration for the maelstrom of cultures we experience today, for which Louisiana's creolization perfectly readied him.

• • •

Anybody who has participated in a Louisiana carnival knows that the floats, the Krewes, the beads and the parades are not solely a tourist attraction. They are an authentic revelry in which all the Krewes and spectators alike are truly involved.

In Louisiana, this flat Delta land, the boundaries between earth, water and sky, which we usually hold for solid and definite, are often swallowed by downpours and, for a while, we live in an indeterminate grayness: this is when Louisiana feels a deep need for a carnivalesque reprieve from the everyday grind, the oppressive heat and humidity of summer, or February's glacial winds.

But, when the Carnival is over, its joys and solaces postponed to the next Mardi-Gras, we are not engulfed by everyday life's dullness, we have stories to tell or to read, gumbos to taste, paintings to look at or make: art picks up the slack of life. We reread John Kennedy Toole – although I am shocked by the harsh words he spouts about Baton Rouge –, we grab the *Moviegoer* or *The Awakening* or *Interview with a Vampire* or *A Streetcar Named Desire*. Louisiana has a dire need for art and stories, which explain why so much art and so much literature were born here.

For my part, when, after the last parade, I itch for the next Mardi-Gras, I look at Francis Pavy's paintings. The vivid colors, reminiscent of Medieval stained glass (Francis, at an earlier age, worked with glass), the guitarist, the massive brown bear, the square and dots abstractions, the stranger who is no one and everyone, the flames of cane fields burning, the half-full bourbon glasses, the pretty ladies, the little house burning, the carnival King on his white horse, costume resplendent and cold beer in his hand, the marsh grass, the telephone pole deprived of its lines, the mysterious masked girl, the crescent moon, the fleur de lys lance, the million moirés of Louisiana waters,

the slightly obscene upside-down acrobat, the magnetic Mardi-Gras robes, the egrets and the blue birds, the Indian chief, the 10-foot linocut alligator, the moon and the sun kissing, the flock of birds composing a icon, the road to nowhere and everywhere, the big cities, the Krewes' queens and the majestic black man with a court jester's hat, the flying or resting blue crow, the delicate and balanced composition and the colorist's supreme mastery - they all sing to me a joyous and profound chant, a multifaceted chorus, a baroque and carnivalesque accumulation of bliss and sadness.

Indeed, there is an overabundant energy and vitality in Pavy's art, virtues that many artists today have chosen to ignore or have simply forgotten. When everyday dreariness takes hold, just look at one of his works in order to breathe better. Life's heaviness truly does not matter.

• • •

In a 1967 interview, Howlin' Wolf declares: "I was born and raised with these things. Ups and downs, been with every man, every woman in life. The people all about the blues. The blues is nothing but, if you're dissatisfied and you don't have the things you want and have no money, no place to stay and you're loafing and going place to place. You're looking for something and you don't know what it is until you find it, you know?" Like the Blues, Cajun music is also filled with lost loves, tragedies and sadness. But then comes the miracle: by alchemical transformation, negativity is metamorphosed into beauty and joy. Hegel would have loved blues and zydeco.

Since age 12, Francis Pavy has also been a musician. One of his songs is called *Zydeco blues*, on the classic theme of lost love. Another one, *Charlene,* echoes the same topic. Blues is an apt symbol for what Pavy does: its monotonous and limited consecution of chords, always obeyed by the bluesmen, leads to an immense flourishing of creative variations. As a matter of fact, Pavy's work is also profoundly musical: the repeated use of motifs transforms the oeuvre into a grand rhapsody. Repetition here is not lazy lack of invention: it allows Pavy to introduce, each time, new musical combinations which contribute to the step-by-step metamorphosis of tragedy into ecstasy. Thus, duplication is never simply repetition; from painting to painting, it adds a

contour leur confère une solidité existentielle incontestée et un poids qui affermit leur matérialité, ancrée dans la réalité du monde. Mais ils sont aussi doués de légèreté, de transparence et d'indépendance. Une femme peut englober un ciel étoilé, dans un verre de bière habite le roi noir du Mardi-Gras, un oiseau ou une Corvette rouge de 1960 sont comme la page déchirée d'un manuscrit, le fragment d'une fable inconnue. Une bouteille se multiplie à l'intérieur d'elle-même, tout en accueillant une acrobate indécente, une croix ou une guitare rouge nous regarde avec de grands yeux ouverts, un visage contient un tourbillon bleu ciel et blanc. Les objets et les personnes sont le lieu d'un vaste échange de tout avec tout, sans perdre leur identité, comme s'ils faisaient écho aux paroles de Glissant : « Je change en échangeant avec les autres, mais sans me perdre et me dénaturer ... » (Philosophie de la Relation, *p. 66). La vaste et tourbillonnante fusion d'éléments distincts de Pavy, bien qu'ancrée dans un temps et un espace, n'est pas « régionale », puisque c'est précisément ce qui arrive partout dans le monde aujourd'hui. La peinture de Pavy peut être considérée comme une grande figuration du maelström des cultures que nous vivons maintenant, pour lequel la créolisation de la Louisiane l'a parfaitement préparé.*

• • •

Quiconque a participé à un carnaval louisianais sait que les chars, les équipages, les perles et les défilés ne sont pas seulement une attraction touristique. Ils sont une fête authentique dans laquelle toutes les confréries aussi bien que les spectateurs des défilés sont vraiment impliqués.

En Louisiane, cette terre de delta aplatie, les frontières entre la terre, l'eau et le ciel, que nous tenons généralement pour solides et précises, sont souvent avalées par des déluges et, pendant un certain temps, nous vivons dans une grisaille indéterminée : c'est alors que la Louisiane ressent un profond besoin du répit du quotidien, de la chaleur accablante et de l'humidité estivales, ou des vents glacés de février, ce répit qu'accordent les carnavals du Mardi-Gras.

Mais, quand le carnaval est terminé, ses joies et ses consolations reportées à l'année prochain, nous ne sommes pas engloutis par la grisaille de la vie quotidienne, nous avons des histoires à raconter ou à lire, des gombos à déguster, des peintures à regarder, des livres à lire ou à faire : l'art compense la quotidienneté. Nous relisons John Kennedy Toole - bien que je sois choqué par les insultes qu'il adresse à Baton

Rouge, nous ouvrons Le cinéphile, L'éveil, L'entretien avec un vampire *ou* Un tramway nommé Désir. *La Louisiane a un besoin radical d'art et d'histoires, ce qui explique pourquoi tant d'art et de littérature y soient nés.*

Pour ma part, quand, après le dernier défilé, la démangeaison de l'impatience pour le prochain Mardi-Gras me saisit, je regarde les peintures de Francis Pavy. Les couleurs vives qui rappellent les vitraux médiévaux (Francis, au cours de sa formation, a travaillé comme verrier), le guitariste rêveur, le massif ours brun, les abstractions des carrés et des points, l'étranger qui est tout le monde et personne, les flammes des champs de canne qui brûlent, les verres de bourbon demi-plein, les jolies dames, la petite maison en flammes, le roi du carnaval sur son cheval blanc, avec son costume resplendissant et une bière fraîche à la main, l'herbe des marais, le poteau de téléphone privé de ses lignes, la mystérieuse fille masquée, le croissant de lune, la lance à la fleur de lys, les millions de moirés des eaux de la Louisiane, l'acrobate la tête en bas, un peu obscène, les robes magnétiques du Mardi-Gras, les aigrettes et les oiseaux bleus, le chef indien, la linogravure d'un alligator de trois mètres, la lune et les baisers du soleil, le vol d'oiseaux composant une icône, la route qui va nulle part et partout, les grandes villes, les reines du carnaval et le majestueux homme noir avec un chapeau de bouffon, le corbeau bleu en vol ou perché, la composition délicate et bien équilibrée, l'extraordinaire et suprême maestria du coloriste – tout cela me chante une antienne joyeuse et profonde, un chœur aux multiples facettes, une accumulation baroque et carnavalesque de bonheur et de tristesse.

Il faut le souligner, il y a une énergie et une vitalité surabondantes, vertus que beaucoup d'artistes aujourd'hui ont choisi d'ignorer ou ont tout simplement oublié, dans l'art de Pavy. Lorsque la tristesse du quotidien nous saisit, il suffit de regarder l'une de ses œuvres pour respirer. Le fardeau de la vie n'a vraiment pas d'importance.

• • •

Dans une interview de 1967, Howlin' Wolf déclare : « Je suis né et j'ai été élevé avec ces choses. Des hauts et des bas dans la vie pour tous les hommes et toutes les femmes. Les gens sont tous dans le blues. Le blues n'est qu'à propos de votre insatisfaction, vous n'avez pas les choses que vous voulez et pas d'argent, pas d'endroit pour y habiter et vous flemmardez et vous passez d'un endroit à l'autre. Vous cherchez quelque chose et

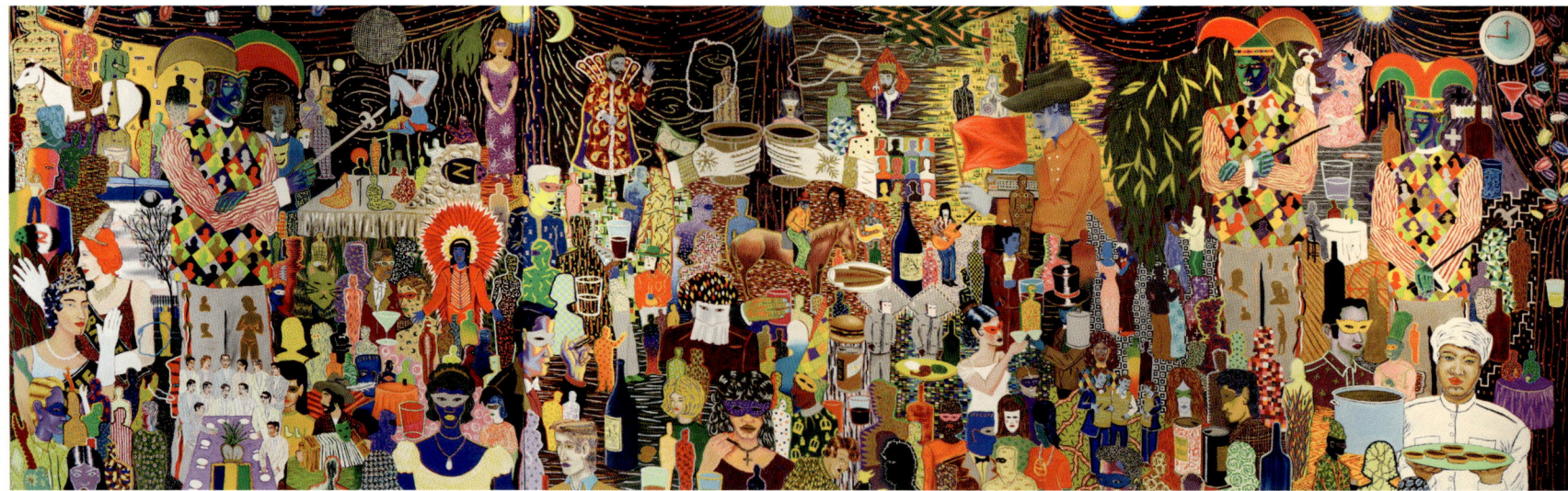

Born on Mardi Gras Day, 2004, 72 x 216 in, oil on canvas

new layer of meaning, changing at the same time the first and the subsequent iconographic elements. Great artists and great writers are easily taken to task when they "repeat" themselves: but this monotony is indicative of their obstinacy and focus in the quest for meanings.

Pavy's work is not escapism: it is tragedies minor or major, hidden in the paint's strata, embedded in their secret narrative, but then alchemically transformed in ecstasies, major or minor. Happiness (like any real feeling) is conquered with, against and through negativity. The man who became sane while his friend became crazy, the problematic cat lady with too many felines who is also *Velma* the slightly obscene acrobat, *I was a Prince*, which memorializes a dead friend, *The Girl with the Geminian Camera*, about a woman who was close to the edge and then fell over, are among examples of these negativities that we bump into in life and that can be the source of a transfigurations.

Chiaroscuro is not Pavy's forte. The dialogue between opposing forces, sweetness transformed into calamity, bitterness into delight, is his realm. These opposing forces are eminently discernable: each building bloc of his paintings is clearly delineated and doesn't blend through halftones. Even the binding elements (a whirlwind, a background color) are plainly

distinguishable. Delineation is an analytical tool that makes perception easy; it reinforces the game of oppositions and similarities fundamental to Pavy's representations. His work is built through the dialectics of apparently heterogeneous components which Pavy forces into a dialogue and relationship via juxtaposition; hence the tension of the visible that his paintings evince.

"I believe that it is one of my gifts or one of my duties to mix the old and the new, and to show elements of cohesion where no association seems possible. I believe I am able to mix things, to grasp a fragment of reality to relocate it in other elements of everyday life. Juxtaposition, then, becomes extremely interesting…" says Pavy in the *Catalogue of the Rennes Exhibit* (1990). Note the fascinating alternation of gift and duty, as if painting was equally something that we are inspired to do and that we must do to mix and put the disparate in connection.

Some may conceive an identity (something which is 'same as itself' according to the etymology) as something immutable, with deep roots, something that thus cannot move or be moved, and therefore cannot relate to other identities. This is not Pavy's conception.

vous ne savez pas ce que c'est jusqu'à ce que vous le trouviez, vous savez ? » Comme le blues, la musique cajun est aussi remplie de tragédies, d'amours perdues et de tristesse. Mais ensuite arrive le miracle : par une transformation alchimique, la négativité est métamorphosée en beauté et de joie. Hegel aurait aimé le blues et zydeco.

Depuis l'âge de douze ans, Francis Pavy est aussi un musicien. L'une de ses chansons, sur le thème classique de l'amour perdu, est appelée Zydeco blues. Une autre, Charlene, fait écho au même sujet. Le blues est un symbole adéquat pour ce que fait Pavy : sa consécution monotone et limitée d'accords, toujours suivis par les bluesmen, conduit à une immense floraison de variations créatives. De fait, l'œuvre de Pavy est aussi profondément musicale : l'utilisation répétée de motifs font de son travail une grande rhapsodie. La répétition, ici, ne dénote pas la paresse de l'invention : elle permet à Pavy d'introduire, à chaque fois, de nouvelles combinaisons musicales qui contribuent, pas à pas, à la métamorphose de la tragédie en extase. Ainsi, la duplication n'est jamais simple répétition ; de tableau en tableau, elle ajoute une nouvelle couche de sens, modifiant en même temps la première strate et les éléments iconographique ultérieurs. Les grands artistes et de grands écrivains sont facilement pris à partie quand ils se « répètent » : mais cette monotonie est le signe de leur obstination et de leur concentration dans la quête du sens.

L'œuvre de Pavy n'est pas évasion de la réalité : elle est mise en scène de tragédies mineures ou majeures, cachées dans les strates, intégrées dans leur récit secret, mais alchimiquement transformées en extases, majeures ou mineures. Le bonheur (comme tout sentiment réel) est conquis avec, contre et par la négativité. L'homme qui est devenu sain d'esprit alors que son ami est devenu fou, la dame aux trop nombreux chats, qui est aussi Velma, l'acrobate quelque peu obscène, I was a Prince, qui immortalise un ami mort, The Girl with a Geminian Camera, une femme qui était au bord du gouffre, puis y tomba, sont parmi les exemples de ces négativités que nous rencontrons dans la vie et qui peuvent être la source de transfigurations.

Le chiaroscuro n'est pas le point fort de Pavy. Le dialogue entre les forces opposées, la douceur transformée en catastrophe, l'amertume anamorphosée en joie, voilà son royaume. Ces forces opposées sont éminemment discernables : chaque part de la construction de ses tableaux est clairement délimitée et ne se transitionne pas par des demi-teintes. Même les éléments de liaison (un tourbillon, une couleur d'arrière-plan) sont clairement distingués. La délimitation est un outil d'analyse qui facilite la perception ; elle renforce le jeu des oppositions et des similitudes fondamentales pour les représentations de Pavy. Son travail se construit à travers la dialectique de composantes apparemment hétérogènes que Pavy oblige à dialoguer en relation par juxtaposition; d'où la tension du visible que ses tableaux exposent.

« Je crois que c'est l'un de mes dons ou de l'un de mes devoirs de mélanger l'ancien et le nouveau, et de montrer des éléments de cohésion là où aucune association semble possible. Je crois que je suis capable de mélanger les choses, de saisir un fragment de la réalité et de le transférer dans d'autres éléments de la vie quotidienne. La juxtaposition, devient alors extrêmement intéressante ... » (Catalogue de l'exposition de Rennes, France, 1990). L'association entre le don et le devoir est du plus haut intérêt, comme si la peinture était tout à la fois une obligation impérieuse et une offrande de la grâce, toutes deux conduisant au mélange et à la mise en relation.

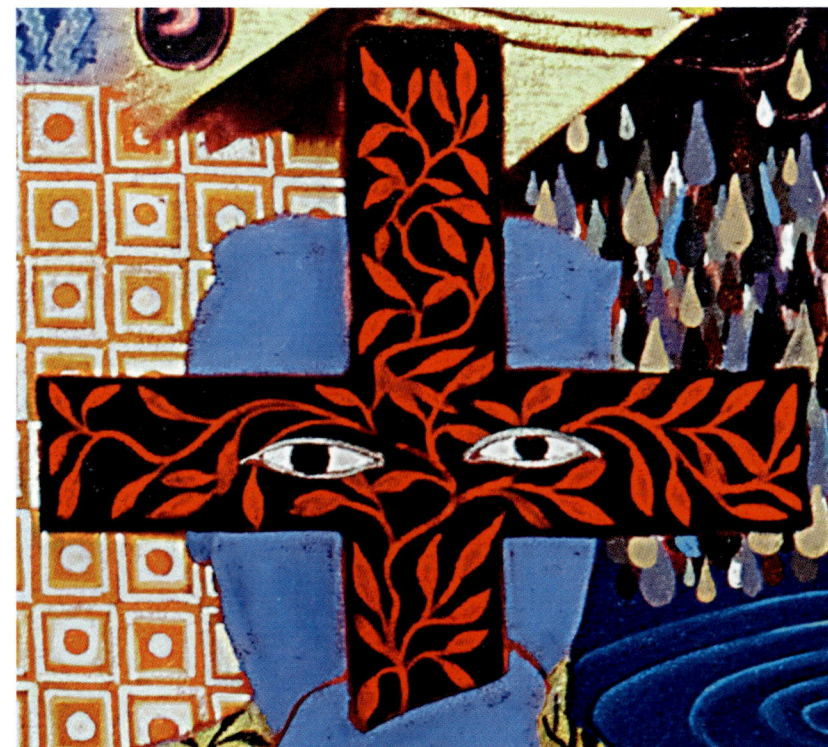

Velma and the Diamond Ring (detail), 150 x 120 cm, huile sur toile

At a basic level, the combination of discrete, heterogeneous icons hints that they are not closed unto themselves, but that they can and will open themselves to dissimilar emblems, first in one single painting, and then from painting to painting by their reutilization, even if cohesion or relation takes the form of an antagonistic struggle. This dialectics of beings can be broadened, and we understand that juxtaposition can be scaled up, that Lafayette as "center of the world" may be put in relation with other, multiple centers of the world.

Of course, this whirlwind of relations could not happen if things in Pavy's painting were not subjected to his singular aesthetics: vision is here essential to open things and their depiction to the rest of the world.

There are a lot of eyes and gazes in Pavy's paintings. Some are "naturally" bound to a body, and they look around, in all directions. Others are detached and stand alone, the body is only alluded to by the very presence of the lonely eyes, superimposed on a cross, for example. These disconnected eyes always look at the beholders, connecting with them.

Gazes exchange gazes by contiguity: the juxtaposed eyes looking in every direction possible are thus an image of the artist's vision of himself, looking constantly at all the parts of the world he is immersed in, and signifying the desire to see. By the metonymical gaze, all elements of a painting enter in relation and exchange. A striking example is the monumental Mardi Gras painting *Born on Mardi Gras Day*, where the discrete elements mix and fuse through the gazes' flow.

The elements also fuse beyond the surface: the paintings' eyes are also a metonymy of the beholder's gaze looking at the painting, beyond two-dimensionality, into the four-dimensionality of life itself, that is, our space and our time. The general flatness of the oeuvre, the lack of depth and perspective is thus compensated by the paintings' gaze that makes them deep beyond their own bi-dimensional limits. In that sense, many of Pavy's paintings look at us.

By these eyes, we are invited to enter the artist's oneiric world and become part of the circulation and the relations of his iconography. But there is more:

a gaze is always a relation, with another person or object: all those open eyes in the paintings function as a network of relations, not only internally, with each other, but with the beholder, outside the frame, and with the surrounding world, and also beyond that world, with the imaginary realms in which we live. The relations are metonymically connected with everything, everybody, with every time and space. These metonymic connections are most often lacking in abstract or contemporary art, as if they once and for all made the decision to abstain from communicating.

Visiting Pavy's studio, one is immediately struck by the sheer mass of work accomplished. The paintings' profusion is closely related to the cornucopia of iconographic themes he uses. This quantitative aspect has a profound qualitative meaning. Exuberance and abundance, these are the characteristics of a baroque art, an art unencumbered by the brevity and scarcity demanded by the purism of classicism, which is one of the traits of contemporary art when reaching its apogee. In that sense, the new dawn of art after its European implosion could not be other than baroque, whereas, in contemporary art, the baroque has taken refuge and been confined to manifestos, pedagogical explanations and discourses on art, these fathers/mothers coming to the assistance of their orphan works.

No manifesto, no ideology, no thunderous philosophical statement in Pavy's oeuvre: the work is first and foremost a visual practice, which isn't transitive to any external discourse. It is only a transparency and opacity of life which is not subservient politics. Pavy preserves the freedom which should be the essence of all art, especially during a time where meaning is coarsely confused with ideology. His paintings are like the many birds he represents in them, absent from any cage and shooting towards the horizon.

• • •

In *Civilization and Its Discontents*, Sigmund Freud shows his fascination with nineteenth century Rome, which is for him an imperfect, but still valid, analogy for the human psyche and its history. Rome is all about layers and strata of events and constructions piled upon each other, and the archeologist can dig to reveal the origins of history. For Freud, archeology is retrospective

Certains peuvent concevoir l'identité (ce qui est « semblable à soi-même », selon l'étymologie) comme quelque chose d'immuable, aux profondes racines, quelque chose qui ne peut donc pas se déplacer ou être déplacé et ne peut donc pas se rapporter à d'autres identités. Telle n'est pas la conception de Pavy.

À un premier niveau, la combinaison d'icônes distinctes et hétérogènes laisse entendre qu'elles ne sont pas fermées sur elles-mêmes, mais qu'elles peuvent s'ouvrir à des emblèmes dissemblables, d'abord dans un seul tableau, puis, par leur réutilisation, de tableau en tableau même si la cohérence ou la relation prennent la forme d'une lutte antagoniste. Cette dialectique des objets peut être élargie, et soudainement nous comprenons que la juxtaposition peut être étendue, que Lafayette comme « centre du monde » peut être mise en relation avec d'autres centres, multiples, du monde.

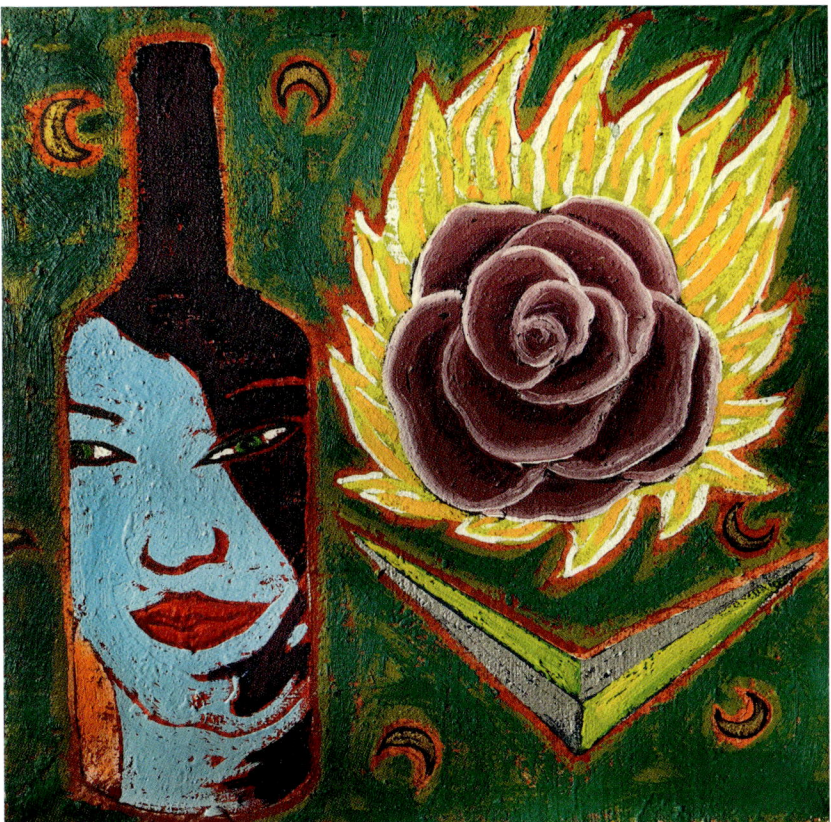

Car Fever, 1989, 19 x 19 cm, huile sur toile

Bien sûr, ce tourbillon de relations ne pourrait pas se produire si les objets dans la peinture de Pavy n'étaient pas soumis à son esthétique singulière : ici, la vision est essentielle pour ouvrir les choses et leur représentation au reste du monde.

Il y a beaucoup d'yeux et de regards dans les tableaux de Pavy. Certains sont « naturellement » lié à un corps, et ils regardent autour d'eux, dans toutes les directions. D'autres sont détachés et autonomes, il est fait allusion au corps par la présence seule des yeux solitaires, superposées sur une croix, par exemple. Ces yeux détachés regardent toujours le spectateur, entrant en relation avec lui.

Les regards échangent des regards par contiguïté : les yeux juxtaposés regardant dans toutes les directions possibles sont donc une image de la vision de l'artiste lui-même, regardant constamment toutes les parties du monde dans lequel il est plongé ; les yeux signifient le désir de voir. Par le regard métonymisé, tous les éléments d'un tableau entrent en relation d'échange les uns avec les autres. Un exemple frappant est celui de la peinture monumentale Born on Mardi-Gras, *où les éléments séparés se mélangent et fusionnent à travers le flux des regards.*

Les éléments fusionnent aussi au-delà de la surface : les yeux des tableaux sont aussi une métaphore du regard du spectateur contemplant la toile, au-delà des deux dimensions, dans le quadridimensionnel de la vie elle-même : notre espace et notre temps. La planéité générale de l'œuvre, le manque de profondeur et de perspective sont ainsi compensés par les yeux des tableaux, rendus ainsi à la profondeur et outrepassant de leurs propres limites bi-dimensionnelles. En ce sens, de nombreux tableaux de Pavy nous regardent.

Par ces yeux, nous sommes invités à entrer dans le monde onirique de l'artiste et à devenir part de la circulation et des relations de son iconographie. Mais il y a plus : un regard est toujours une relation avec une autre personne ou avec un objet : tous les yeux ouverts dans les tableaux fonctionnent comme un réseau de relations, d'abord de façon interne, les uns avec les autres, ensuite lorsqu'ils regardent, en dehors de leur cadre, le spectateur, le monde qui l'entoure, et au-delà de ce monde, les royaumes imaginaires où nous vivons. Les relations relient métonymiquement à tout à tout, le monde, à chaque temps et en chaque espace. Il va sans dire que ces relations métonymiques font défaut dans l'art abstrait et contemporain, comme si, par pétition de principe, ils voulaient se détacher de toute communication.

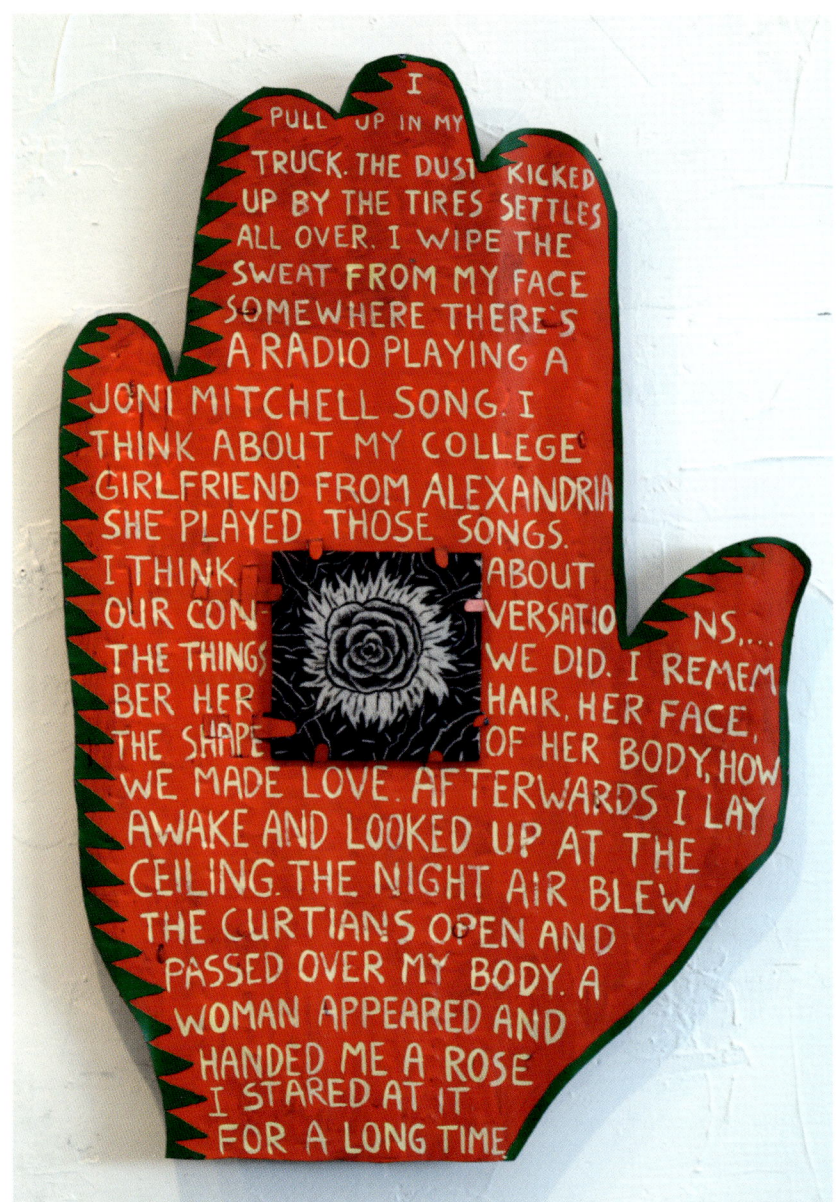

Gift of the Midsummer Night Diva, 1993, 41 x 32 in, glass, metal, wood

destruction, removal of layer after layer. Rome then functions like the history of meaning since its beginnings. Getting to the primeval psychic meaning involves the elimination of all the layers that were superimposed later. This is exactly what Malevich achieved with his black and white squares: he retrospectively reached the "essence of painting" by stripping away the Impressionist's brushstrokes, the flatness of Manet, and the mimetic layers of the Vasarian painting tradition.

According to Freud, contrary to archeology, the unconscious keeps all layers alive and juxtaposes their meanings. Grasping the meaning of it all involves the simultaneous understanding of the sediments' relations, while knowing (as Freud theorized) that there is an opaque kernel of the unconscious that will always resist interpretation. This leads to another conception of art history, one which maintains the copresence of all its objects, whatever their origins in time and geography be, where paintings and sculptures engage in an unlimited dialogue and establish an infinite number of relations; in brief, an aesthetics which is exactly the one Édouard Glissant had in mind when he proposed his "new region of the world".

Our visual world is built from strata, and Pavy's work is like a microcosm of this greater horizon, both in its chronology and architecture. When he found his style, he began with juxtaposition, that is, a metonymy where two elements share a space side by side. He then went on accumulating strata that intersect with each other, creating a sophisticated palimpsest. Superimposition, in dialectical struggle with juxtaposition, is metaphor: a sign covers and, at the same time, points to another sign, veiling and unveiling at the same time. If we were to position Pavy's work within the Freudian opposition of layering in the unconscious, which lives forever, to archeology, where sediments have to be destroyed, Pavy would decidedly be on the side of the unconscious. The unconscious is an irreducibly opaque source, whereas, in the visual arts, the primeval layer is light. When Pavy, in his most recent works, adds neon to his iconography, he returns to this primeval strata, and builds his work in circularity, from light to light. The latest evolution of technique thus engenders the genesis.

Qui visite l'atelier de Pavy est immédiatement frappé par l'immensité du travail accompli. La profusion des œuvres qui peuplent le studio est parallèle à la cornucopie des thèmes iconographiques qu'il utilise. Cet aspect quantitatif a une profonde signification qualitative. L'exubérance et de l'abondance sont les caractéristiques d'un art baroque, d'un art libéré de la brièveté et de la rareté exigées par le purisme du classicisme, qui est l'un des traits de l'art contemporain à son apogée. En ce sens, la nouvelle aube de l'art qui naît après l'implosion européenne de l'abstraction et du minimalisme ne pouvait être autre que baroque, alors que dans l'art contemporain, le baroque a trouvé refuge et a été confiné dans les manifestes et les explicitations pédagogiques, ces pères/mères qui viennent à l'aide de leurs œuvres orphelines.

Nul manifeste, nulle idéologie, nulle déclaration philosophique fracassante chez Pavy : l'œuvre est d'abord et avant tout une pratique visuelle, qui n'est transitive à aucun discours externe. Elle n'est qu'une transparence de la vie qui ne s'inféode pas au politique. Pavy préserve la liberté qui devrait être l'essence de tout art, surtout à une époque qui confond grossièrement le sens et l'idéologème. Ses tableaux sont pareils aux multiples oiseaux qu'il y représente, absents de toute cage et fuyant vers l'horizon.

...

Dans Malaise dans la civilisation, *Sigmund Freud décrit sa fascination pour la Rome du XIXe siècle, qui est pour lui une analogie imparfaite, mais toujours valide, de la psyché humaine et de son histoire. Rome est une série de strates d'événements et de constructions empilées les unes sur les autres, que l'archéologue peut excaver jusqu'à révéler les origines de l'histoire. Pour Freud, l'archéologie est destruction et extirpation des sédiments les uns après les autres. Rome fonctionne alors comme l'histoire du sens psychique depuis sa naissance. Arriver au sens premier, toujours après-coup, dans la rétrospection, implique l'élimination de toutes les couches qui ont été superposées plus tard. C'est exactement ce que Malevitch a réalisé avec ses carrés noirs et blancs : il a atteint rétrospectivement l'« essence de la peinture », en ôtant les coups de pinceau des impressionnistes, la planéité de Manet, et les strates mimétiques de la tradition selon Vasari.*

Selon Freud, l'inconscient, contrairement à l'archéologie, conserve en vie toutes les strates et juxtapose leurs significations. Saisir le sens de tous ces sédiments implique que nous comprenions les relations de toutes les couches simultanément, tout en sachant (comme Freud l'a théorisé) qu'il existe un noyau opaque de l'inconscient qui toujours résistera à l'interprétation. Freud permet une autre conception de l'histoire de l'art, qui maintiendrait la coprésence de tous ses objets, quelles que soient leurs origines dans le temps et la géographie, une histoire de l'art où des tableaux et des sculptures engagent un dialogue illimité et établissent un nombre infini de relations; en bref, une esthétique qui est exactement celle qui est imaginée par Édouard Glissant quand il propose sa « nouvelle région du monde ».

Notre univers visuel est construit à partir de strates, et le travail de Pavy est comme un microcosme de cet horizon plus large, à la fois dans sa chronologie et son architecture. Quand il a trouvé son style, il a commencé par juxtaposition, des métonymies où deux éléments partagent un espace côte à côte. Il a ensuite accumulé des strates qui s'entrecroisent, créant ainsi un palimpseste sophistiqué. La superposition, dans sa lutte dialectique avec la juxtaposition, est métaphore : un signe voile un autre signe et, simultanément, le dévoile. Si nous envisagions l'œuvre de Pavy à l'aide de l'opposition freudienne entre les couches de l'inconscient, qui vivent à jamais, et celles de l'archéologie, qui doivent être détruites, Pavy serait décidément du côté de l'inconscient. L'inconscient est une source d'une irréductible opacité, alors que dans les arts visuels, le sédiment originaire est la lumière. Quand Pavy, dans ses tableaux les plus récents, ajoute le néon à son iconographie, il revient à la strate inaugurale : il construit son œuvre en circularité, de la lumière à la lumière. La dernière évolution technique engendre ainsi la genèse.

Freud compare le processus de la mémoire à une écriture sur un « bloc-notes magique » composé d'un celluloïd et de cire, comparable au « télécran » de notre enfance. Lorsque nous utilisons un stylet, la mémoire est inscrite dans la cire. Si le celluloïd n'était pas à notre disposition, la superposition des souvenirs deviendraient bientôt illisible : enlevons le celluloïd, remettons-le en place, et sa surface est prête à accepter une nouvelle mémoire, une nouvelle écriture. Sans le celluloïd, qui efface les souvenirs, qui sont conservés dans la cire, nos vies elles-mêmes deviendraient très vite indéchiffrables. De même, un tableau qui rendrait présentes les traces accumulées du travail pictural serait voué à un informe chaos, à l'instar du

33

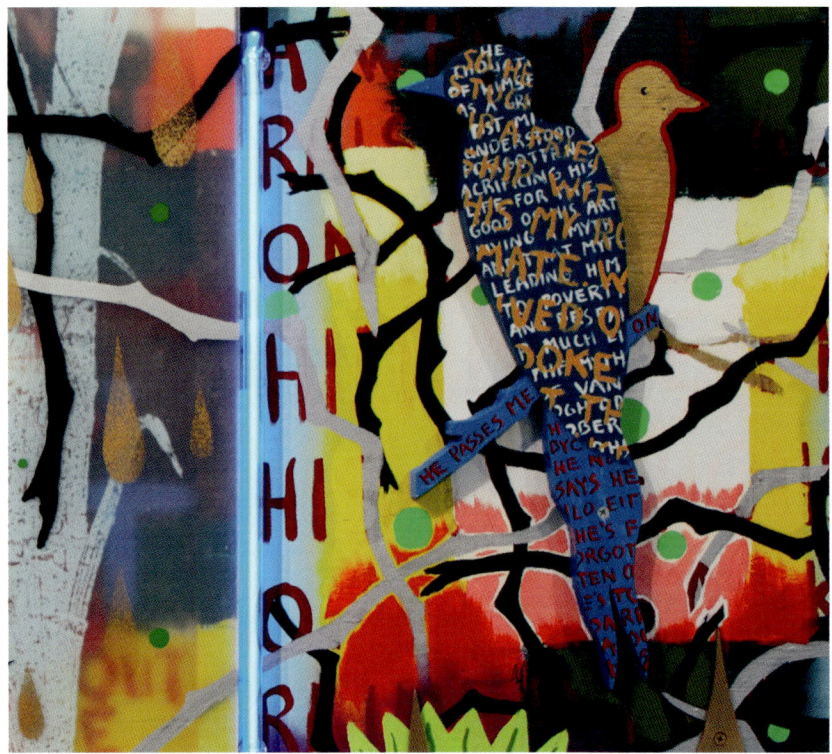

Borderland series : The Tale of the Bird that Flew (detail 1)
2010, 29 x 58 in, mixed media with neon

Freud compares the process of memory to writing on a "mystic writing pad" composed of a celluloid sheet covering a layer of wax, comparable to our childhood's *Etch-a-Sketch* screen. When we use a stylus, the memory is inscribed in the wax. If the celluloid were not at our disposal, the superposition of memories would soon become illegible: remove the celluloid, put it back on the wax, and its virgin surface appears ready to accept a new memory, a new writing. If not for the celluloid, our lives themselves would very quickly become undecipherable, not unlike the painting produced by Frenhofer in Balzac's *The Unknown Masterpiece*, where the canvas keeps all the accumulated traces of the painter's work. Pavy's layering is thus constantly threatened with illegibility. He deals with this threat with a strong sense of composition and color: painterly technique itself reestablishes legibility, and creates a powerful dialectical tension between legibility and indecipherability.

Archeology and psychoanalysis both are a quest for narratives, because stories, History, Histories, and fables are the foundations of who we are as human beings. Hence, figuration is human when it is somewhat tied to a narrative (even in the Old Testament, despite the Second Commandment against images, there is an incredible mass of stories, immersed in a vivid and unbridled imagery). Here, I am not only talking about the genre of narrative art, a category of art history that covers a lot of works since the beginning of painting, but about the way even the most minimal figurative object alludes to a vaster tale than itself, referring to religion, mythology, everyday life, or the spiritual life of the painter. One of the explicit goals of abstract art (as well as of some avant-garde literature, like the Nouveau Roman) was to question the status of stories and ultimately get rid of them. One way of killing narrative was to leave works untitled, in order not to encumber them with even the hint of a topic and a story and to subtract them from the narrative fabric that builds our lives and their meanings.

We do not really belong to humanity until we have inserted ourselves in a narrative. The same is true about painting, since its very beginnings; there were explicit or implicit tales, now obscure, whirling around prehistoric cave figures. Writing, which transcribes these narratives, appears relatively early in the history of art: witness Hammurabi's stele or ancient Egyptian representations. At the other end of the arc of time, Juan Gris integrates a poem inside his *Nature morte avec poème*.

In the history of the commingling of words and image, titling bears a special significance; we look at Breughel the Elder's large Renaissance scenes differently if we know that one is titled *Icarus' Fall* and the other *The Procession to Calvary*: suddenly our gaze is diverted from the luxuriant and baroque landscape and drawn to a small detail (the drowning Icarus' legs, the miniature Christ bearing his cross) which forces us to completely reassess the meaning of the paintings.

Almost all of Pavy's paintings are titled. Very often, the captions are the beginning or the end of a mysterious story, left to the beholder to guess or invent. And words indexing narrative itself are often inserted in the title: for example, *The Tale of the Bird that Flew* (see below, p. 62 for more details). And sometimes fragments of the tale itself become one on the

Chef-d'œuvre inconnu *que produit le peintre Frenhofer dans le roman d'Honoré de Balzac. Les superpositions de Pavy sont donc constamment menacées d'illisibilité. Il compense ce risque par la virtuosité de la composition et de la couleur : en bref, la technique picturale rétablit la lisibilité du tableau, et créer une forte tension dialectique entre la compréhension et l'indéchiffrable.*

L'archéologie et la psychanalyse sont toutes deux une quête de récits, parce que la narration, l'Histoire, les histoires et les fables définissent ce nous sommes en tant qu'êtres humains. Par conséquent, la figuration visuelle est humaine quand elle est peu ou prou liée à un récit (même dans l'Ancien Testament, en dépit du second commandement qui interdit les images, il y a une masse incroyable d'histoires, plongées dans une imagerie vivante et débridée). Je ne parle pas seulement ici du genre de l'art narratif, une catégorie de l'histoire de l'art qui rassemble énormément d'œuvres depuis le début de la peinture. Je parle de la façon dont même l'objet figuratif le plus minimal fait allusion à un conte qui est plus vaste que lui-même, une narration extrait de la religion, de la mythologie, de la vie quotidienne ou de la vie spirituelle du peintre. L'un des objectifs explicites de l'art abstrait (ainsi que d'une littérature d'avant-garde comme le Nouveau Roman) est de remettre en question le statut de la narration et, finalement, de se débarrasser d'elle. Une façon de tuer le récit est de laisser les œuvres sans titre, afin de ne même pas les grever avec le soupçon d'un sujet et d'une fable, ainsi elles sont soustraites du tissu narratif qui construit nos vies et leurs significations.

Nous n'appartenons pas vraiment à l'humanité avant d'avoir été insérés dans un récit. Il en va de même pour la peinture, depuis son origine : il y avait des narrations explicites ou implicites, maintenant devenus obscures, qui tourbillonnaient autour des figures rupestres de la préhistoire. L'écriture, qui transcrit ces récits, apparaît relativement tôt dans l'histoire de l'art : en témoigne la stèle d'Hammourabi et l'art de l'Égypte ancienne. A l'autre bout de l'histoire de l'art, Juan Gris intègre un texte dans sa Nature morte avec poème.

Dans l'histoire de la mixtion des mots et de l'image, le titrage a une signification particulière ; par exemple, à la Renaissance, nous regardons les grandes scènes de Breughel l'Ancien différemment si nous savons que l'une est intitulée La chute d'Icare *et l'autre* Le Portement de croix: *tout à coup notre regard est détourné de l'étendue luxuriante et baroque du paysage et il est attiré par un petit détail (les*

jambes d'Icare qui se noie, le Christ miniature portant sa croix) qui nous oblige à réévaluer complètement le sens des oeuvres.

Tous les tableaux de Pavy ont une légende. Très souvent, ces titres sont le début ou la fin d'un conte mystérieux, laissé à la divination ou à l'invention du spectateur. Et des mots dénotant le narratif sont souvent insérés dans le titre : Le Conte de l'oiseau qui vola *(voir ci - dessous, p. 62 pour plus de détails.) Et parfois, des fragments du conte lui-même deviennent l'une des strates de la toile. Inscrire des phrases sur le canevas est une évolution relativement récente dans l'art de Pavy, même si, quand on parle avec lui, on sent tout de suite que sa vision du monde est immédiatement poétique. Pendant longtemps, Pavy s'est abstenu d'écrire sur la toile ; il disait : « Je n'ai pas encore été en mesure d'écrire sur un tableau, car il me paraît sacré.» (Voir ci - dessous p. 62) Les mots et les images ont été d'abord conçus comme deux domaines distincts (sacré, étymologiquement « un espace séparé, distinct ou isolé du quotidien laïque »). Les fables précédaient et entouraient les tableaux, les narrations continuaient après que la toile était terminée, mais le tableau restait à l'abri de la contamination de l'écriture. En d'autres termes, c'était l'espace de la représentation qui, jusqu'à une certaine date, a été considéré comme sacré et ne devait pas être contaminé par la langue. Les peintures devaient être préservées du récit, restant de l'idéologie moderniste*

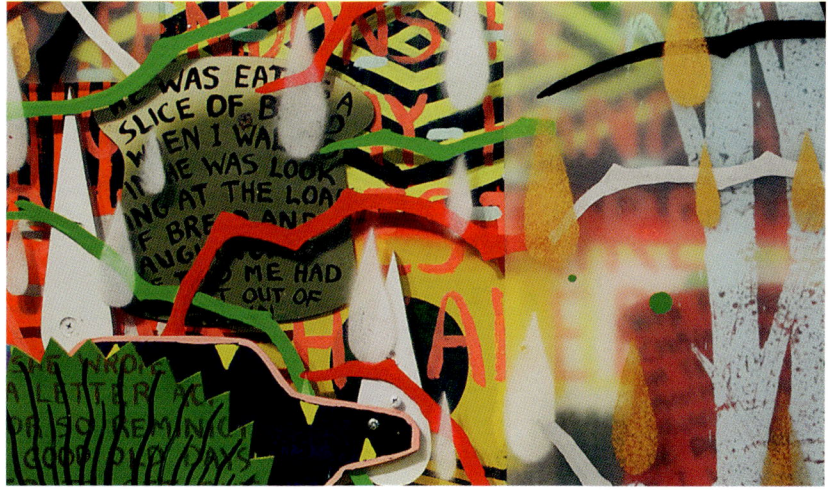

Borderland series: The Tale of the Bird that Flew, (détail 2)
2010, 72.5 x 145 cm, médias mixtes et néon

strata of the painting, witness the same work. Putting sentences on the canvas is a relatively recent evolution of Pavy's art, even if, talking to him, one immediately senses that his understanding of the world is poetic. For a long time, Pavy refrained to write on canvas; he observed: "I have not yet been able to write on a canvas yet, because it seems sacred." (see below p. 62) Originally, words and images were conceived as two separate realms (etymologically, sacred means "a space separated, segregated or isolated from the mundane"). Stories preceded and surrounded the paintings, stories were told after the painting was finished, but the canvas remained immune from the contamination of writing. In other words, it was the space of representation itself that was, up to a certain date, deemed sacred and not to be contaminated by language. Paintings had to be preserved from narrative, a remnant of the modernist ideology of "the essence of painting". Then narratives began to invade the previously sacred space, following the grand fusion and mixing that govern Pavy's work.

At times, the tale becomes an epic, and I am not talking here about dimensions only. The preferred subjects of the epos are the Mardi-Gras and the Louisiana wetlands. According to its function as defined by the ancient genre classification, the epic is meant to give a nascent community a sense of itself. Pavy thus creates a dreamy Louisiana, by revealing what mundane observation had missed: the expressive possibilities of a place, or the carnivalesque pleasures that interrupt everyday monotony. It is not a coincidence that these topics emerge in the community that, because of its Catholic tradition, is one of the least tainted by Protestant asceticism and prudery in the United States. An epic of pure (or impure) pleasure could only have been born in South Louisiana.

In 1993, Pavy created his first work integrating a short story, *Gift of the midsummer Night Diva*. The story is self-contained and complete.

The tales Pavy integrated in the painting were first shown in a single and legible layer, like in the painting on p. 32; then sentences would layer themselves too, like the bodies and the iconographic elements, crisscrossing the canvas with their broken and interrupted fragments. Something very similar happens with the *Pavicons*: at first, they are distinct in their juxtapositions, but pretty soon they begin to intermingle. To achieve the grand fusion, its primary

elements have to be broken down first. These words in paintings have notable characteristics if we compare them to other words in works in the artistic tradition. They don't function as a caption (Pavy often gives his paintings titles that are seemingly unrelated to the content of the representation); they are fully integrated as a visual element in the work's composition. Lastly, they are self-contained fragments of the painter's encounters in life and replace the autobiography begun and suddenly interrupted with his photo-realist auto portrait. I daresay that Pavy use of writing is quite unique in the world of art: writing and letters are not only an abstract combination of signifiers, they always have an biographic dimension.

With stories and emblems, a dialectical tension is created; on one hand the clarity of drafting, the precise contours make the objects perfectly perceptible and identifiable. But soon this intelligibility is blurred by additional strata (words or objects), which interfere with comprehension and point to an ultimate mystery that is constitutive of the work's meaning. In the end, Pavy's work evokes an experience where the separating abstraction of language and the inclusive sensuality of vision fuse in a harmonious totality.

Narrative has become an integral part of figuration, images are born in tales, and stories emerge from representations, beyond the exhausted course of European art's master narrative, and, specifically, beyond the iconoclastic banishment of narrative in abstract painting. Again, we can interpret the implosion of contemporary art as an opportunity offered to all.

Negativity and autodestruction are giving birth and way, at this very moment, to the possibility of a new dawn for art: such is the "prodigious power of negativity", according to Hegel. As a great painter who oscillates between figuration and nonfiguration, Jean Fautrier, said: "Painting is something that cannot destroy itself, something that must self-destruct in order to reinvent itself." (*Cahiers du Musée de Poche*, no 4, 1960) Indeed, we live in a world were histories and stories no longer depend on an out of breath master narrative. Stories and painting will never end.

Indeed, if we listen carefully, the world around us and everywhere incessantly whispers tales, tragic or joyous.

de «l'essence de la peinture». Ensuite, les récits ont commencé à envahir l'espace précédemment élu, dans la logique de la grande mixtion et de la grande fusion qui préside à l'œuvre de Pavy.

Parfois, le conte devient une épopée, et je ne parle pas ici que de dimensions. Les sujets préférés sont le Mardi Gras et les marécages de la Louisiane. Selon sa fonction telle qu'elle est définie par la classification ancienne des genres, l'épopée donne à une communauté naissante la conscience de soi. Pavy crée ainsi une Louisiane rêveuse en révélant ce que l'observation superficielle avait manqué: les possibilités expressives d'un lieu où les plaisirs carnavalesques interrompent la monotonie du quotidien. Ce n'est pas une coïncidence que ces sujets émergent dans la communauté qui, en raison de sa tradition catholique, est l'une des moins entachées, aux États-Unis, par l'ascétisme et la pruderie protestantes. Une épopée de purs (ou impurs) plaisirs ne pouvait naître que dans le sud de la Louisiane.

En 1993, Pavy crée son premier tableau intégrant un micro-récit, Gift of the midsummer Night Diva (« Le don de la diva d'une nuit d'été »). Le conte est autonome et complet.

Les écritures que Pavy intègre sur la toile se déploient d'abord sur une seule couche distincte et lisible, à l'instar du tableau ci-dessus ; plus tard, tout comme les corps et les éléments iconographiques, les contes sont démembrés et recomposés en strates superposées, sillonnant l'espace du canevas. Les Pavicönes, éléments iconiques premiers, se comportent d'une manière similaire ; au début, ils sont distincts dans leurs juxtapositions, mais très vite ils commencent à s'amalgamer: pour opérer la grande mixtion, la matière première doit d'abord être fracturée.

La singularité de ces « mots dans la peinture », pour rappeler le beau livre de Michel Butor sur le sujet, apparaît vite quand on la compare à d'autres écritures dans les œuvres de la tradition artistique. Ils ne fonctionnent pas comme une légende : Pavy donne à ses tableaux des titres qui sont apparemment sans rapport avec le contenu de la représentation ; ils sont pleinement intégrés à la composition de l'œuvre en tant qu'éléments iconiques. Enfin, ils représentent des fragments autonomes qui chroniquent les rencontres du peintre dans la vie et remplacent l'autobiographie commencée et soudain interrompue dans son autoportrait photoréaliste. J'avance que l'usage de l'écriture dans la peinture que pratique Pavy est, dans le monde de l'art, singulière ; le langage et la lettre ne sont pas seulement une combinaison abstraite de signifiants, ils ont d'abord une dimension biographique.

Avec les contes et les emblèmes, une tension dialectique est créée ; d'une part la clarté du dessin, avec ses contours précis, rendent les objets parfaitement perceptibles et identifiables. Mais bientôt cette intelligibilité est brouillée par des couches supplémentaires (écritures ou objets) qui interfèrent avec la compréhension et pointent vers un ultime mystère, constitutif du sens de l'œuvre. En dernière analyse, le travail de Pavy évoque une expérience où l'abstraction isolante du langage et la sensualité englobante de la vision fusionnent en un ensemble harmonieux.

Le récit est devenu une part intégrale de la figuration, les images naissent des contes et les fables émergent des représentations, au-delà du parcours aujourd'hui épuisé du maître-récit de l'art européen, et, plus exactement, au-delà du bannissement iconoclaste du récit opéré par la peinture abstraite. Une fois de plus, nous pouvons interpréter l'implosion de l'art contemporain comme une opportunité offerte à tous.

La négativité et l'autodestruction ouvrent la voie, aujourd'hui, à la possibilité d'une nouvelle ère de l'art : telle est la « puissance prodigieuse de la négativité », selon Hegel. Comme Jean Fautrier, un grand peintre qui oscille entre figuration et non-figuration, l'a déclaré: « La peinture est quelque chose qui ne peut se détruire, quelque chose qui doit s'autodétruire pour se réinventer. » (Cahiers du Musée de Poche, n° 4, 1960). Nous vivons dans un monde où les histoires et les contes ne dépendent plus d'un maître-récit à bout de souffle. Les contes et la peinture ne se cloront jamais.

De fait, si nous écoutons attentivement, partout le monde autour de nous chuchote sans cesse des histoires tragiques ou joyeuses.

END NOTES

1. Danto, Arthur Coleman, *After the End of Art: Contemporary Art and the Pale of History*, Princeton University Press, 1998, p. 47.

2. *Ibid.*, p. 58.

3. The book on the book, the painting on painting are for Hegel signs of the end.

4. This is how Danto comments Warhol's *Brillo Box*: " It meant that as far as appearances were concerned, anything could be a work of art, and it meant that if you were going to find out what art was, you had to turn from sense experience to thought. You had, in brief to turn to philosophy." (p. 13) Hence, I add the necessity to turn to a thought experiment, i.e., abstraction. The privilege given to philosophy as a tool for the thought experiment is readily explained by Danto's professional practice, but we could suppose that any kind of discourse (poetry, for example) could function as well as philosophy in providing an explanation.

5. "We live and produce within the horizon of a closed historical period. " (*After the End of Art*, p. 44)

6. "America is therefore the land of the future, where, in the ages that lie before us, the burden of the World's History shall reveal itself - perhaps in a contest between North and South America. It is a land of desire for all those who are weary of the historical lumber-room of old Europe." (*Philosophy of History*, 1831)

7. "Once it was determined that a philosophical definition of art entails no stylistic imperative whatever, so that anything can be a work of art, we enter what I am terming the post-historical period." (Danto, 46-47)

8. For a comprehensive and well informed covering of landscape painters (including Pavy) in Louisiana, see John R. Kemp, *Expressions of Place, The Contemporary Louisiana Landscape*, University of Mississippi Press, 2016.

WORKS CITED

Hans Belting, *Likeness and Presence, A History of the Image before the Era of Art*, University of Chicago Press, 1997.

Arthur Danto, *After the End of Art: Contemporary Art and the Pale of History*, Princeton University Press, 1998.
 – , *Connections to the World: The Basic Concepts of Philosophy*, University of California Press 1997.

Robert Delaunay, *Du cubisme à l'art abstrait*, S.E.V.P.E.N, 1957.

Gilles Deleuze and Félix Guattari, *A thousand Plateaus*, University of Minnesota Press, 1987

Jean Fautrier, *Cahiers du Musée de Poche*, Georges Fall, no 4, 1960.

Sigmund Freud, *Civilization and Its Discontents*, W. W. Norton & Company, 1989.

Édouard Glissant, *Traité du Tout-Monde*, Gallimard, 1997.
 – , *Faulkner, Mississippi*, University of Chicago Press, 2000
 – , *Philosophie de la Relation*, Gallimard, 2009.
 – , *Une nouvelle région du monde*, Gallimard, 2006.

Georg Friedrich Wilhelm Hegel, *Aesthetics*, Penguin, 2004.
 – , *Philosophy of History*, Hackett Publishing Company, Inc, 1988.

Wassili Kandinsky, *On the Spiritual in Art*, Solomon R. Guggenheim Foundation, 1946.

John R. Kemp, *Expressions of Place, The Contemporary Louisiana Landscape*, University of Mississippi Press, 2016.

Friedrich Nietzsche, *Thus Spoke Zarathustra*, Oxford University Press, 2009.

Francis X. Pavy, Interview, *Catalogue de l'exposition de Rennes*, 1990.

NOTES

1. Danto, Arthur Coleman, *After the End of Art: Contemporary Art and the Pale of History*, Princeton University Press, 1998, p. 47. *[toutes les traductions sont miennes – A.L.]*

2. *Ibid.*, p. 58.

3. *Le livre sur le livre, la peinture sur la peinture sont pour Hegel les symptômes d'une décadence finale.*

4. *Voici comment Danto commente la* Brillo Box *de Warhol: « Cela voulait dire que, en ce qui concernait les apparences, n'importe quoi pouvait être une œuvre d'art, et cela voulait dire que si vous vouliez découvrir ce qu'était l'art, vous aviez à vous détourner de l'expérience des sens pour aller à la pensée. En bref, vous aviez à vous tourner vers la philosophie. » (p. 13) Par conséquent, j'ajoute, vers une expérience de pensée, vers l'abstraction. Le privilège accordé à la philosophie comme un outil pour un* experimentum mentis *est facilement expliqué par la pratique professionnelle de Danto, mais nous pouvons supposer que toute catégorie de discours (la poésie, par exemple) pourrait aussi bien remplir le rôle de la philosophie.*

5. *« Nous vivons et produsions à l'intérieur dúne période historique close. » (L'art Coutemporain et la clôture de l'histoire, p. 60)*

6. *« L'Amérique est donc la terre de l'avenir, où, dans les âges à venir, le fardeau de l'histoire du monde doit se révéler. » (Philosophie de l'histoire, 1831)*

7. *« Une fois qu'il a été déterminé qu'une définition philosophique de l'art ne comporte aucun impératif stylistique quel qu'il soit, de sorte que tout peut être une œuvre d'art, nous entrons dans ce que je nomme la période post-historique. » (Danto, p. 46-47)*

8. *Pour un panorama des artistes paysagistes louisianais (Pavy inclus), voir John R. Kemp,* Expressions of Place, The Contemporary Louisiana Landscape, *University of Mississippi Press, 2016.*

OUVRAGES CITÉS

Hans Belting, *Une histoire de l'image avant l'époque de l'art*, Le Cerf, 2007.

Michael Butor, *Les mots dans le peinture*, Skira, 1969.

Arthur Danto, *L'art contemporain et la clôture de l'histoire*, Le Seuil, 2000.
— , *Connections to the World: The Basic Concepts of Philosophy*, University of California Press 1997.

Robert Delaunay, *Du cubisme à l'art abstrait*, S.E.V.P.E.N, 1957.

Gilles Deleuze and Félix Guattari, *Milles plateaux: Capitalisme et schizophrénie*, Minuit, 1980.

Jean Fautrier, *Cahiers du Musée de Poche*, Georges Fall, no 4, 1960.

Sigmund Freud, *Malaise dans la civilisation*, Puf, 1981.

Édouard Glissant, *Traité du Tout-Monde*, Gallimard, 1997.
— , *Faulkner, Mississippi*, Stock, 1996.
— , *Philosophie de la Relation*, Gallimard, 2009.
— , *Une nouvelle région du monde*, Gallimard, 2006.

Georg Friedrich Wilhelm Hegel, *L'esthétique*, Flammarion, 1998.
— , *La philosophie de l'histoire*, Le livre de Poche, 2009.

Wassili Kandinsky, *Du spirituel dans l'art et dans la peinture en particulier*, Gallimard, 1988.

John R. Kemp, *Expressions of Place, The Contemporary Louisiana Landscape*, University of Mississippi Press, 2016.

Friedrich Nietzsche, *Ainsi parlait Zarathoustra*, Gallimard, 1971.

Francis X. Pavy, Interview, *Catalogue de l'exposition de Rennes*, 1990.

IN HIS OWN WORDS

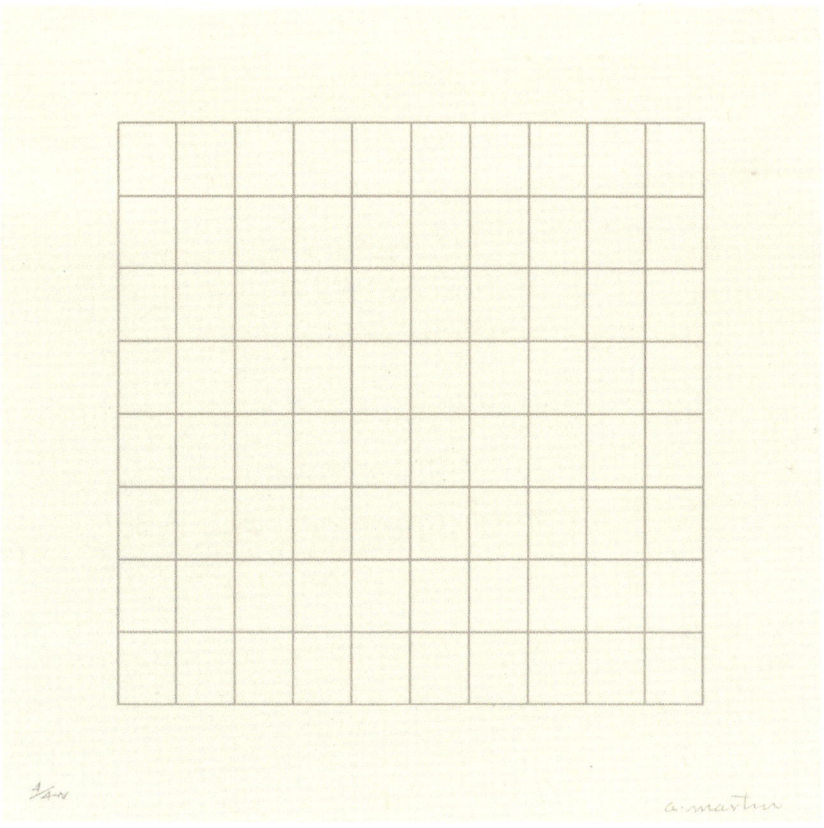

Untitled from the portfolio On a Clear Day 1973 Agnes Martin
Photo © The Museum of Modern Art/ Licensed by SCALA/ Art Resource, NY
Image © 2018 Agnes Martin / Artists Rights Society (ARS), New York

A symbol doesn't ever stand alone: its meaning always depends on its context. One context is Pavy's life and imagination, lived in the broader setting of South Louisiana. The second context are the paintings, where icons acquire their sense from the nexus of interrelations they establish on the canvas and the ordering of layers. The third context is the European and non-European history of art, which I develop above. Finally, the fourth

milieu is the viewers' response to art. Pavy's explanations addresses the first two contexts. The fourth one is left to the viewer's freedom, who should not see Pavy's words as constraining his or her reactions.

Indeed there is an abyss between the artist's intention and the viewer's interpretation. I was in New York in 2016 when the Guggenheim had its entire space dedicated to Agnès Martin, a Canadian abstract painter (1912-2004).

While the show's monumentality and the subtle variations between the square canvasses could not fail to move, the general impression for me (*de gustibus*) was one of intense boredom, which made the ascension of the spiral rather painful. But what was most surprising to me was the artist's own interpretation of her work: "When I first made a grid I happened to be thinking of the innocence of trees and then this grid came into my mind and I thought it represented innocence, and I still do, and so I painted it and then I was satisfied. I thought, this is my vision." (*Show catalog*, Guggenheim, 2016) Serenity and innocence are here achieved at a high price: by a flight into an abstract purity that evacuates the world, humanity, and their conflicts.

In other words, through abstraction, innocence becomes fictional, and no commentary by the artist or the beholders can reinsert it in life, except in the artist's inner life. Agnes Martin is but one paradigmatic example of the general trend of abstract art, where the gap between the intention and the interpretation is separated by an infinite distance that pulverizes any possible relation or mediation between the creator, her work, and the beholder. Abstraction privileged will always swallow meaning.

Pavy's commentaries are at the opposite extreme: without dismissing the viewers' possible response, they anchor his body of work in a specific time and space that cannot be skirted. The following interviews assert this specificity, allowing the work to take its flight to visit and haunt a broader world. In Relation.

LA PEINTURE SELON FRANCIS XAVIER PAVY

Un symbole n'est jamais seul : son sens dépend toujours de son contexte. La première situation est celle de la vie et de l'imagination de Pavy, vivant dans le cadre plus large du sud de la Louisiane du sud. Le deuxième contexte est celui des tableaux, où les éléments iconographiques acquièrent leur sens des interrelations qu'ils établissent dans la toile et de l'ordonnancement des strates. Le troisième contexte est celui de l'histoire de l'art, en Europe et ailleurs, comme on l'a vu. Enfin, le quatrième milieu est celui de la réponse des spectateurs à l'art. Les commentaires de Pavy traitent des trois premiers contextes, le quatrième étant laissé à la liberté du spectateur, qui ne doit pas voir les mots de Pavy comme une imposition sur ses réactions.

En effet, il y a un abîme entre l'intention de l'artiste et l'interprétation du spectateur. J'étais à New York en 2016 lorsque le Guggenheim consacrait son espace entier à Agnès Martin, une peintre canadienne abstraite (1912-2004).

Alors que la monumentalité du spectacle et les variations subtiles entre les toiles carrées ne pouvaient manquer d'émouvoir, mon impression générale (de gustibus) fut celle d'un ennui intense qui rendit l'ascension de la spirale du Guggenheim plutôt pénible. Mais ce qui me surpris le plus fut l'interprétation de son travail par l'artiste elle-même : « Quand, pour la première fois, j'ai peint une grille, je pensais à l'innocence des arbres, et cette grille m'est venue à l'esprit et j'ai pensé qu'elle représentait l'innocence, et je le pense aujourd'hui encore, et je l'ai peinte, et j'ai été satisfaite. Je pensais, voilà ma vision. » La sérénité et l'innocence sont ici obtenues à un prix élevé : par une fuite dans une pureté abstraite qui évacue le monde, l'humanité et ses conflits.

En d'autres termes, l'abstraction fait de l'innocence une fiction, et aucun commentaire de l'artiste ou des spectateurs ne peut le réinsérer dans la vie, sauf dans la vie intérieure de l'artiste. Agnès Martin n'est qu'un exemple parmi d'autres de la tendance générale de l'art abstrait, où l'écart entre l'intention et l'interprétation sont séparées par une distance infinie qui pulvérise toute relation ou médiation possible entre le créateur, son oeuvre et le spectateur. Privilégier l'abstraction, c'est toujours abolir le sens.

Untitled #12 1977 Agnes Martin
Photo © The Art Institute of Chicago/ Art Resource, NY
Image © 2018 Agnes Martin / Artists Rights Society (ARS), New York

Les commentaires de Pavy sont à l'extrême opposé : sans rejeter les réponses possibles des observateurs, les entretiens ancrent son corpus dans un espace et un espace spécifiques qui ne peuvent être contournés. Ils font valoir cette spécificité, permettant à l'œuvre de prendre son vol, de migrer et d'héberger un monde plus large. En Relation.

I. GENESES

ALEXANDRE LEUPIN   What prompted you to become an artist? Was there a defining event, including a visual encounter, that lead you to your career? Who are the painters that influenced you? Who are the artists for whom you have an affinity?

FRANCIS X. PAVY   If I was to say there was a time that was a turning point in my life that guided me to an artist career I would was it would be the year 1960 when I was 6. I remember getting a new 1960 penny and thinking, "Wow, it's a new age…."

There were several events that year that prompted me to become an artist. Before, I was always interested in the different and unusual. If we were traveling and there was a sculpture I recognized it as different and paid attention. I liked different looking houses, I liked unusual looking signs. I liked cars. I liked cartoons and comics. I had a children's book about 2 painters and how they made all the different colors from 3 cans

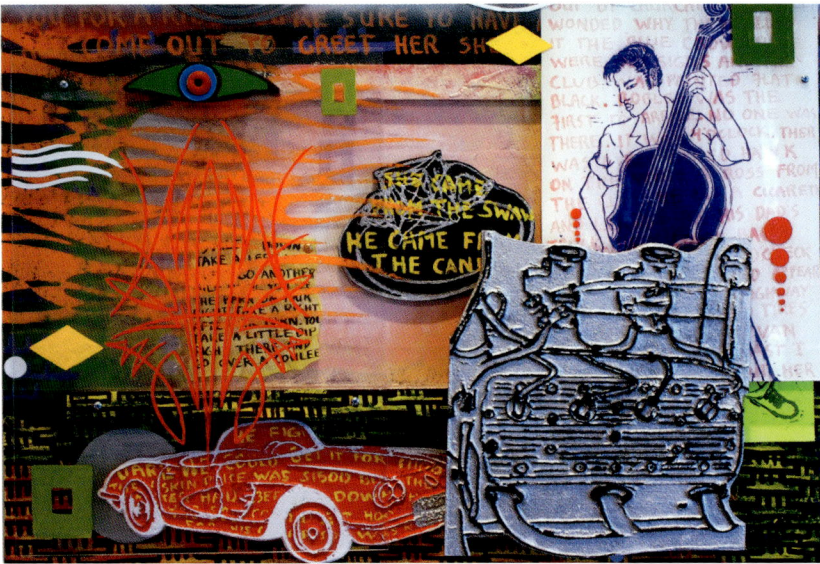

Directions to the Blue Crow with Pin Striping and Flathead
2009, 24 x 32 in, mixed media

of paint. I used to read that book again and again. The idea that I could be an artist to make a living was foreign to me and to my family. Art was something that happened far away in Paris or New York. The first event that occurred to me that steered me towards art was that my mother was very ill, near death. When she came home from the hospital, we were expected to keep quiet and occupy ourselves. We were given crayons and paper and I drew a lot.

About this time there was a show that was aired on Saturday morning called "Learn to Draw" with Jon Gnagy. Jon Gnagy appeared on the show in a flannel shirt and had a mustache and a well-trimmed, pointed beard. He looked like a combination of a lumberjack and Salvador Dali. He had a large pad of paper and demonstrated the basics of drawing. He would encourage the audience to draw along. After the final commercial break, he would appear with the completed drawing and say something like "well I completed the drawing during the commercial, but if you really want to learn how to draw, buy my famous artist school kit," and there would be a commercial for the kit.

Each week the show would come on and I would rally my sisters and brother to watch and I would patiently draw cones, cylinders and squares trying to make them into a ship or tree or building. But at the last minute he would finish the drawing and I couldn't figure how to go from point b to the final product. I had to have a drawing kit to figure out how drawings were completed, so before too long I received one for my birthday. The kit had an instructional book, a kneaded rubber eraser, some drawing paper, and variety of pencils. I still could not figure out how to go from rough drawing to final sketch.

So I convinced my parents to give me art lessons. This was also in 1960 or so, when I was 6. The classes were in the early evening at the park recreational center. The teacher was Elemore Morgan. I remember mixing color like the two painters I had read about. I asked him how to complete a drawing and he told me the same thing I had been reading, you gradually rough-in a drawing then refine it. What I didn't realize was that I was still just a child and really lacked the proper motor skills to control my hands. I also didn't have the proper vocabulary to ask what I was thinking or wanted.

I. GENÈSES

ALEXANDRE LEUPIN *Qu'est-ce qui vous a incité à devenir artiste? Y a-t-il un événement déterminant, une rencontre visuelle peut-être, qui vous a mené à votre carrière? Qui sont les peintres qui vous ont influencé ? Qui sont les artistes avec lesquels vous avez une affinité?*

FRANCIS X. PAVY *Si je devais dire qu'il y a eu un moment déterminant qui m'a amené à être ce que je suis, je dirais que ce fut en 1960, à l'âge de 6 ans. Je me souviens d'avoir eu un nouveau penny de 1960 et de penser : Wouah!, c'est une nouvelle ère...*

Il y a eu plusieurs évènements cette année-là qui m'ont poussé à devenir artiste. Avant, j'avais toujours été intéressé par le différent, l'inhabituel. Si nous voyagions et qu'il y avait une sculpture, je la reconnaissais comme différente et j'y prêtais attention. J'aimais les maisons d'apparence différente, j'aimais les signes inhabituels. J'aimais les voitures, les dessins animés et les bandes dessinées. J'avais un livre d'enfant sur deux peintres, comment ils produisaient toutes les couleurs différentes à partir de trois pots de peinture. J'avais l'habitude de lire ce livre sans cesse. L'idée que je puisse devenir artiste pour vivre m'était étrangère, à moi comme à ma famille. L'art était quelque chose qui se passait très loin à Paris ou à New York. Le premier évènement qui m'est arrivé et qui m'a mené à l'art fut la maladie de ma mère, qui frôla la mort. Quand elle est sortie de l'hôpital, nous étions censés nous tenir tranquilles et nous occuper. On nous donnait des crayons et du papier et je dessinais beaucoup.

À cette époque, il y avait une émission télévisée diffusée le samedi matin intitulée « Vous pouvez apprendre à dessiner » avec Jon Cnagy. Il apparaissait dans l'émission avec une chemise de flanelle, avait une moustache et une barbe bien taillées et assez importantes. Il ressemblait à un mélange de bûcheron et de Salvador Dali. Il avait un grand bloc-notes et y montrait les rudiments du dessin. Il encourageait le public à dessiner en même temps. Après la dernière pause commerciale, il apparaissait avec le dernier jet et disait quelque chose comme : « Bien, j'ai terminé le dessin pendant la publicité, mais si vous voulez vraiment apprendre à dessiner, vous pouvez acheter ma célèbre panoplie L'école d'artiste *» et il avait une publicité pour la panoplie.*

Chaque semaine, pendant l'émission, je conviais mes sœurs et mon frère à la regarder et je dessinais patiemment cônes, cylindres et carrés en essayant de les

transformer en un navire, un arbre ou un bâtiment. Mais à la dernière minute il finissait le dessin et je n'arrivais pas à comprendre comment aller du point B au produit final. Je devais avoir une panoplie de dessinateur pour comprendre comment les dessins avaient été réalisés. Sous peu, j'en reçus une pour mon anniversaire. Le kit contenait un livre d'instructions, un caoutchouc malaxé, une gomme à effacer, du papier à dessin, et une variété de crayons. Je ne pouvais toujours pas comprendre comment passer des croquis à l'esquisse finale.

J'ai donc réussi à convaincre mes parents à m'inscrire à des leçons d'art. Ce fut également autour de 1960 à l'âge de 6 ans. Les classes se déroulaient en début de soirée au centre du parc de loisirs. L'enseignant était Elemore Morgan. Je me souviens d'avoir mélangé les couleurs comme les 2 peintres du livre. Je lui ai demandé comment compléter un dessin et il m'a dit la même chose que ce que j'avais lu : tu esquisses une ébauche et tu l'améliore petit à petit. Ce que je n'avais pas réalisé c'est que j'étais encore un enfant et que les capacités motrices adéquates pour maitriser mes mains me manquaient sérieusement Je n'avais pas non plus le vocabulaire approprié pour demander ce que je pensais ou voulais.

J'étais frustré, je ne pouvais pas dessiner comme Raphaël. Je reçus deux autres livres sur le dessin. Ma mère était peintre du dimanche et elle suggéra que je tente de

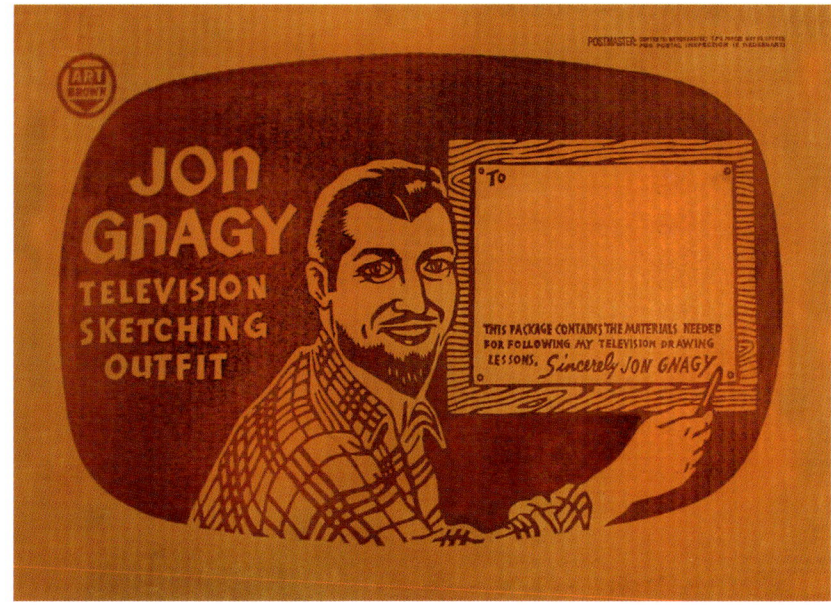

I was frustrated, I couldn't draw like Raphael. I received another two books on drawing. My mother was a Sunday painter and she suggested that I try paint by number sets. This was an introduction to the oil paint medium. So I forgot for the time being about drawing and started to paint with paint by number kits.

Also in 1960, I entered the first grade and my parents bought an encyclopedia. There were a lot of art projects in first grade, I was very competitive about being the best in the class, so before too long I was the class "artist."

I soon found out in the encyclopedias there was information about art and artists in them so I looked at and read as best I could each volume from A to Z to find out more about artists.

So, in 1960, after experiencing the fear of losing a parent, I was introduced to drawing and painting. I started to figure out how drawings were made, but could not arrive at what I saw in my head because of my limited motor skills. However I was introduced to color, how to mix them, color relationships and how to analyze it. I think this early exposure to color is why I'm so much of a colorist today. I was also introduced to the history of art through the encyclopedias.

A large variety of artists influenced me. When I started to ask about art in 1960, the publications on contemporary art at that time were still covering 'the abstract' expressionists. So I was exposed to the work of Pollock and Kline even though I didn't know their names at that time. I had seen library books about Picasso, and I knew who he was because of an article I saw about him in an old *Life* magazine.

When I was a little older I heard about the Pop artists and really liked Lichtenstein's work. Big Daddy Ed Roth drew a lot of car culture imagery in the 60's and designed custom cars, I used to collect his rat fink keychains when I was 9 or so.

Praise, © 1973, David Alpha, 87.5 x 87.5 in, wood block on cloth

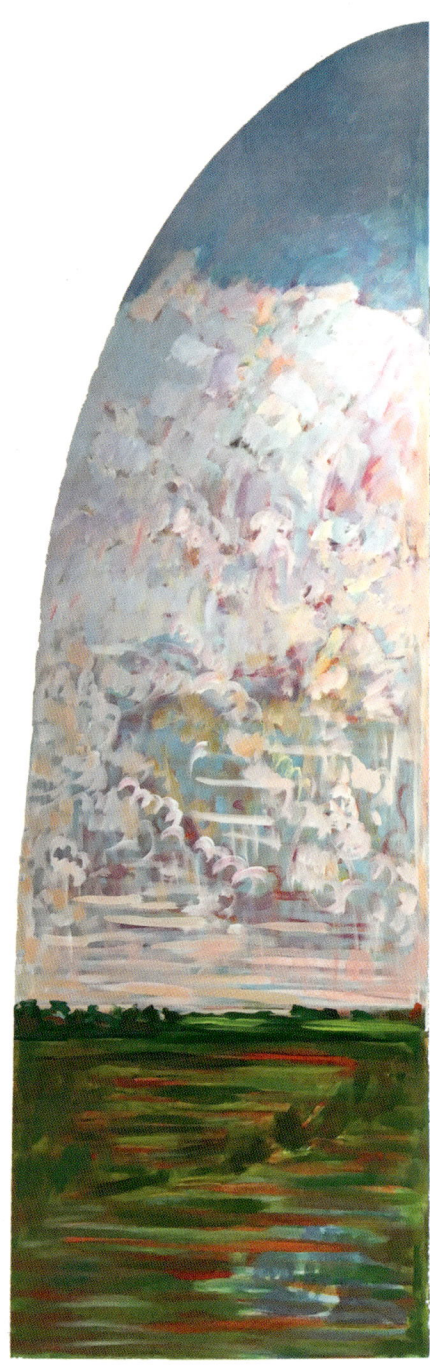

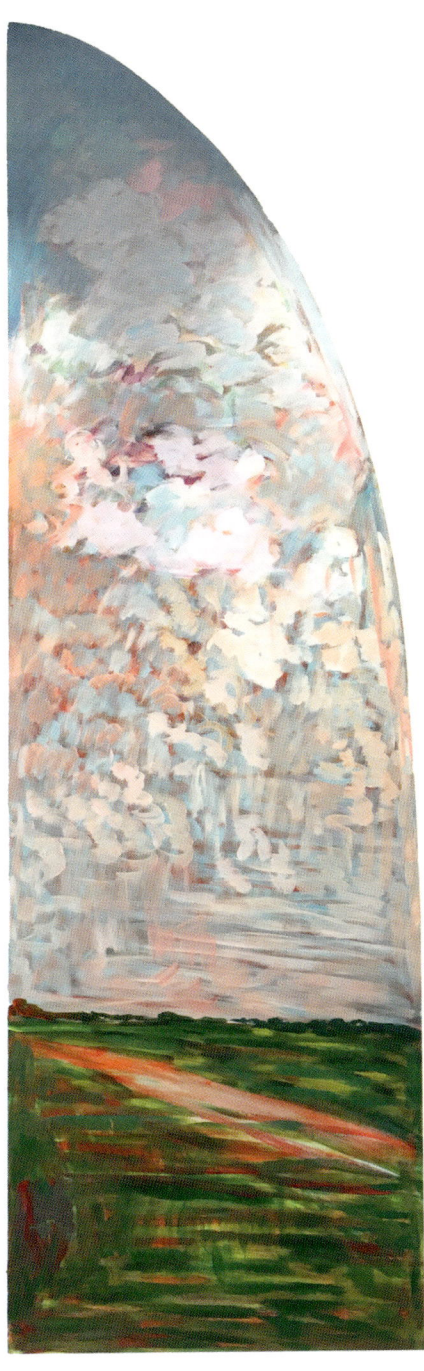

peindre avec des numéros. Il s'agissait d'une introduction dans le milieu de la peinture à l'huile. Alors, j'ai provisoirement oublié le dessin et j'ai commencé à peindre avec de la peinture par numéros.

En 1960, je suis entré en classe préparatoire et mes parents ont acheté une Encyclopédie. Comme il y avait beaucoup de projets artistiques en première année, j'étais bien préparé pour être le meilleur de la classe, et en peu de temps je suis devenu « l'artiste» de la classe.

Comme j'ai rapidement découvert dans les encyclopédies qu'il y avait des informations sur l'art et les artistes, j'ai regardé et lu du mieux que je pouvais chaque volume de A à Z pour en savoir plus.

Ainsi, en 1960, après avoir connu la peur de perdre un parent, j'ai été introduit au dessin et à la peinture. J'ai commencé à comprendre comment les dessins étaient faits, mais je ne pouvais pas arriver à composer ce que je visionnais à cause de mes capacités motrices limitées. Cependant j'ai été présenté à la couleur, à son mélange, aux rapports et à l'analyse de la couleur. Je pense que cette initiation précoce à la couleur est la raison pour laquelle je suis un coloriste aujourd'hui. J'ai également été introduit à l'histoire de l'art à travers les encyclopédies.

Cloud Form, © 2002,
Elemore Morgan, Jr., Acrylic
on masonite, 92 x 58.5 in.

Une grande variété d'artistes m'a influencé. Lorsque j'ai commencé à me questionner au sujet de l'art en 1960, les publications sur l'art contemporain à cette époque couvraient encore les expressionnistes « abstraits ». J'ai donc été exposé aux travaux de Pollack et de Kline, même si je ne savais pas leurs noms à cette époque. A la bibliothèque, j'avais vu des livres sur Picasso, et je savais qui il était parce que j'avais vu un article sur lui dans un ancien magazine Life.

Quand je fus un peu plus âgé, j'ai entendu parler des artistes Pop et ai beaucoup aimé le travail de Lichtenstein. Big Daddy Ed Roth a produit beaucoup d'images de la culture de l'automobile dans les années 60 et a conçu des voitures personnalisées. J'avais l'habitude de collectionner ses porte-clé « Rat Fink » quand j'avais 9 ans ou plus. Quand je devins adolescent et plus tard jeune adulte, je suivis un peintre, Abdul Mati Klarwein, un peintre psychédélique très minutieux. Il peignait beaucoup de couvertures de disques.

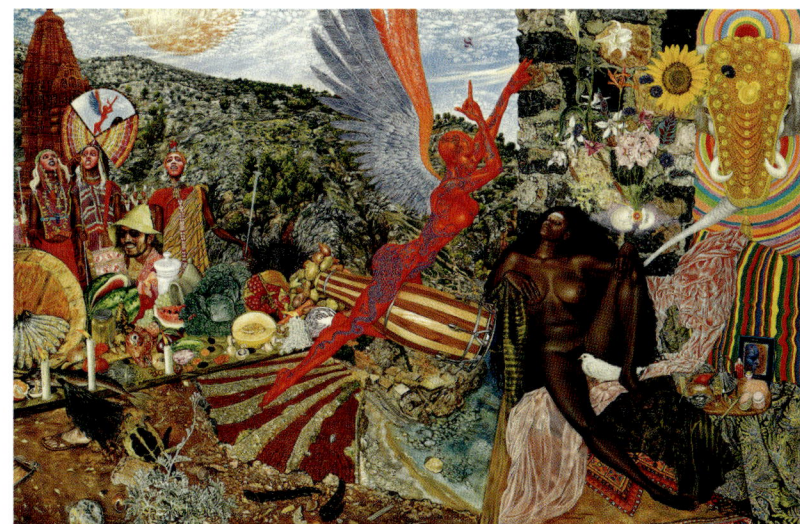

The Annunciation 1961 Oil and tempura; Klarwein, Mati (1932-2002)
Photo credit : Banque D'Images, ADAGAP/ Art Resource, NY
Image © 2018 Artists Rights Society (ARS), New York / ADAGP, Paris

When I was a teenager and after, I followed a painter, Abdul Mati Klarwein, a very detailed psychedelic painter. He painted a lot of album covers.

By the time I got to college, I was working in sculpture and the Funk artist Clayton Bailey was associated with my ceramics instructor. Peter Voulkos and Robert Arneson were also big figures in ceramics at the time. I was exposed to a lot of different artists in college, too numerous to mention.

After college I studied the work of the Flemish masters including Vermeer, as I was learning how to paint with oil. I emulated a few local artist's styles. I had first hand access to their work and saw how they utilized their mediums. They were Elemore Morgan, David Alpha and Charles Kimball. After that I arrived at my own voice.

There are a lot of artists I feel an affinity to. Historically as well as now. I do feel when an artist arrives at his own voice, the place where there is continuity in expression, then he only has peers. This is a loaded question because of the extreme competitive climate in the arts. I'm reluctant to name names, but I do feel part of a community of artists in correspondingly larger circles, here, in New Orleans, in the South, and in America. This is kind of a non-answer, I know.

II. SOUTHERN AESTHETICS: REGIONALISM & UNIVERSALITY

A.L. You often talk of a "Southern aesthetics." How do you define it? For example, I find affinities in your work with some Haitian painters, or with Jean-Claude Basquiat. Can we then talk of a Caribbean or even Plantation aesthetics, since the US South shares many cultural traits with the Caribbean?

On a related topic, how a does a regional aesthetics become universal, overcome boundaries to speak to a public that is not limited to its region of origin?

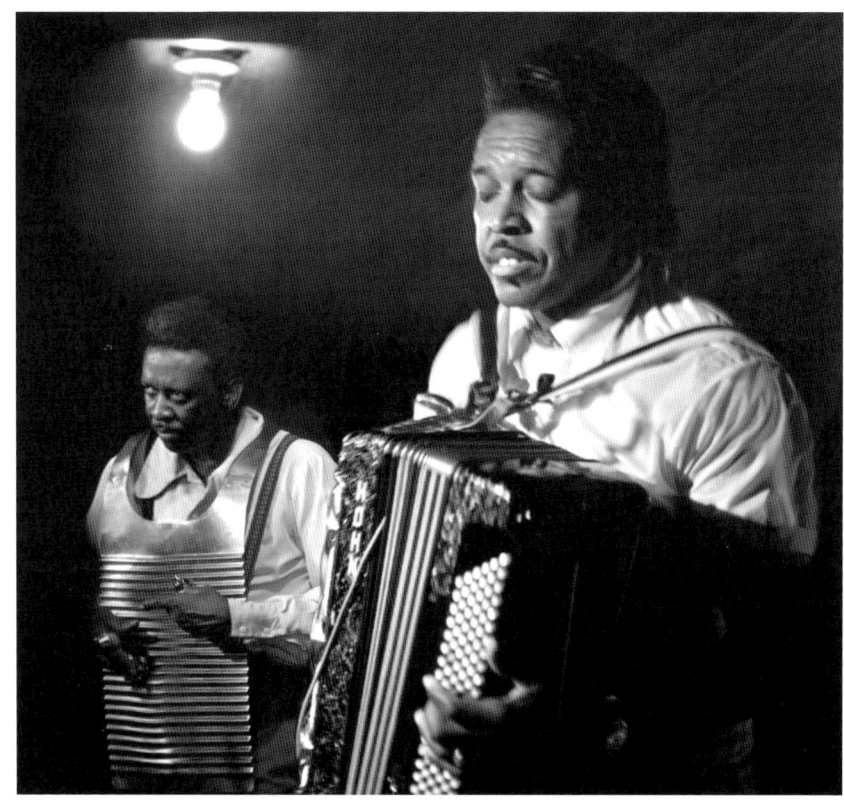

Clifton and Cleveland Chenier at the Bon Ton Club
© Richard Landry used with permission.

F. P. I heard once an Indian Proverb that states: "In the South one has to walk with a true heart". Artists are affected by what they know, and most powerfully influenced by what they experience firsthand. I think the art you experience in person has much more of an effect on the eye than reading about it second hand in books, magazines and online. So artists in urban areas are at an advantage as there are more artists, there are more museums and more galleries to view art.

I can't say what Basquiat's influences were. He was of Puerto Rican and Haitian descent, born in Brooklyn. I like his work. If he was from Atlanta or New Orleans, I don't think his work would be out of place. He even painted a Zydeco painting. I think he saw a Clifton Chenier show in New York at some point.

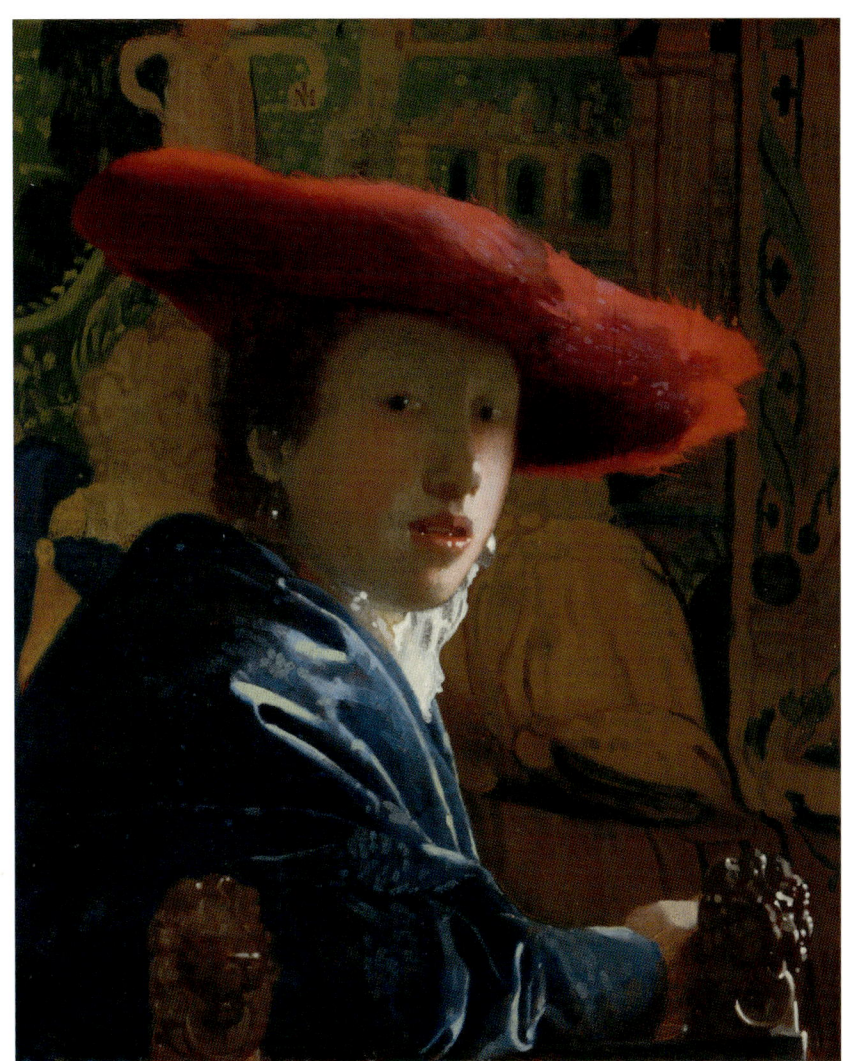

Girl with the Red Hat, Johannes Vermeer, 22.8 x 18 cm
Credit: National Gallery of Art / Andrew W. Mellon Collection

Après l'université, j'ai étudié les œuvres des maîtres flamands, dont Vermeer, et j'ai appris à peindre à l'huile. Comme j'avais accès de première main à leur travail et pouvais voir comment ils utilisaient leurs médias, je me suis inspiré des styles de quelques artistes locaux. Ce furent Elemore Morgan, David Alpha et Charles Kimball. Après cela, j'ai trouvé ma propre voix.

Il y a beaucoup d'artistes passés et contemporains avec qui j'ai des affinités. Je sais quand un artiste arrive à sa propre «voix», ce lieu où il y a continuité dans l'expression ; alors on a seulement des pairs. C'est une question piège en raison du climat d'extrême concurrence dans le domaine des arts. Je ne veux pas donner des noms, mais je me sens faire partie d'une communauté d'artistes dans les milieux qui croissent, à Lafayette, à la Nouvelle Orléans, dans le Sud et en Amérique. C'est une sorte de non-réponse, je le sais.

II. L'ESTHÉTIQUE DU SUD: RÉGIONALISME & UNIVERSEL

A.L. *Vous parlez souvent d'une «esthétique du Sud». Comment la définissez-vous? Je trouve par exemple dans votre travail des affinités avec des peintres haïtiens, ou avec Jean-Claude Basquiat, de Porto Rico. Pourrait-on alors parler d'une esthétique des Caraïbes ou même des Plantations, puisque le Sud des États-Unis partage de nombreux traits culturels avec les Caraïbes?*

Ensuite, comment une esthétique régionale devient-elle universelle, dépasse-t-elle les frontières pour parler à un public qui ne se limite pas à sa région d'origine?

F.P. *J'ai entendu une fois un proverbe indien qui dit «Dans le Sud on doit marcher avec un cœur vrai». Les artistes sont touchés par ce qu'ils savent, et fortement influencés par ce qu'ils expérimentent de première main. Je pense que l'art que vous rencontrez en personne a beaucoup plus d'effet sur l'œil qu'une lecture de deuxième, troisième ou quatrième main dans un livre, un magazine ou sur l'internet. Ainsi les artistes des zones urbaines ont un avantage car il existe davantage d'artistes, de musées et de galeries pour voir l'art.*

Je ne peux pas dire quelles ont été les influences de Basquiat. Né à Brooklyn, il était d'origine portoricaine. J'aime son travail. S'il avait été d'Atlanta ou de la Nouvelle-Orléans, je ne pense pas que son travail serait déraciné. Il a même peint

Au moment où je suis entré à l'université, je faisais déjà de la sculpture et l'artiste funk Clayton Bailey était associé à mon instructeur de céramique. Peter Voulkos et Robert Arneson avaient également une grande renommée comme céramistes à l'époque. J'ai été exposé à tellement d'artistes différents à l'université que cela prendrait trop de temps de tous les mentionner.

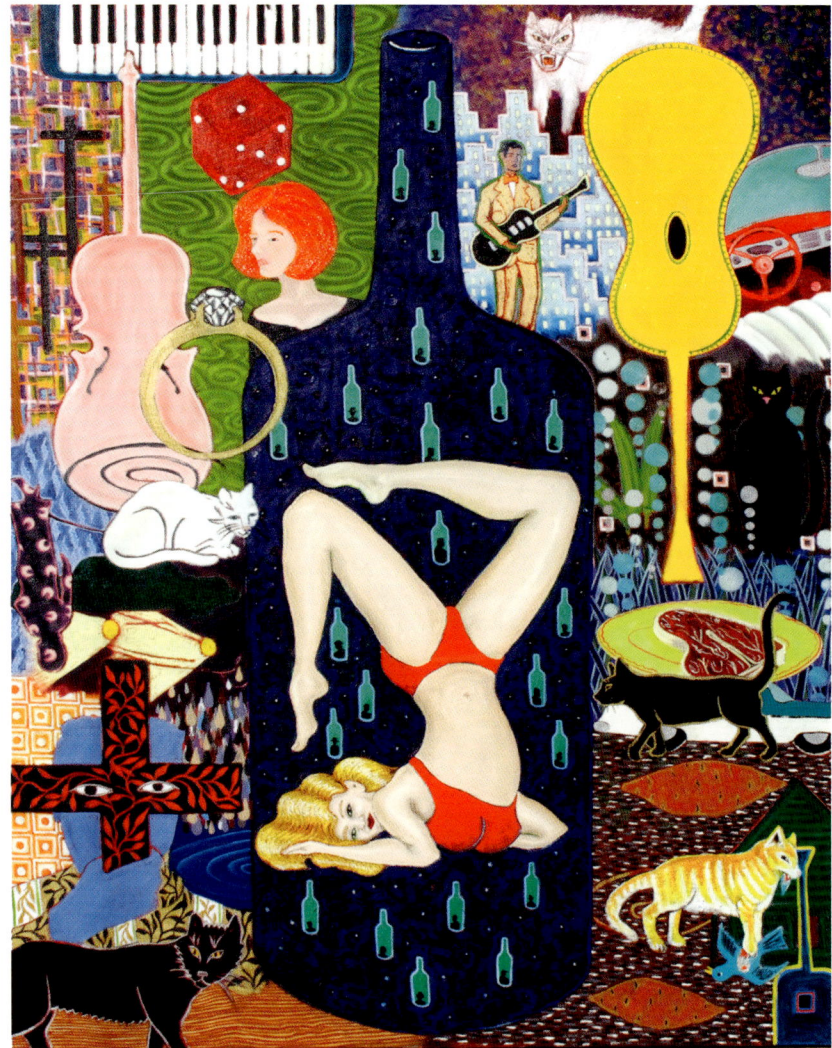

Velma and the Diamond Ring, 2009, 60 x 48 in, oil on canvas

The "southern aesthetic" I talk about sometimes seems to me to be defined by a few characteristics. For one, I think the palette is more vibrant. Abstractions seem to be defined or derived from the figurative. There is more of a narrative to the work. History still has its imprint. At the level of technique and ideas, technique is important. There is a large variety of work being made here, and things are constantly in flux. I'm not a southern

art scholar, just an artist that lives and works here, so my opinions are not absolutes, nor can they include every artist working here.

As you descend from the poles to the equator, nature gains more color. The colors you find at the poles are basically sky blue, black, and white. As you get closer to the equator one finds more and more vibrant color and combinations of color in nature. I think some art of the southern climes, including Haitian and Caribbean art, has more vibrancy in color because of this. The southern artist's eye that is sensitive to color has more opportunity to view greater color combinations and for longer periods of time, as the summer season of growth is longer.

During its history, Southern art has been primarily figurative, and it is moving toward abstraction and conceptual now. But I think there is a preponderance of figurative work. Traditions are still very strong, and there is a tradition of landscape painting here that is alive and well.

The narrative is important and comes, again, from tradition. People are telling stories through their work. Dinner time in the south is important; this is when the family sits to eat and recount old stories; those of us who are artists narrate these stories through art. Political history is also important, as in the south there are themes and undercurrents borrowed from the Civil War, slavery, civil rights, le "grand dérangement" of the Cajuns from Canada to Louisiana; there are also southern myths. The melting pot here has seen contributions from France, Spain, Germany, Ireland, Africa and the Caribbean was well as Native America. Each culture has contributed threads and themes for iconography, cuisine and music. For me, music adds to my repertoire as I can't hear music without visualizing imagery.

Although there are pockets of urbanization and modernization, the South is a vast area still primarily involved in agriculture. We're one or two generations removed from the farm, or the plantation for that matter. People are used to working the land and improvising to make do with what they have. They are self-sufficient. That is why most Southern art still is handmade by the artist. There are not many southern artists that have big studios with workers making their work. There is a love of the medium and

un tableau Zydeco. Je pense qu'il a vu un spectacle de Clifton Chenier à New York à un moment ou à un autre.

L'« esthétique du Sud » dont je parle parfois me semble être définie par quelques caractéristiques. Tout d'abord, je pense que la palette est plus dynamique. Les abstractions semblent être définies par ou dérivées de la figuration. Les œuvres sont plus narratives. L'histoire a encore son importance. Au niveau de la technique et des idées, la technique est essentielle. Il y a une grande variété de travaux en cours ici et les choses sont constamment en mouvement. Je ne suis pas un spécialiste de l'art du Sud, juste un artiste qui y vit et travaille, mes opinions ne sont pas absolues et ne peuvent inclure tous les artistes qui travaillent ici.

En descendant des pôles vers l'équateur, la nature acquiert plus de couleur. Les couleurs que vous trouverez dans les pôles sont essentiellement le bleu ciel, le noir, et le blanc. Au fur et à mesure qu'on se rapproche de l'équateur, la couleur et les combinaisons de couleurs sont de plus en plus dynamiques. Je pense qu'un certain art méridional, y compris d'Haïti et des Caraïbes, contient plus de dynamisme de la couleur pour cette raison. L'œil de l'artiste du Sud, sensible à la couleur, a plus de chance de voir des combinaisons de couleurs plus étendues pendant plus longtemps, puisque la saison estivale y est plus longue.

Au cours de son histoire, l'art du Sud a été principalement figuratif. Il penche maintenant vers l'abstraction et le conceptuel, mais je pense qu'il y a une prépondérance de la figuration. Les traditions sont encore très fortes: il existe ici une tradition de peinture de paysage vivante et bien établie.

Le récit est important et vient également de la tradition. Les gens racontent des histoires avec leur travail. L'heure du dîner dans le sud est importante, car c'est le moment où la famille se rassemble et se raconte les histoires anciennes; ceux d'entre nous qui sont artistes racontent ces histoires à travers l'art. L'histoire politique est également importante, comme dans le Sud sont présent les thèmes et les substrats empruntés à la guerre civile, à l'esclavage, aux droits civils, au «Grand Dérangement» des Cajuns du

Canada à la Louisiane ; il faut y ajouter les mythes du Sud. Le melting-pot s'est constitué ici grâce aux contributions de la France, de l'Espagne, de l'Allemagne, de l'Irlande, de l'Afrique et des Caraïbes, et de l'Amérique autochtone. Chaque culture a contribuée aux discussions et aux thèmes de l'iconographie, de la cuisine et de la musique. Pour moi, la musique rajoute quelque chose à mon répertoire : je ne peux pas entendre de musique sans visualiser des images.

Bien qu'il existe des poches d'urbanisation et de modernisation, le Sud est un vaste territoire dont l'activité est, encore aujourd'hui, l'agriculture. Nous sommes seulement situés à une ou deux générations du temps de la ferme ou de la plantation. Les gens sont habitués à travailler la terre et à improviser avec ce qu'ils ont. Ils sont auto-suffisants. C'est pourquoi l'art du Sud est encore majoritairement fait à la main par l'artiste. Il n'y a pas beaucoup d'artistes du Sud qui aient de grands studios avec des employés exécutant leurs commandes. Il y a un amour du medium et de la

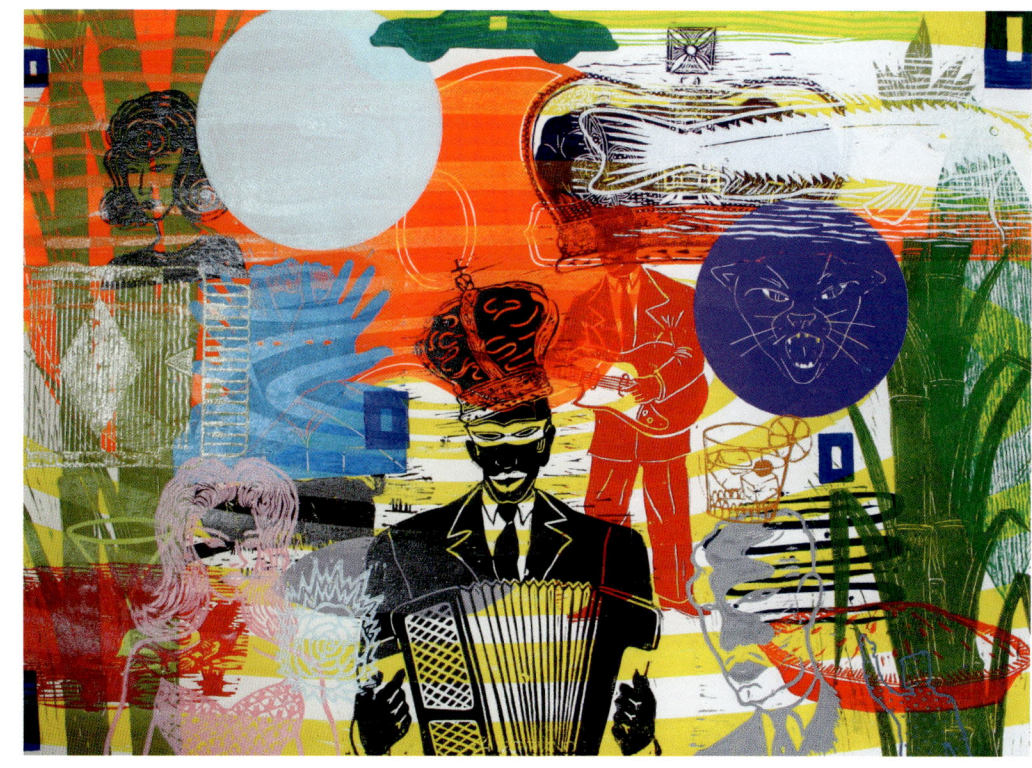

Champagne's Hideaway, 2008, 70 x 98 cm, impression bloc unique sur papier

how you manipulate it. Many times the message is the medium. Concepts that drive the medium exist but technique is still important here.

Regionalism is of course a relative term. The people from Breaux Bridge feel different toward the people of Lafayette. The people from New Orleans might not differentiate between the people of Lafayette and Breaux Bridge. Georgians might look upon all Louisianans as a group. People from the North or West look upon Georgians and Louisianans as Southerners. The Japanese see us as American. A native of New Guinea might see all civilized men as "outsiders."

Regionalism is important because every community needs heroes. They need the local, accessible, and approachable artist to feel connected to the greater community of artists, expanding forward globally.

I was talking to a friend the other day, and he was telling me of a local artist, a painter from his region, whom he considered a world class figure. When he went to New York he was surprised to find that no one knew of this person or his work. He still felt highly of the painter and, to this day, still thinks of him as world class. So this story illustrates what I say: "Artists are affected by what they know, and most powerfully influenced by what they experience firsthand."

I think the regional becomes universal when the imagery portrayed ascends past the local, striking a chord with the collective unconscious, an easy and hard thing to do at the same time. It can't be faked. It's true.

III. PAINTING & TRUTH

A.L.   At the end of your second answer, you evoke the idea of truth in painting. How do you determine if a painting is true or fake? Is it solely a matter internal to the painting, depending on its presentation, a matter of context (obviously we should not look at a Vermeer the same way we look at a Picasso), or a feeling of the beholder? Is it subjective, or do you have objective criteria to assess the truth of a painting?

F.P.   I feel truth on a visceral level. I know it when I feel it. Great, good or true art I feel in my solar plexus.

I appreciate the mountain of creative content made by artists. There is a lot of sincere honest effort and investigation going on. There are a lot of good ideas, there is a lot of intellectual concepts that are illustrated by art, but I am moved by things that strike me in my gut. I would say there is very little fake art out there, but there is some work that is truer than others.

There is a story about Picasso, who, when asked to sign and authenticate an early work of his, said something like: "It's a fake, it's a fake!" His dealer said: "Well, I got it from you, before I sold it!" and Picasso replied: "Even Picasso makes fakes."

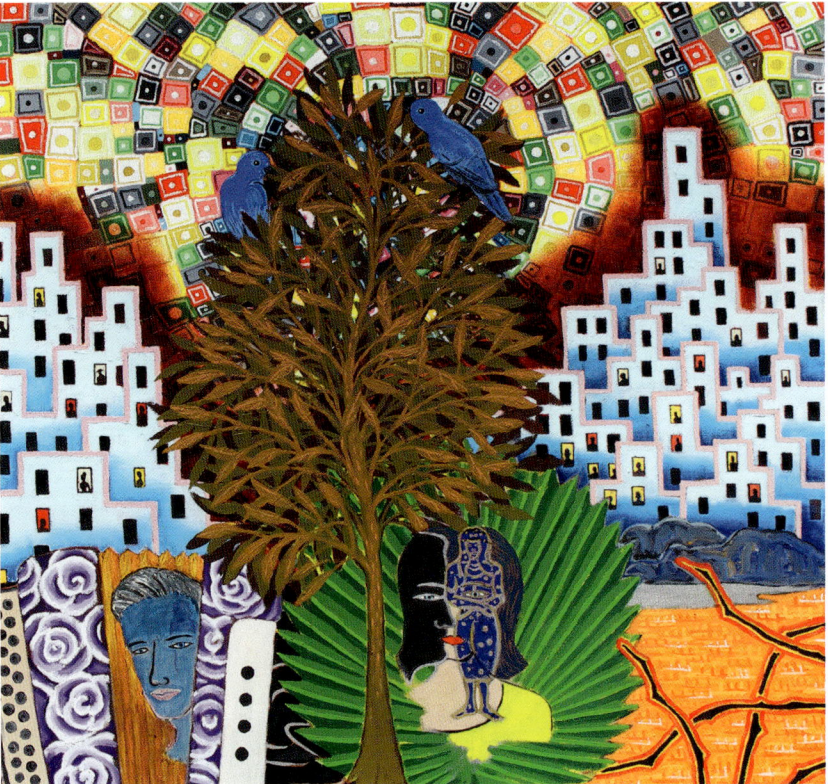

The Blue Birds Nest, 2008, 30 x30 in, oil on canvas

manière de le manipuler. Souvent, le message est le medium lui-même. Les concepts qui animent le medium existent mais, ici, la technique est encore importante.

Le régionalisme est bien sûr un terme relatif. Les gens de Breaux Bridge se sentent différents des gens de Lafayette. Les gens de la Nouvelle-Orléans pourraient ne pas différencier entre les gens de Lafayette et de Breaux Bridge. Les habitants de la Géorgie pourraient considérer tous les Louisianais en tant que groupe. Les gens du Nord ou de l'Ouest regardent les Géorgiens et les Louisianais comme des Sudistes. Les Japonais nous considèrent comme des Américains. Un originaire de Nouvelle-Guinée pourrait voir tous les hommes civilisés comme des « étrangers ».

Le régionalisme est important parce que toute communauté a besoin de héros. Elle a besoin de l'artiste local, accessible, approchable pour se sentir liée à une communauté d'artistes plus large qui s'étend progressivement.

Je discutais avec un ami l'autre jour et il me parlait d'un artiste local, peintre de sa région, qu'il considérait comme étant d'une notoriété mondiale. Quand il est allé à New York, il a été surpris de constater que personne ne connaissait cette personne ou son travail. Cela n'a pas diminué son estime pour le peintre, et il pense toujours que cet artiste est de classe internationale. Cette histoire illustre donc ce que je dis: «Les artistes sont touchés par ce qu'ils savent, et plus fortement influencés par ce qu'ils expérimentent de première main. »

Je pense que le régional devient universel lorsque l'iconographie dépasse l'échelle locale, trouvant un accord avec l'inconscient collectif, une chose à la fois facile et difficile à faire. C'est une chose qui ne peut être simulée, car elle est la vérité.

III. PEINTURE & VÉRITÉ

A.L. *A la fin de votre deuxième réponse, vous évoquez l'idée de la vérité dans la peinture. Comment déterminez-vous si un tableau est vrai ou faux? Est-ce seulement une question inhérente à la peinture, en fonction de sa présentation, de son contexte (évidemment nous ne pouvons pas regarder un Vermeer de la même manière que nous regardons un Picasso), ou bien un sentiment du spectateur? Est-ce subjectif, ou avez-vous des critères objectifs pour évaluer la vérité d'une peinture?*

F.P. *Je ressens la vérité à un niveau viscéral. Je le sais quand je le sens. Le grand, bon ou vrai art, je le sens dans mon plexus solaire.*

J'apprécie la quantité de contenus créatifs apportés par les artistes. Il y a beaucoup d'efforts et de recherche honnêtes et sincères, beaucoup de bonnes idées, beaucoup de concepts intellectuels illustrés par l'art, mais je suis ému par les choses qui me frappent dans les tripes. Je dirais qu'il y a très peu d'art factice, mais il y a des travaux qui sont plus vrais que d'autres.

Voici une anecdote à propos de Picasso, qui, quand on lui demanda de signer et d'authentifier une œuvre de jeunesse, dit quelque chose comme: «C'est un faux, c'est un faux». Son galeriste lui répondit alors: «Eh bien, je l'ai obtenu de vous, avant de l'avoir vendu! » Et Picasso répondit : « Même Picasso fait des faux ».

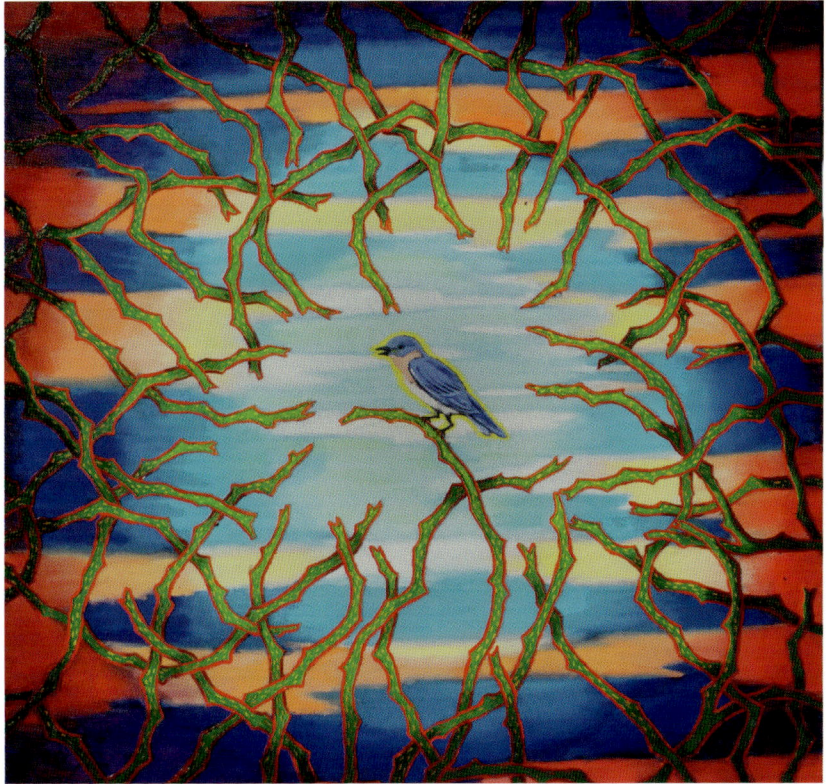

The Bluebird Sings Again, 2008, 75 x 75 cm, huile sur toile

My thoughts on that are that an artist's mentality and process evolves over time and some earlier works don't stand the test of time, although they were good enough at conception.

Another quote by Hokusai: "Since the age of six, I have had the habit of sketching forms of objects. Although from about fifty, I have often published my pictorial works, before my seventieth year none is worthy."

This seems to be common attitude for an artist who is really searching and growing. At exhibitions I've had, there are works that are obviously "better" than others, usually these sell first.

When I look back on my oeuvre, the majority of work I'm proud of and a handful of works that still "do it for me," that excel. I think that if I died today, those pieces would be a good legacy to leave behind.

As far as the history of art goes, I do think the subject of whether or not a work is true or not is relative and changes over time, but also some exceptional work supersedes this and ascends to the magnificent. So something may ring true in the 2010's but not make any sense in 2100.

So I would say there are really no objective criteria to judge truth in art. You have to feel it. The only truth-o-meter you'll find lies inside man, in the internal eye, on the soul level.

IV. FABLES & VISUAL PRAXIS

A.L. Over the years, and starting with painting, you have used a variety of techniques, printing blocks, constructions and now neon. Would you care to explain and comment on this expansion of techniques? What prompted you to enlarge your technical practices?

F.P. I've always been interested in how things are made — I like to use my hands, so manipulation of materials has always been important for me. I started out drawing and painting, using kits and imitating others.

I graduated to photography as a teenager; I was more interested in the development process than actually taking photos. When I went to college, I started using ceramics and had to learn a totally different skill set, fabrication and firing. It was there that my teacher told me that « technique will come, ideas are more important. » By the time I had graduated, I had created my own unique ceramic techniques, different from what anyone else was doing at the time. But as I changed mediums, I didn't have a kiln to fire my things in and it was time to move on. From there I went back to drawing and painting, to complete my college education. Then I worked with glass for 12 years, using a variety of techniques, cold and hot. Glass was a transitory medium for me. I worked with it to pay for my studio. Then I went back to painting in a serious way for 25 years. In these last 5 years, sculpture and printing have been important. This last year, I've put a neon workshop in my studio so now I'm making neon.

To be good at a medium you have to understand it. You have to know the nuts and bolts. For instance, in painting, you have to know all the colors, historical as well as contemporary, what the top tones and bottom tones of these colors are, the mediums, the common substrates to paint on, the types of brushes, and the modifiers, like waxes or resins. Manufacturers make different types of paint, so you have to find out what brands of paint you like. Once you have a grasp of the breadth of materials, of what they do and of the standard techniques, you gain facility with the medium, and you start to find out how to express yourself in a unique way. Once you know the rules, you can disobey them.

You start out small — doing one thing. Then you start to build a vocabulary of ways of using the medium. This becomes kind of a trick bag you can rely on to express your ideas. If you work long enough with a medium and keep experimenting, you may run across a "magic" technique. Some artists build their careers around such techniques.

At its best, technique provides a way for an artist to say what needs to be said; at its worst, technique can be gimmicky.

La mentalité et les méthodes d'un artiste évoluent dans le temps, et certaines œuvres passées ne résistent pas à l'épreuve du temps, bien qu'elles aient été satisfaisantes au moment de leur conception.

Voici une autre citation, de Hokusai:

«Depuis l'âge de six ans, j'ai pris l'habitude de dessiner les formes des objets. Bien que j'aie souvent publié mon travail pictural depuis l'âge de cinquante ans environ, toute mon œuvre précédant ma soixante-dixième année n'a aucun mérite.»

Cela semble être une attitude normale pour un artiste qui cherche et évolue vraiment. Au cours de mes expositions, il y a des travaux qui sont manifestement « meilleurs » que d'autres; en général ce sont ceux qui se vendent en premier.

Quand je repense à mon œuvre, il y a une majorité du travail dont je suis fier et une poignée d'œuvres qui restent, qui marchent pour moi, qui sont excellentes. Je pense que si je mourais aujourd'hui, ces pièces-là serait un bon héritage à laisser.

En ce qui concerne l'histoire de l'art, je pense que la question de savoir si une œuvre est vraie ou non est relative et change au fil du temps, mais aussi qu'il existe des œuvres exceptionnelles qui transcendent leurs circonstances et accèdent au magnifique. Ainsi quelque chose peut sonner vrai dans les années 2010, et n'avoir aucun sens en 2100, mais ce n'est pas toujours le cas.

Je dirais qu'il n'y a vraiment aucun critère objectif pour juger de la vérité dans l'art. Vous devez le sentir. Le seul critère de vérité se trouve dans l'homme, dans l'œil interne, au niveau de l'âme.

IV. PRATIQUES VISUELLES & FABLES

A.L. *Au fil des ans, et en commençant par la peinture, vous avez utilisé une variété de techniques, des blocs imprimés, des constructions et maintenant des néons. Voudriez-vous nous expliquer et commenter cette expansion des techniques? Qu'est-ce qui vous a incité à élargir vos pratiques visuelles?*

F.P. *J'ai toujours été intéressé par la façon dont les choses sont faites, et j'aime utiliser mes mains : la manipulation des matériaux a toujours été importante pour moi. J'ai commencé en dessinant et en peignant, en utilisant des kits et en imitant les autres. J'ai reçu un diplôme de photographie dès l'adolescence ; j'étais davantage intéressé par le processus de développement que par la prise des photos. Quand je suis arrivé à l'Université, j'ai commencé à utiliser la céramique et ai dû acquérir un ensemble de compétences totalement différent : la fabrication et la cuisson. C'est là que mon professeur m'a dit que « la technique viendra, mais les idées sont plus importantes. » Quand j'ai obtenu ma licence, j'avais déjà créé ma propre technique de céramique, différente de ce que quiconque faisait à l'époque. Mais quand j'ai changé de médium, je n'avais pas de four de cuisson où finir mes œuvres : il était temps de passer à autre chose. Je suis donc revenu au dessin et à la peinture pour terminer mes études universitaires. Ensuite, j'ai travaillé avec le verre pendant 12 ans, en utilisant une variété de techniques froides et chaudes. Le verre fut un médium de transition pour moi. J'ai travaillé dessus pour payer mon atelier. Puis je suis retourné à la peinture de façon sérieuse pendant vingt-cinq ans. Au cours de ces cinq dernières années, la sculpture et l'impression ont été importantes. L'année dernière, j'ai installé un atelier de néon dans mon atelier ; maintenant j'utilise le néon dans mes œuvres peintes.*

Pour exceller dans un médium, vous devez le comprendre. Vous devez en connaître les moindres détails. Par exemple, en peinture, vous devez connaitre toutes les couleurs, historiques aussi bien que contemporaines, quels sont les tons hauts et les tons bas de ces couleurs, les médiums, les substrats courants pour la peinture, les types de brosses, et les modificateurs, comme les cires ou les résines. Puisque la qualité de la peinture dépend du fabricant, vous devez trouver les marques de peinture que vous préférez. Quand vous avez acquis une connaissance de la gamme des matériaux, de leurs effets et des techniques classiques, une fois que vous acquérez une certaine facilité avec le médium, vous parvenez à savoir comment vous exprimer de manière unique. De plus, quand vous connaissez les règles, vous pouvez les enfreindre. Vous commencez à petite échelle – en utilisant une seule technique. Puis vous commencez à construire un vocabulaire de façon à utiliser le médium. Cela devient une sorte de sac à malices dans lequel vous puisez pour exprimer vos idées. Si vous travaillez assez longtemps avec un medium et continuez à expérimenter, vous pouvez découvrir une technique « magique ». Certains artistes construisent leur carrière autour de ce genre de techniques. Au mieux, la technique permet à un artiste de dire ce qui doit être dit, au pire la technique devient un trucage.

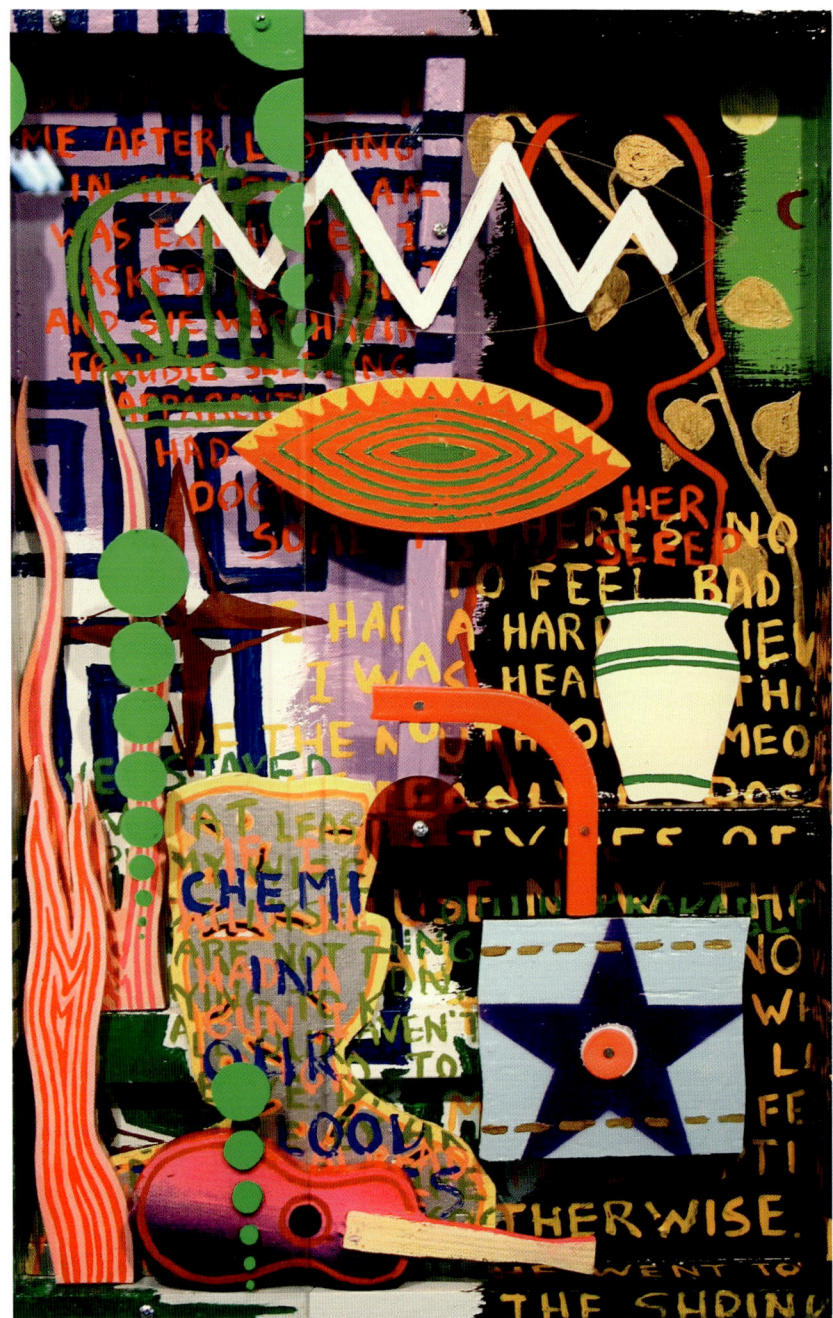

In our own blood, 2006, 25 x 17 in, mixed media on wood

A.L.   Your entire work is very narrative. The beholder feels that each painting is a little fable. Recently, narratives hidden behind the visual work have shifted from implicit to explicit. They are now stories written in your art.

F.P. I've been using a written narrative for some time. In 2005, I was making some sculpture and one piece wasn't working, so I started using words and letters. I kept adding words until the piece was finished. Not long after, I was looking through pictures of older works and ran across a body of work I had made 10 years before, all with written narrative. I had completely forgotten about these pieces. Soon after I received some work back from a gallery where I had had a show, and there was another written narrative work done in 1991.

So I've been doing this stuff off and on since at least 1991.

The narratives come from personal experience. After 56 years I've finally filled my head with stories and imagery. I have a constant running dialogue in my head. When I write letters or narratives on a piece, mostly it is a stream of consciousness. Like using color, it becomes intuitive. If I don't feel it is complete, then I will add more narrative. Pretty soon, it becomes very textured and finished. At this point the narrative becomes hard to understand, but the impact of the written story is meant to be visually textured.

I am always looking to experiment with what I have done before, looking to grow, to investigate. I'm not content to settle with one medium or one type of iconography. There's too much to find out. I feel sometimes I'm an archeologist of my own mind. I can't stand still. So I keep following what interests me until I find the next thing. Then I'll move on again.

A.L. *Toute votre œuvre est narrative, le spectateur sent que derrière chaque tableau se cache une petite fable. Dans votre travail récent, le narratif latent dans votre œuvre est passé de l'implicite à l'explicite, de sorte qu'il s'incarne au travers d'histoires écrites dans le tableau.*

F.P. Cela fait un moment que j'utilise l'écriture. En 2005, j'avais sculpté, une pièce qui ne « marchait » pas ; alors, j'ai commencé à utiliser des mots et des lettres. J'ai continué à ajouter des mots jusqu'à ce que la pièce soit finie. Peu de temps après, alors que je regardais des images d'œuvres plus anciennes, je suis tombé sur un ensemble d'œuvres que j'avais faites dix ans auparavant et qui étaient couvertes de narration écrite. Je les avais complètement oubliées. Peu de temps après, j'ai reçu les œuvres d'une galerie dans laquelle j'avais eu une exposition, et il y avait une autre œuvre avec un récit que j'avais faite en 1991. Donc, je fais ce genre de choses plus ou moins depuis au moins 1991.

Les récits proviennent de mon expérience personnelle. En 56 ans, je me suis finalement rempli la tête avec des histoires et des images. Je vis constamment dans une sorte de monologue intérieur. Lorsque j'écris des lettres ou des récits sur une œuvre, c'est avant tout un flux de conscience. Comme l'utilisation de la couleur, ça devient intuitif. Si je sens qu'une œuvre n'est pas complète, alors je vais ajouter davantage de narratif. Très vite, elle acquiert une texture qui l'amène à la complétude. À ce stade, le récit devient difficile à déchiffrer, mais l'impact de l'histoire écrite est destiné à être avant tout une texture visuelle.

Je cherche toujours à expérimenter avec les techniques que j'ai utilisées dans le passé, à me développer, à m'informer. Je ne peux me satisfaire avec un seul médium ou un seul type d'iconographie. Il y a trop de choses à découvrir. J'ai parfois l'impression d'être l'archéologue de mon propre esprit. Je ne peux pas rester immobile. C'est pourquoi je poursuis ce qui m'intéresse jusqu'à ce que je trouve le médium suivant. Ensuite, je changerai à nouveau.

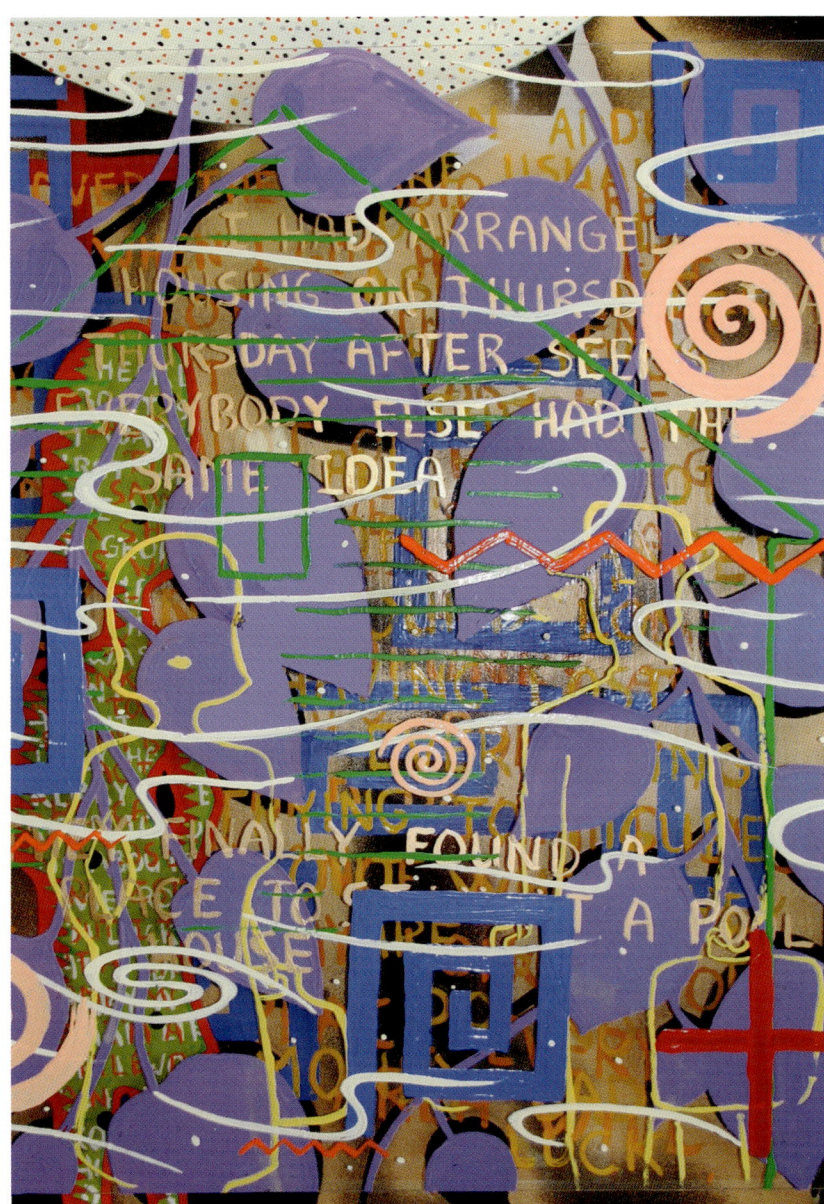

Waterhouse, 2006, 60 x 48 cm, médias mixtes sur bois

V. ICONS AND MODULATIONS

A.L. The beholder contemplating your work over the years cannot fail to perceive a visual as well as a thematic organization. How do these relate to different techniques?

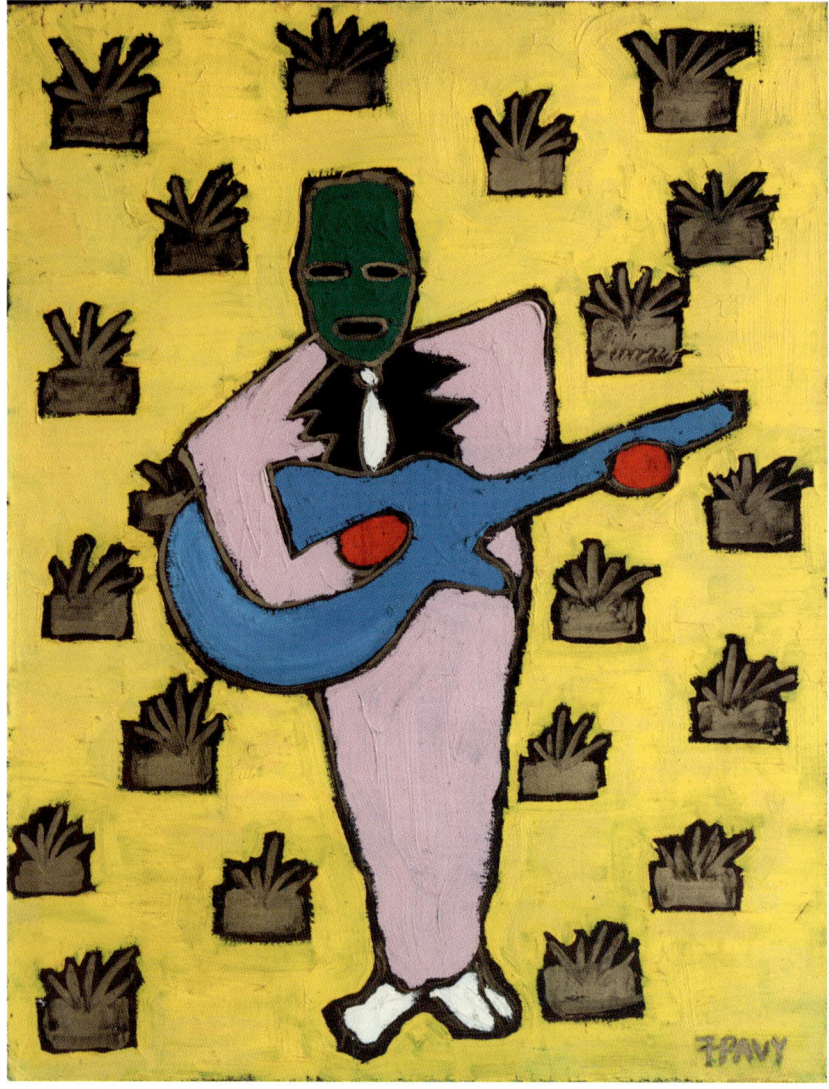

Zydeco Blues, 1985, 18 x 24 in, oil on canvas on board

F.P. I'm currently working on paintings, works on paper, constructions and freestanding sculpture, although I would not like to be limited to just these expressions.

In the beginning of this body of mature work, the paintings usually were much simpler, with a central figure and a simple background.

My intention at the time was to pare down the imagery to approach a more iconic expression. Today, I see the need to put lots of layers of images in one work. I call this an over saturation of imagery. This is partly because of using the print medium. And the older iconic work is reproduced as modules I can use over and over again in the newer work, again derived from the print medium.

I have not yet been able to write on a canvas yet, because it seems sacred.

I am involved in several running series that have spanned many years. The oldest series of work I'm still producing is called "Voodoo and the Origins of Rock and Roll;" I started working on this series in 1987 and just recently have new drawings added to the series. The "Cat Lady" series is a work about a problematic neighbor of mine. I was doing a series of water creatures and seafood still lifes this summer after the BP oil spill. I did it as a protest, yet the statement seemed too subtle and I don't think I was getting my point across. As I'm painting I run across iconography that I might want to reproduce in a linocut.

The works on paper are one of a kind pieces made primarily with linoleum blocks. I print many different images and spray and apply paint until the work is finished. If I need to cut one or more linocuts to make the piece work, then I'll do that. I keep these new blocks to use in other works. I may run a piece through the press 20-25 times before I'm finished. Sometimes I may use a collage element and print on top of that. I've only recently started using written narrative on these works. I've gathered an inventory of about 400 blocks; some that are over 30 years old.

The constructions are usually wall hanging works, like 3D paintings. I'm using plexiglas that I paint on and layer on top of the (usually) wooden base and also other pieces of plexiglas. If I can find color plexiglas, that's all the

V. L'ICÔNE ET SES MODULATIONS

A.L. *Le spectateur contemplant votre travail au fil des années ne peut manquer de percevoir une organisation aussi bien visuelle que thématique. Comment cela se rapporte-t-il aux différentes techniques?*

F.P. *Je travaille actuellement sur des peintures, des œuvres sur papier, des constructions et des sculptures autonomes, bien que je ne souhaite pas être uniquement limité à ces expressions.*

A l'origine de ce corpus d'œuvres de maturité, les peintures étaient ordinairement assez simples, avec une figure centrale et un simple arrière-plan. Mon intention à l'époque était de simplifier l'imagerie pour approcher une expression plus iconique. Maintenant, je trouve le besoin de mettre beaucoup de couches d'images dans une même œuvre. C'est ce que j'appelle une sur saturation des images. Cela est partiellement dû à l'utilisation de l'impression. Et la plus ancienne icône est reproduite sous forme de modules que je peux utiliser encore et encore dans les œuvres plus récentes, toujours au moyen de l'impression.

Sinon, je n'ai pas encore été capable d'écrire sur une toile vierge, car ce support semble sacré.

Je suis engagé dans plusieurs séries en cours qui ont duré plusieurs années. La plus ancienne série d'œuvres à laquelle je travaille encore s'appelle Le Vaudou et les origines du Rock and Roll. *J'ai commencé à œuvrer sur cette série en 1987 et j'ai tout récemment a ajouter de nouveaux dessins. La série* Cat Lady *est un travail sur une de mes voisines problématique. Cet été, après la catastrophe de BP dans le Golfe du Mexique, j'ai fait une série de natures mortes illustrant les créatures de l'eau et les fruits de mer. Je l'ai fait pour protester, mais la déclaration semblait trop subtile et je ne pense pas avoir vraiment transmis mon point de vue. Quand je peins je tombe sur des images que je pourrai reproduire dans une linogravure.*

Les œuvres sur papier sont des pièces uniques fabriquées principalement avec des blocs de linoléum. J'imprime plusieurs images différentes, les peins à la bombe, et j'applique de la peinture jusqu'à ce que le travail soit terminé. Si j'ai besoin de couper une ou plusieurs linogravures pour que l'œuvre parle, je n'hésite pas. Je garde alors ces nouveaux blocs pour les utiliser pour d'autres travaux. Je peux passer une œuvre à la presse 20 à 25 fois avant d'avoir terminé. Il m'arrive également d'utiliser un collage

et d'imprimer par-dessus. C'est seulement récemment que j'ai commencé à écrire des fables sur ces œuvres. J'ai réuni un inventaire d'environ 400 blocs, dont certains ont plus de 30 ans.

Les constructions s'accrochent en général aux murs, comme des peintures en trois dimensions. En général, j'utilise du plexiglass sur lequel je peins, puis je rajoute une couche sur la base en bois et d'autres pièces de plexiglas. Si je peux trouver du plexiglas de couleur, c'est encore mieux. Dernièrement, j'ai également incorporé des tubes

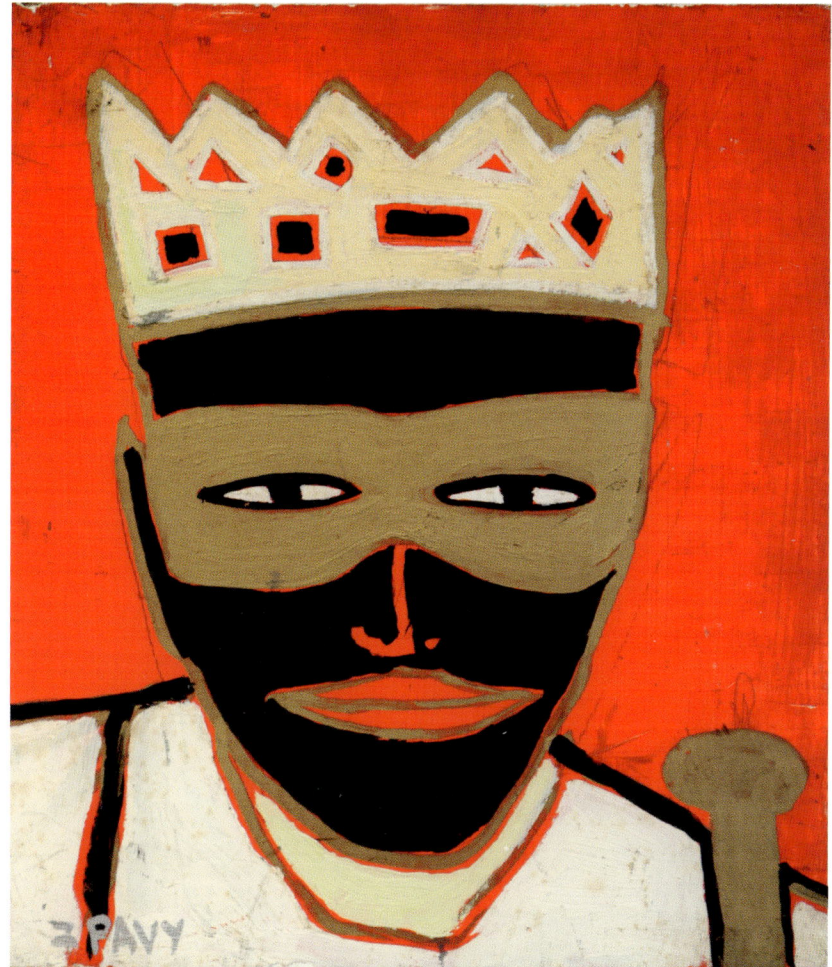

King Creole, 1985, 20 x 20 cm, huile sur planche

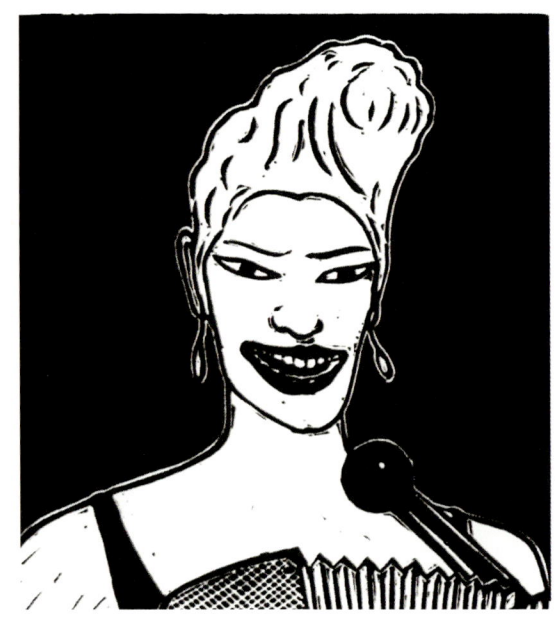

Zydeco Singer
2008, 8 x 7.25 in,
block print on paper

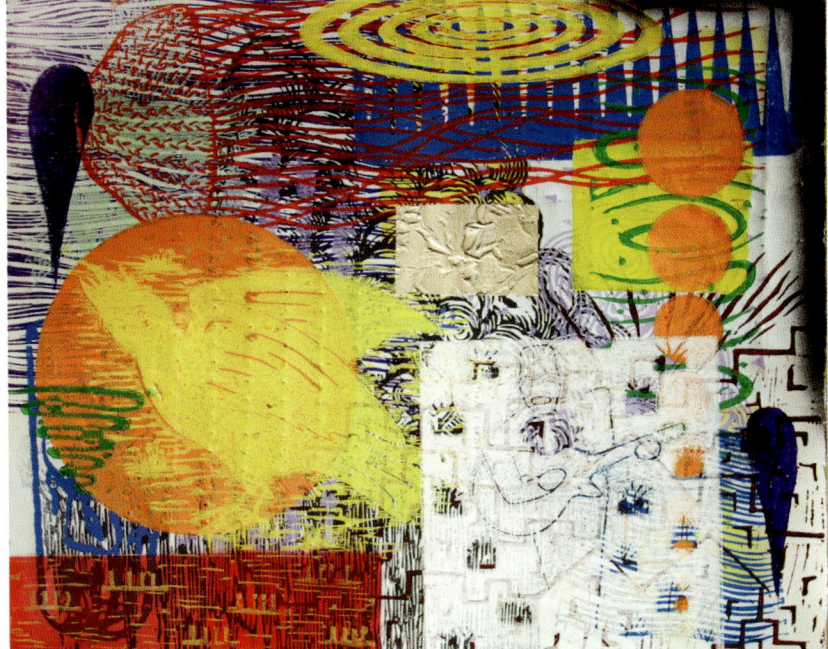

I heard it from the Crow, 2010, 20 x 20 in, unique block print on paper

better. Lately, I've been incorporating luminous tubing (neon) into these constructions also. I plan to make some pieces entirely with neon soon. I like the fact that I can use transmitted light alone or use it with reflected light components. The trick with using light on a construction is to make sure that the transmitted light doesn't overpower the reflected light. These constructions seem to be the easiest to use for the written word. I'm working on about eight or nine right now. I just finished one called "Borderland Series: The Tale of the Bird that Flew."

The sculptures are free standing extensions of the constructions, coming off the wall. I'm working on a "tower" that looks like a small skyscraper right now; it will have "windows" cut in the side and neon inside. The working title is "Tower of Urban Myth;" the narratives are about urban myths that I've heard firsthand. I started using a wax paper transfer technique that I can print on hard surfaces. So I can use linocuts to print on sculpture such as this. I print on the wax paper and while the ink is still wet I can apply the image to a hard surface. This is also a positive instead of a negative like a regular block, as I'm doing 2 transfers, one to the wax paper and then another to the hard surface. Things I want to do in the near future are videos with music, some light projections with neon, to continue in the vein I'm working in now. I continue adding to my iconography and to methods in which I can express myself. I like that I can work in variety of ways, and the work keeps building upon what I've done in the past.

VI. THE MIDWAY BAR IN LONGBRIDGE, LOUISIANA

F.P. The Breaux Bridge Highway that runs from Lafayette to Breaux Bridge was the main link to the two cities until I-10 was built. It is a scenic route that encompasses the escarpment, the ancient banks of the Mississippi River, oil fields, and bottom land forest. The Lake Martin road is right after the dip down from the escarpment, and the Vermilion River cuts across at Longbridge. This is the old flood plain of the Mississippi. This area was flooded in 1927, and would have been flooded in 2011 if not for the levee system and spillways.

lumineux en néon dans ces constructions. J'ai l'intention de faire quelques œuvres entièrement avec du néon. J'aime le fait que je peux utiliser la lumière transmise, seule ou avec l'utilisation des composantes de la lumière réfléchie. L'astuce avec la lumière dans une construction est de s'assurer que la lumière transmise ne sature pas la lumière réfléchie. C'est sur ces constructions qu'il est le plus aisé d'incorporer des mots écrits. Je travaille sur environ huit ou neuf de ces œuvres en ce moment. Je viens juste d'en terminer une appelé Série Borderland: Le conte de l'oiseau qui a vola.

Les sculptures sont des extensions autonomes des constructions, qui se détachent de la paroi du mur. En ce moment, je travaille sur une « tour » qui ressemble à un petit gratte-ciel; elle aura des « fenêtres » coupées sur le côté et un néon à l'intérieur. Le titre provisoire de ce travail est «La tour du mythe urbain », les récits s'y inscrivant étant des mythes urbains que j'ai entendu de première main. J'ai aussi commencé à utiliser une technique de transfert de papier ciré que je peux imprimer sur des surfaces dures. Ainsi, je parviens à imprimer des linogravures sur des sculptures de ce type. J'imprime sur le papier ciré et, alors que l'encre est encore humide, je peux appliquer l'image sur une surface dure. C'est un positif au lieu d'un négatif, comme dans le cas d'un bloc régulier, puisque je fais 2 transferts, l'un sur le papier ciré, puis un autre sur la surface dure.Dans le futur, j'aimerais faire de la vidéo avec de la musique, des projections de lumière avec des néons et j'aimerais continuer à travailler dans la même veine. Je continue d'ajouter à mon vocabulaire iconographique et aux méthodes dans lequel je peux m'exprimer. J'aime pouvoir travailler avec des manières différentes. Le travail continue à se construire sur ce que j'ai fait dans le passé.

VI. LE BAR MIDWAY À LONGBRIDGE, LOUISIANE

F.P. *La route nationale qui relie Lafayette à Breaux Bridge était le lien principal entre les deux villes jusqu'à la construction de l'autoroute 10 (I-10). C'est une route pittoresque qui suit une falaise, les anciennes berges du Mississippi, et traverse des champs pétrolifères et la forêt des terres basses. La route du lac Martin est juste après le fléchissement en bas de la falaise et la rivière Vermilion traverse Longbridge. C'est l'ancienne plaine d'inondation du Mississippi. Cette zone a été inondée en 1927, et elle aurait été aussi inondée en 2011, s'il n'y avait pas eu le système de levées et les canaux de déversement.*

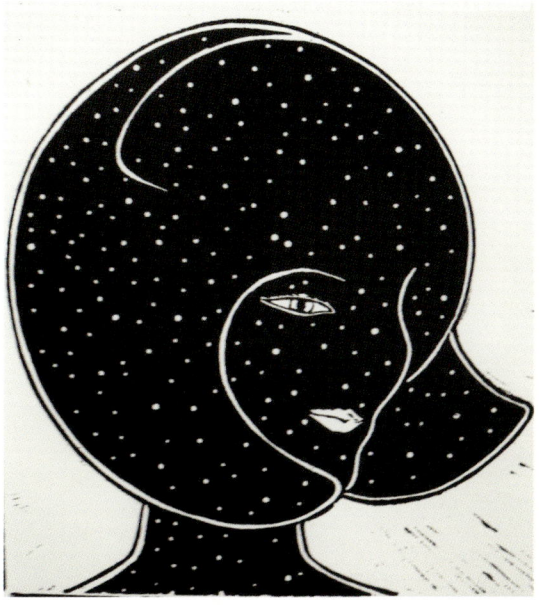

Betty at Night
2009, 20 x 18 cm,
impression bloc sur papier

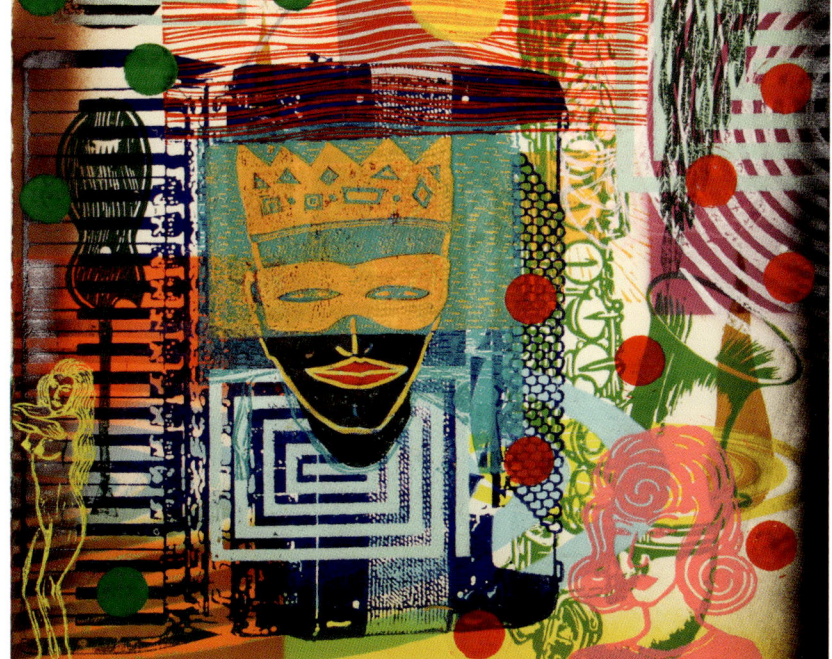

King Creole and Lucille, 50 x 50 cm, impression bloc unique

In the 50's there were many night clubs along this road. Many a swamp pop legend cut their teeth playing in orchestras and bands there. Most of the clubs were burnt over the years for the insurance money, as local mythology states.

By the time I arrived on the scene there was only one left. It was called *BOO BOO's*, but the original name was *The Midway*. The name could have come from several sources. Maybe because it was named for being the midway point between Lafayette and Breaux Bridge. Another definition of a midway is a place for games of chance, sideshows and amusements.

The stage extended out forward about 15 feet about 4 feet wide in the center, so a soloist could make a walk, singing or playing to the audience distributed left and right. The sideshow element was familiar there. It would not be unusual to see a clown playing the bones backed up by a Cajun rock band, *Couteaux* or *Red Beans and Rice*.

Sometimes Clifton Chenier or Gatemouth Brown would play. The opening act might be Iron Jaw who would balance chairs in his jaw, walking out on the stage with a stack of chairs in his mouth. Then, there was a man that used to dance with a can or bottle of beer on his head all night long. The wooden dance floor was huge, the air was cold and the people were friendly. The draperies were glittery silver and had musical notes sewn on them. There was a little gate between the bar and the dance floor. You could drink for free, but had to pay to dance.

I saw and felt the stories of many lives that had passed through the place. The stories hung thick there like the smell of a roux. The dark and the light images still dance in my head. Oilmen would rub shoulders with farmers, hippies, blue collar workers, fishermen and college types, and swamp pop rockers would sing their tales of heartbreak, love and life. Drinkers, smokers and drag racers were having fun after a hard week. The hucksters and the honest were out to see what is going on. Men and women on the make, dancing on the same stage as the faithful

The Midway, Catahoula Study #7, 2011, 28 x 30 in, oil on canvas

60

Dans les années 50, il y avait beaucoup de boîtes de nuit le long de cette route. Beaucoup des stars légendaires du « swamp pop » (la pop des bayous) y ont fait leurs débuts en jouant avec des orchestres et des groupes. La plupart des boîtes de nuit brûlèrent à travers les années ; le mythe local affirme que c'était pour toucher l'argent de l'assurance immobilière.

Lorsque je suis arrivé sur place il n'y avait plus qu'une seule boîte de nuit. Elle s'appelait « BOO BOO », mais son nom était, à l'origine, « Midway ». Ce nom aurait pu provenir de différentes sources. Cette boîte de nuit a peut-être été nommée ainsi, parce qu'elle était à mi-chemin entre Lafayette et Beaux Bridge. « Midway » est aussi un endroit pour les jeux de hasard, les numéros de cirques et les attractions.

La scène s'étend en avant sur 5 m, avec à peu près 1.20 m de large au centre : un soliste pouvait y marcher, chantant ou jouant pour le public réparti à gauche et à droite. Les numéros de cirque y étaient communs. Ce n'était pas inhabituel de voir un clown jouant aux osselets accompagné par un groupe de rock cajun : Couteaux ou Red Beans and Rice.

Parfois, Clifton Chenier ou Gatemouth Brown y jouaient ; la première partie du spectacle pouvait être assurée par Iron Jaw (Mâchoire de Fer), qui entrait en scène avec une pile de chaises prises dans sa mâchoire. Ensuite, il y avait un homme qui avait l'habitude de danser toute la nuit avec une cannette ou une bouteille de bière sur la tête.

La piste de dance en bois était immense, il faisait frais et les gens étaient amicaux. Les rideaux scintillaient d'argent et des notes de musique y étaient cousues. Il y avait une petite porte entre le bar et la piste de dance. Vous pouviez boire gratuitement, mais vous deviez payer pour danser.

J'ai vu et senti les récits des nombreuses vies qui traversaient cet endroit. Les histoires y flottaient comme l'odeur d'un roux. Les images sombres et claires dansent encore dans ma tête. Les travailleurs du pétrole fréquentaient les fermiers, les hippies, les cols bleus, les pêcheurs et les gars de l'université qui y allaient. Les rockers de pop des bayous chantaient leurs contes de cœurs brisés, d'amour et de vie. Les buveurs, fumeurs et coureurs de dragsters s'amusaient après une dure semaine. Les escrocs et les hommes honnêtes arrivaient pour voir ce qui se passait. Hommes et femmes draguaient, dansant sur la même scène que des couples fidèles. Mariés et intimes depuis si longtemps, les couples s'habillaient de manière identique et commençaient à se ressembler. Les éleveurs de chiens et les gars des bayous jouaient aux cartes. Les vieilles femmes cajuns sortaient du foyer familial pour gigoter jusqu'à minuit ; le lendemain, elles se levaient de bonne heure pour aller à la messe et cuisiner le repas du dimanche. Les étudiantes au teint frais se passaient l'unique bière qu'elles avaient pu acheter. Les reines cajuns, les hommes d'affaires, les crevettiers et les petits gangsters s'égayaient.

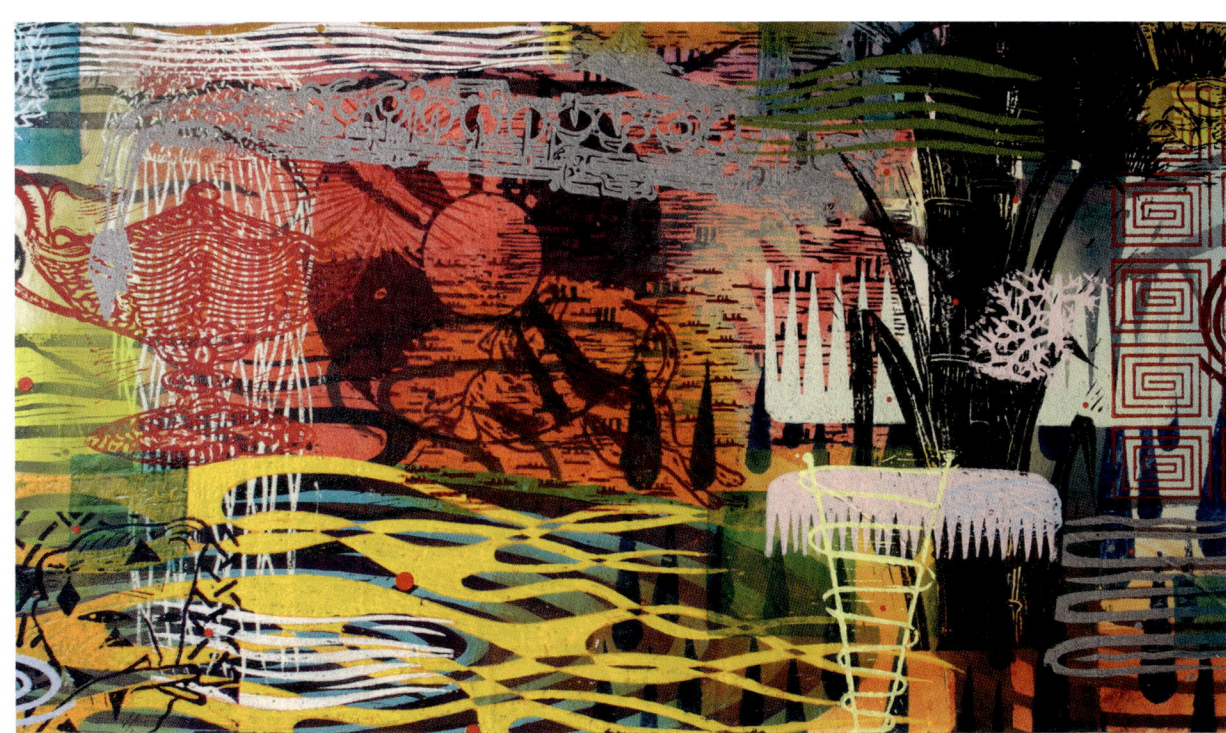

Belizaire's Fortune, 2011, 60 x 100 cm, huile sur toile

couples, who were married so long, were so familiar, and had even started to dress and look alike. Dog breeders and swamp rats playing cards, old Cajun housewives cutting a rug until midnight then getting up early to go to mass and cook Sunday dinner. Fresh faced college girls passing around the one beer they could buy. Cajun Queens, businessmen, shrimpers and small time gangsters letting their hair down.

One time a friend told me that he was there having a beer and introduced himself to a man at the bar. The man smiled darkly when he heard the name and said: "I was hired to kill you by your wife's ex-husband, but he couldn't come up with the $1500 to pay me." My friend told me it was hard to imagine his life would be valued so cheaply.

Eventually after we quit going there, I heard that the place burnt down. For insurance money? Accident?

I never found out.

The site is still there – some burnt tin, boards and weeds.

As I pass through Longbridge over the bayou I still smell the roux.

VII. THE TALE OF THE BIRD THAT FLEW: A LITTLE MORE ABOUT THE WORK

F.P. Imagination lives on the border of consciousness and the subconscious. As an artist, I hang out in this realm, lots. Visualization, dreaming, daydreaming. Also, I try to be aware of the differences in perception that different people have. I mean that not everybody sees red or blue the same way. I wonder why some people have no sense of color. It's occurred to me that a portion of the population may see color vividly and other portions see color as muted, kind of like color blind people, but not as bad.

Dreaming is all a part of what I do: to imagine something different and put it into physical reality. I *do* understand what's real and not real, however I

have strayed over the border maybe a little too long at times; but I have always found my way back.

Some of my friends have taken a voyage way past the border and to the hinterlands never to be the same again. This piece is about one friend that was lost and then found his way back. I'm thinking of doing a series of works about all the fallen soldiers that I have seen go off the deep end along my path. Either for drugs, heartache, personal chemistry or stress. I was counting the other day, and it is a substantial number.

Josh (names and some details have been changed to protect anonymity) was a student when I was in college. He didn't last long there before he failed all his classes and started living in the country around Grand Couteau. I first met him when he showed up to sell some vegetation to my roommate, Daniel. After meeting him and talking to him, it was certain he wasn't living on the same plane as I. He started talking about how the laws of society didn't apply to him (especially when it came to growing things), and the intricate weavings of his new religion which involved weed and Christianity. He didn't have guns or anything like that, but his ideas were, to say the least, far-fetched. He liked Jazz music though, and several times we made it out to his cabin to jam. We had to step through the car door he used for his entrance. Inside his house he had ripped out all the walls and there was a loft, where he slept. On the rungs of the ladder that went to the loft were written dates and critical titles that corresponded to different phases of his life such as: "1952 -1955: The Beginning," "1965-1971: The Awakening," "1972-1974: The Flowering," and so on. We jammed amongst the piles of magazines, clothes and artwork scattered all over. We tolerated Josh as he wasn't aggressive. I went out to his house maybe a handful of times, but he was too strange for me. The last time I visited him in the country, he had moved and made his own hovel out of tin and scrap wood in the middle of a soybean field. He told me God gave this place to him and told him that this was his place on earth. He was selling sandals made out of rope.

About that time, a new level-headed student, Ben, enrolled in college and we all became acquainted. He had just come back from overseas serving in

Un jour, un ami m'a dit qu'il était en train de boire une bière et qu'il s'était présenté à un homme au bar. L'homme lui fit un sourire sinistre quand il entendit son nom et dit : « J'ai été engagé par l'ex-mari de votre femme pour vous tuer, mais il n'a pu trouver les 1500$ pour me payer ». Mon ami m'a dit qu'il était dur d'imaginer que sa vie avait été évaluée à si bas prix.

Après que nous avons cessé d'y aller, j'ai entendu que l'endroit avait été réduit en cendres. Pour l'argent de l'assurance immobilière? A cause d'un accident?

Je ne l'ai jamais su.

Le site est toujours là – quelques boîtes de conserve, des planches brûlées et des mauvaises herbes.

Quand je passe par Longbridge au-dessus du bayou, je sens toujours l'odeur du roux.

VII. THE TALE OF THE BIRD THAT FLEW: QUELQUES MOTS AU SUJET DE L'ŒUVRE

F.P. L'imagination vit à la frontière de la conscience et de l'inconscient. En tant qu'artiste, je passe énormément de temps dans cet univers : la visualisation, le rêve, le rêve éveillé. J'essaie aussi d'être au courant des différences de perception des individus. Ce que je veux dire, c'est que j'ai l'impression que tout le monde ne voit pas le rouge et le bleu de la même manière. Je me demande pourquoi certaines personnes n'ont pas le sens de la couleur. Il me semble que certains peuvent voir la couleur comme quelque chose de très vivant et d'autres voient la couleur comme quelque chose d'atténué, comme un daltonien, mais pas à un point aussi grave.

J'utilise le rêve pour imaginer quelque chose de différent et le mettre en forme de réalité physique. Je distingue bien ce qui est réel et non-réel ; parfois, cependant, j'ai erré au-delà de la limite peut être un peu trop longtemps, mais j'ai toujours retrouvé le chemin du retour.

Certains de mes amis ont fait un voyage bien au-delà de cette frontière et dans l'arrière-pays, et ils n'ont plus jamais été les mêmes. The Tale… concerne un ami qui était perdu et qui ensuite a retrouvé son chemin. Je pense faire une série d'œuvres concernant tous les soldats déchus que j'ai vus, au long de ma vie, tomber dans la folie à cause de la drogue, d'une peine de cœur, d'un déséquilibre biologique ou du stress. L'autre jour, j'en faisais le compte, et je suis arrivé à un nombre considérable.

Josh (les noms et certains détails ont été changés pour protéger l'anonymat) était un étudiant quand j'étais à l'université. Il ne lui a pas fallu longtemps pour échouer dans toutes ses classes et pour commencer à vivre à la campagne vers Grand Couteau. Je l'ai rencontré la première fois lorsqu'il est venu vendre de l'herbe à mon colocataire, Daniel. Après l'avoir rencontré et parlé avec lui, c'était sûr je ne vivais pas dans le même monde que lui. Il a commencé à dire que les lois de la société ne s'appliquaient pas à lui (surtout lorsque ça concernait la culture de certaines herbes) et l'entremêlement tortueux de sa nouvelle religion qui impliquait Sainte Marie-Jeanne et le christianisme. Il n'avait pas d'armes à feu et rien de tout cela, mais disons que ses idées étaient assez tirées par les cheveux. Par contre, il aimait le jazz, et plusieurs fois nous sommes allés dans sa cabane pour faire une jam-session. Nous devions entrer par la portière de voiture qu'il utilisait comme porte. Chez lui, il avait démoli tous les murs et il y avait une galerie où il dormait. Sur les barres de l'échelle qui montait à la galerie, il avait écrit des titres et des dates significatifs qui correspondaient aux phases de sa vie : « 1952-1955 : Le Commencement », « 1965-1971 : La Prise de conscience », « 1972-1974 : L'Épanouissement », et ainsi de suite. Nous nous entassions parmi les piles de magazines, d'habits et d'œuvres d'art éparpillés partout. Nous tolérions Josh parce qu'il n'était pas agressif. Je l'ai vu quelques fois chez lui, mais finalement, même pour moi, il était trop étrange. La dernière fois que je lui ai rendu visite à la campagne, il avait déménagé et il construisait son propre taudis en utilisant du fer-blanc et du bois de récupération, au milieu d'un champ de soja. Il m'a dit que Dieu lui avait donné cet endroit et lui avait dit que c'était sa place sur terre. Il vendait des sandales faites en corde.

À ce moment, nous avons tous fait connaissance d'un nouvel étudiant, Ben. Il était intelligent et s'était inscrit à l'université. Il venait juste de rentrer de l'étranger où il avait fait son service militaire. Il avait un talent incroyable pour le dessin. Il trainait avec notre groupe et il avait fini par faire la connaissance de Josh. Peu de

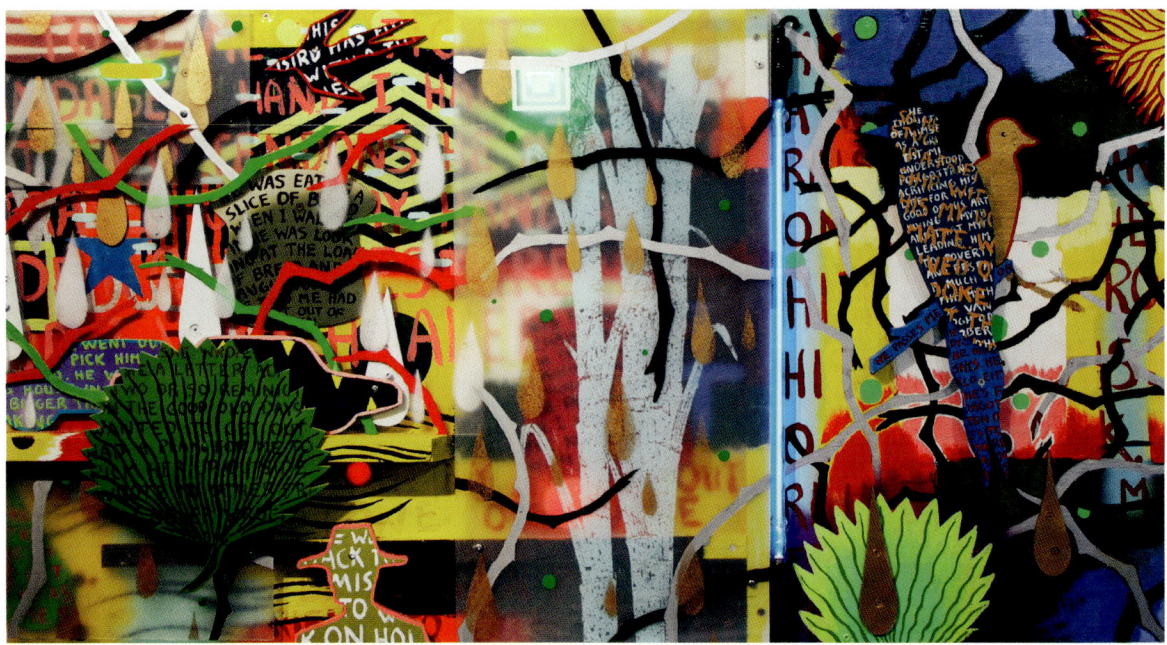

Borderland series: The Tale of the Bird that Flew, 2010, 29 x 58 in, mixed media with neon

mumbled something then told me I was healed, although the cut was still bleeding. At any rate, I did drive him home and was surprised he came from a very wealthy family. They had oil wells all over their property. They thanked me and I drove off. I recently ran into Ben's younger sister not long ago. Then she was just a girl, now she's a grown woman. I asked how her brother was and she told me he was committed and has been so for a long time.

This experience has troubled me throughout the years. I feel that Ben and Josh exchanged consciousnesses or mindsets. So, as is the case with things that bother me or stay with me, I made a piece about it.

the military and had some serious drawing skills. He was hanging around with our group and eventually got to be friends with Josh. Before too long they were best friends. I didn't hear from either one for some time, as I was too busy making ceramic accordions, or ceramic people, to even care about who was doing what with whom.

One day I was at home on Brooks Street when Josh knocked on the door. He was leaving town to go back to Texas and wanted to say good-bye to us. I started talking to him and he was remarkably lucid. He told me he got a job working in construction and was taking off the next day. No glazed over eyes with proclamations about God or anything strange. He left and I was puzzled.

A few days later, Ben called and asked me if I would drive him and his possessions home. His landlord had enough of him and he had been evicted. Now *his* eyes were all glazed over red and he was talking strange. I had cut my hand and he insisted on healing me. He raised his hand and

VIII. ECSTASIES & OTHER DREAMS

A.L. If you don't mind, I would like you to write about your ecstasies, maybe as a commentary on one or several paintings.

F.P. My feeling of peace first started visiting me around December of 2008. It's a deep seated feeling – a refreshing one like my body is absorbing a large glass of minty iced water. It comes and goes, but I think when I am most centered on my life direction that is when it visits me, like a compass. So, strangely enough, I may have this feeling and still have negative emotions like worry or anger. But perhaps they are tempered somewhat by the font of peace, sometimes it's only a trickle and sometimes it's almost unbearable. The only work that has a lot of this feeling is called "The Blue Bird Sings Again." What follows is a description of some of my creative mental processes.

I do have dreams, daydreams-fantasies and deliberate mental activities - active imagination, visualization and daydreams that all compete and

temps après, ils sont devenus meilleurs amis. Je n'eus aucune nouvelle ni de l'un ni de l'autre pour quelque temps, car j'étais trop occupé à faire des accordéons ou des figurines en céramique pour me soucier de qui faisait quoi avec qui.

Un jour que j'étais chez moi à Brooks St., Jason frappa à ma porte. Il allait quitter la ville pour retourner au Texas et il voulait nous dire au revoir. J'ai commencé à lui parler et il était remarquablement lucide. Il m'a dit qu'il avait eu un emploi pour travailler dans la construction et qu'il partait le lendemain. Il n'avait plus les

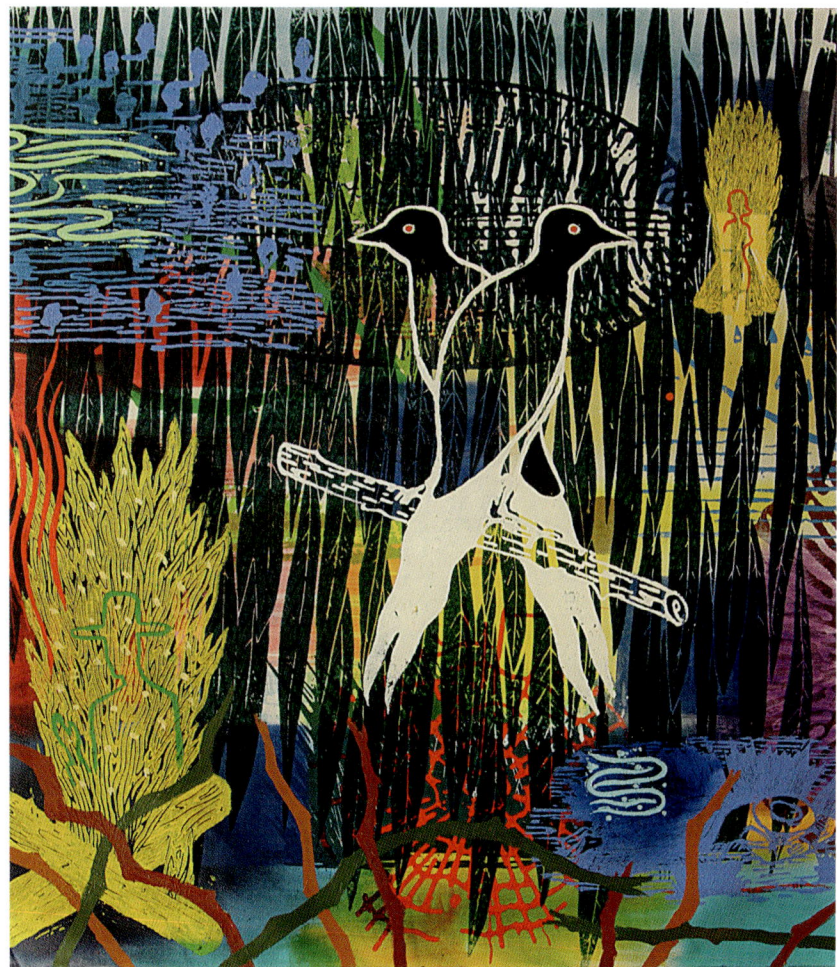

Two Birds in the Shade, 2016, 45 x 70 cm, huile sur toile et planche

yeux vitreux et ne faisait plus des proclamations au sujet de Dieu ou d'autres sujets bizarres. Il est parti ; j'étais perplexe.

Quelques jours après, Ben m'appela et me demanda si je pouvais l'emmener chez lui avec ses affaires. Son propriétaire en avait assez de lui et il avait été expulsé. Maintenant ses yeux à lui étaient vitreux et il parlait bizarrement. Je m'étais coupé la main et il insista pour me guérir. Il leva sa main et marmonna quelque chose, ensuite il me dit que j'étais guéri bien que ma plaie saignât toujours. De toute façon, je l'ai reconduit chez lui et j'ai été surpris de voir qu'il venait d'une famille très riche. Ils avaient des puits de pétrole partout sur leur propriété. Ils m'ont remercié et je suis parti. J'ai récemment croisé la sœur cadette de Ben. Elle n'était qu'une petite fille, maintenant c'est une femme. Je lui ai demandé ce que devenait son frère et elle m'a dit qu'il était en clinique psychiatrique depuis longtemps.

Cette expérience m'a troublé pendant de longues années. Je pense que Ben et Josh ont échangé leurs consciences et leur état d'esprit. Donc, comme c'est le cas avec les choses qui me dérangent ou qui s'imprègnent en moi, j'en ai fait une œuvre.

VIII. EXTASES & AUTRES RÊVES

A.L. *Si cela ne vous dérange pas, j'aimerai que vous parliez de vos extases, peut-être comme commentaire d'une ou plusieurs de vos œuvres.*

F.P. *Mon sentiment de paix a commencé aux alentours de décembre 2008. C'est un profond sentiment – rafraîchissant comme lorsque mon corps absorbe un grand verre de menthe glacée. Ça va et ça vient, mais je pense que, lorsque je suis centré sur la direction de ma vie, c'est à ce moment-là qu'il me visite, comme une sorte de boussole. Et, chose étrange, je peux avoir ce sentiment tout en éprouvant des émotions négatives telles que l'inquiétude ou la colère. Mais elles sont tempérées, en quelque sorte, par cette paix ; quelquefois c'est très léger et parfois c'est presque insupportable. La seule œuvre qui fait beaucoup écho à ce sentiment s'appelle « L'Oiseau Bleu chante à nouveau ». Ce qui suit est une description de quelques-uns de mes processus créateurs.*

J'ai des rêves, des fantasmes, des rêves éveillés et des activités mentales délibérées – une imagination active, des visualisations et des rêves lucides qui rivalisent et se

complement each other in my everyday consciousness, the making of my art, and all creative endeavors.

The way I work is also a combination of conscious and unconscious, intuitive processes. I start with an idea, a concept, then make sketches, transferring these to a larger format, finding an "in" to start the work, then finally feeling my way through it until the end.

My actual dreams are mostly like everyone else's. The subconscious is giving back information, when we sleep, that it absorbs throughout the waking state. Occasionally I do have dreams that seem to mean something - here are two that came back to back on successive nights:

Dreams of Good and Evil
September 18th
"The Angel and the Demon"

I was floating disembodied and could see everywhere in front of me and behind me like a floating all Seeing Eye. I could hear a woman's song of one note and all notes, one song and all songs all at the same time. A great melding of music that melted into one note. I peered at her in back of me, yet, at the same time I was looking ahead of me at her. Her skin was pale ivory and translucent like alabaster yet soft, and had a luminescent glow from the inside like she was a source of light. She had tattoos under her skin, not on top, and they were dynamic, ever changing to tell stories as she danced and sang. It was like she was a dancing movie screen. And as she sang and danced, the stories would flow from one scene to another. A woodchopper in the mountains bringing home wood to burn, crying babies, snow covering houses, a tribal party hunting a lion.

The woman was floating in a sea of royal blue and there was a circle around her. She was one woman and all women at the same time, a shape shifter that kept changing shapes and fashions in front (and back) of me: an Indian temple dancer, an African peasant woman, a modern beauty queen, a housewife, a Japanese courtesan and thousands of other faces. She radiated love, joy sensuality, femininity, and purity. She wanted to kiss me, and as I got closer and closer her song was more and more intense. As we embraced, I gradually woke, my

rising waking state effervescing from the waters of the subconscious, the song also dissolving in my ears. I lay still, calmed my beating heart and listened. I heard her song in the background of my mind and saw her face in every woman throughout the day.

I was in church at a musician's mass. I had my Dobro, a steel bodied acoustic guitar, with me, slightly out of tune. I was seated on one of the back pews, and there was no one in back of me. Other people had their guitars there too. The woman priest was dressed in green and white and was seated before the altar. I was casually playing around on my slightly out of tune guitar, "Walk right in" by the Boardwalk Singers. The sound was of twelve strings now. The mass was ending and the woman priest wanted to know who would play "Hootenanny" as a dismissal hymn. I quit playing, as I was a little insecure about my playing ability in front of the congregation. As the people left, there was a woman seated in the pew in front of me. She was thin, lightly tanned on the shoulders and was dressed in a red sleeveless dress, not cut too low at the neck and ending just above the knees. She had black stockings, black high heels and long raven black hair obscuring her face falling over her shoulders, back and breasts. Her guitar was a Spanish classical gut or nylon stringed instrument. Somehow, I knew or heard that she was a great guitar player. She prepared to play as the people walked out. Methodically she wrapped and tied a long string of large round pearls around her knees to keep her legs crossed while she played. She placed her guitar in her lap but, as everyone had left except me, she decided not to play. She told me she would be happy to play for me some other time, would show me some guitar techniques and suggested we exchange numbers. She took out a pen and paper, then started to write. I couldn't find anything to write on as there was no paper in my pockets. I thought I could write my information on a twenty dollar bill like I had put in the collection plate before, but decided I didn't want to make a buy-sell transaction with this unknown dark woman. She handed me a folded up paper, stained and with a smeared rubber stamp of her name: Anita V. Irving. No phone number. I kept looking for something to write on in my pockets and found two fake noses. One long and one short, thin and rubbery. I got a pen and wrote "F" on the short nose, but could not finish my name or address. She wanted to give me a parting kiss and showed her face. She had a demonic face on par with the Siths in the Star Wars epics, shaved hair in places, like

complètent chaque jour dans ma conscience, dans la réalisation de mon art et dans toutes mes entreprises créatrices.

La façon dont je travaille est aussi une combinaison de processus conscients et intuitifs, subconscients. Je commence avec une idée, un concept, et ensuite je fais des esquisses, en les transférant dans un format plus grand, et je trouve une entrée pour commencer le travail et finalement pour me laisser conduire par mes sentiments jusqu'à la fin.

Mes rêves sont ceux de n'importe quelle autre personne. Quand nous dormons, le subconscient renvoie les informations qui sont absorbées lorsque nous sommes en état de veille. Occasionnellement, j'ai des rêves qui semblent signifier quelque chose – en voici deux que j'ai eu l'un à la suite de l'autre pendant deux nuits consécutives :

Rêves du Bien et du Mal
Le 18 septembre
« L'ange et le démon »

Je flottais désincarné et je pouvais voir partout devant moi et derrière moi comme un œil qui voit tout en flottant. Je pouvais entendre la chanson d'une femme, avec une note et plusieurs notes, une chanson et plusieurs chansons en même temps. Un grand mélange de musiques qui se fondaient en une seule note. Je voyais la femme derrière moi, et pourtant, en même temps, elle était devant moi. Sa peau était d'un ivoire pâle et translucide comme de l'albâtre et pourtant douce, et elle avait un éclat lumineux venant de l'intérieur, comme si elle était une source de lumière. Elle avait des tatouages au-dessous de sa peau et non au-dessus, et ils bougeaient, changeant continuellement tout en racontant des histoires, pendant qu'elle dansait et chantait. C'était comme si elle était un écran de cinéma qui dansait. Et pendant qu'elle chantait et dansait, les histoires passaient d'une scène à l'autre. Un bûcheron dans les montages ramenant du bois à brûler, des bébés pleurant, de la neige recouvrant les toits, les chasseurs d'une tribu à la poursuite d'un lion.

La femme flottait sur une mer d'un bleu roi et il y avait un cercle autour d'elle. C'était LA femme et toutes les femmes en même temps, une femme protéenne qui n'arrêtait pas de changer de forme et de vêtements devant et derrière moi : une danseuse de temple indien, une paysanne africaine, une miss moderne, une

femme au foyer, une courtisane japonaise et des milliers d'autres aspects. Elle rayonnait d'amour, de joie, de sensualité et de pureté. Elle voulait m'embrasser et comme je me rapprochais d'elle, sa chanson devenait de plus en plus intense. Alors que nous nous étreignons, je me réveillai progressivement, mon réveil surgissant des eaux de mon subconscient, et la chanson se dissout dans mes oreilles. Je restai immobile, calmai mon cœur battant et écoutai. J'entendis sa chanson à l'arrière-plan de mon esprit, et je vis son visage dans chaque femme rencontrée tout au long de la journée.

J'étais à l'église à une messe de musiciens. J'avais ma Dobro, une guitare acoustique en métal, elle était légèrement désaccordée. J'étais assis sur l'un des bancs au fond de l'église, et il n'y avait personne derrière moi. D'autres personnes avaient

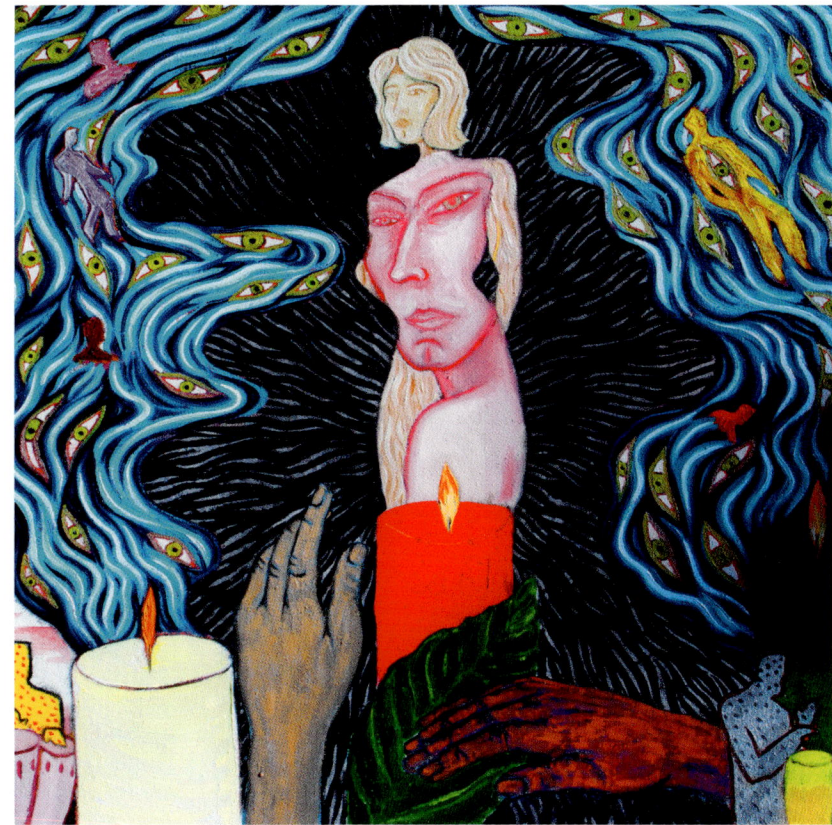

The Ivory Queen, 2001, 60 x 60 cm, huile sur toile

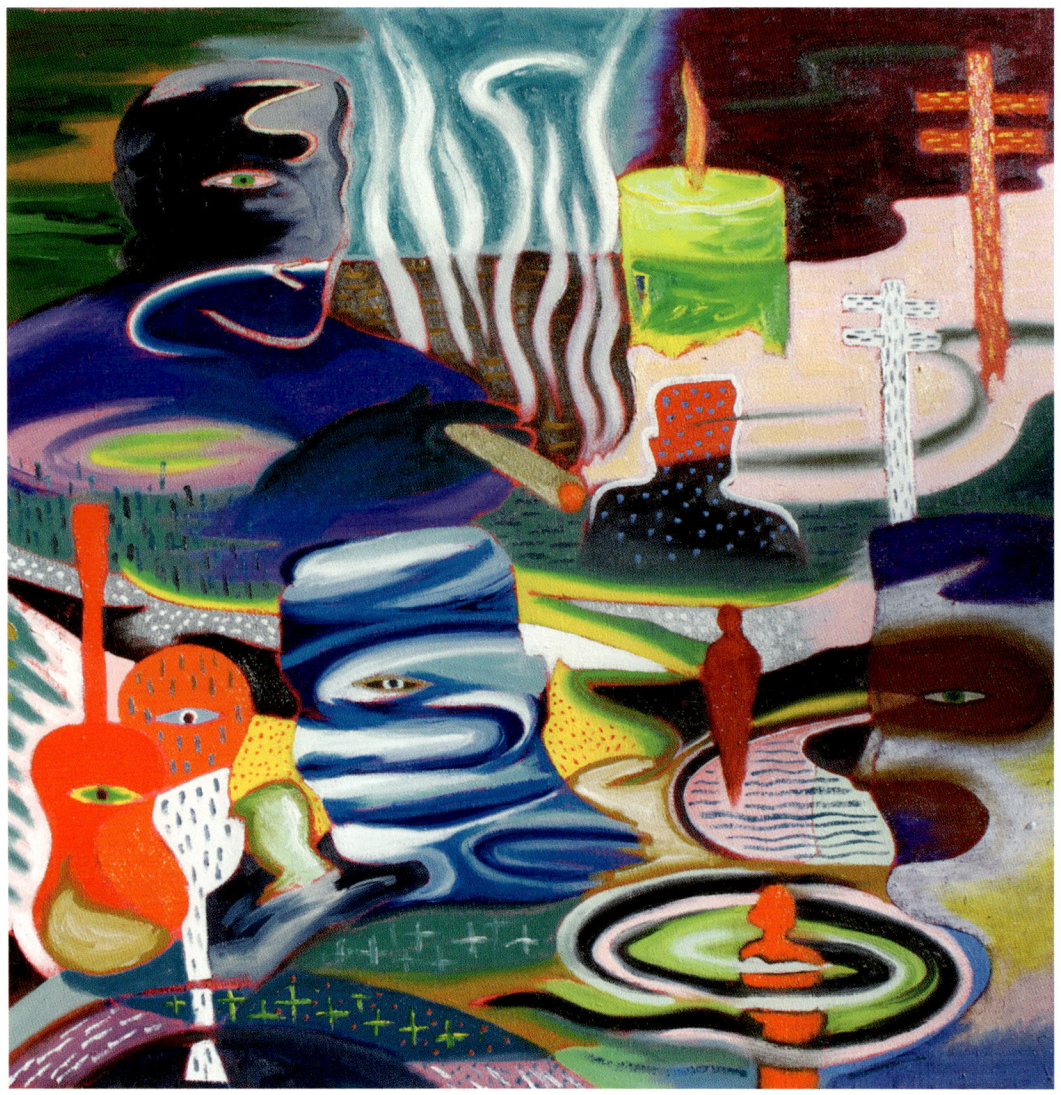

Burgundy Mist, 2010, 26 x 26 in, oil on canvas

Then there are lucid or deliberate dreams. These are harder for me to accomplish, but when one daydreams, one is aware of being in the subconscious dreaming state, waking up inside the dream. At that point the dreamer can choose to direct the dream. This is not always successful, but, with practice, it's possible to steer dreams. When in this creative state, there is really no limit to what can be experienced. There are various methods to determine whether or not one is in the dreaming state and to wake up in the dream, but it takes a lot of vigilance. One technique for awaking in a dream is to analyze anything that has text. In the subconscious state, if one reads a sign or letter, then turns away and reads the sign again, there will be different message. So some lucid dreamers carry a card in their wallets that asks the question "Am I dreaming"? Taking this card out of their pocket and reading it, then rereading it, will help determine if they are in the subconscious state. This technique becomes a habit for lucid dreamers.

Visualization is a most powerful creative technique. You start with a concept, mentally visualize the outcome as real, and make steps to make it happen. It is directed will and if an outcome is repeatedly visualized, then the desire is transmitted to the subconscious and it will do most of the work, making connections and throwing back ideas into the conscious mind.

Daydreaming fantasies, to me, are a kind of a runaway imagination. As an artist I can imagine a lot of things, it's my job to do so. Sometimes, when I'm working and not paying too much attention to where my mind is wandering, I suddenly catch myself in a strange mental place where I've led myself. Fantasies are not real, but could become real if there are repeated visits to an idea, and recurrent moves toward that idea. So, for me, fantasies are the most problematic mental state.

on her forehead. Her mouth was watery and small, lightly mustached, with pink, purple and bluish hues, like the mouth of an old sick great aunt you don't want to kiss. I felt sorry for her, as she was so damn ugly. I felt she really didn't know how to play and her promise was empty. I saw her as diminutive and unimportant, so I decided I would not visit Anita. Then I woke up.

aussi leurs guitares. La prêtresse était vêtue de vert et de blanc, et elle était assise devant l'autel. Nonchalamment, sur ma guitare légèrement désaccordée, je jouais « Walk right in » des Boardwalk Singers. Le son était maintenant de douze cordes. La messe était en train de finir, et la prêtresse voulait savoir qui allait jouer « Hootenanny » pour l'hymne de clôture. J'ai arrêté de jouer car je n'avais pas confiance en mes capacités en face de la congrégation. Alors que les gens s'en allaient, il y avait une femme assise sur le banc en face de moi. Elle était mince, les épaules un peu bronzées, et elle était vêtue d'une robe rouge sans manches, avec un décolleté pas trop profond. La robe lui arrivait juste au-dessus des genoux. Elle avait des bas noirs, des chaussures à talon noires, et elle avait de longs cheveux noirs obscurcissant son visage et tombant sur ses épaules, son dos et ses seins. Sa guitare était un instrument classique espagnol avec des cordes de boyau ou de nylon. D'une manière ou d'une autre, je savais ou j'avais entendu qu'elle était une très bonne guitariste. Elle se préparait à jouer alors que les gens sortaient. Méthodiquement, elle enroula et noua une large corde de perles autour de ses genoux pour garder ses jambes croisées pendant qu'elle jouait. Elle plaça sa guitare sur ses genoux et alors que tout le monde avait quitté la salle mis à part moi, elle décida de ne pas jouer. Elle me dit qu'elle serait ravie de jouer pour moi à une autre occasion, qu'elle me montrerait quelques techniques de guitare, et elle me suggéra d'échanger nos numéros de téléphone. Elle prit un stylo et un papier, et elle commença à écrire. Je ne trouvai rien pour écrire, car je n'avais pas de papier dans mes poches. Je pensais que je pouvais écrire mon numéro de téléphone sur un billet de vingt dollars que je venais de mettre dans le plateau des offrandes, mais après réflexion je ne voulus pas faire une transaction marchande avec cette sombre inconnue. Elle me donna un papier plié, taché et avec l'estampille de son nom : Anita V. Irving. Aucun numéro de téléphone. Je continuais à chercher quelque chose dans mes poches et je trouvai deux faux nez, un long et un autre petit, fin et en caoutchouc. Je pris un stylo et écrivis « F » sur le petit nez, mais je ne pus finir d'écrire mon nom et mon adresse. Elle voulait m'embrasser pour me dire au revoir et me montra son visage. Elle avait un visage démoniaque comparable aux Siths dans la saga de « Star Wars », des poils rasés en certains endroits, sur le front par exemple. Sa bouche était humide et petite, légèrement moustachue, avec des nuances de rose, de mauve et de bleuâtre. Un peu comme la bouche d'une vieille grande tante malade que vous ne voulez pas embrasser. J'avais de la pitié pour

elle parce qu'elle était franchement laide. Je la vis toute petite et sans importance, je décidai donc de ne pas rendre visite à Anita. Ensuite je me suis réveillé.

Ensuite, il y a les rêves lucides ou volontaires. Ceux-là sont pour moi les plus difficiles à accomplir, mais quand on rêve de façon lucide, on a conscience d'être dans un état de rêve subconscient, on se réveille dans le rêve. Ce n'est pas toujours réussi, mais avec de la pratique, il est possible de rêver en direct ; dans cet état de créativité, il n'y a pas vraiment de limite à ce qui peut être expérimenté. Il y a plusieurs méthodes pour déterminer si on est dans un état de rêve ou éveillé dans un rêve, mais cela nécessite beaucoup de vigilance. Une technique pour se réveiller dans un rêve est d'analyser tout ce qui comprend du texte. Dans un état subconscient, si quelqu'un lit un signe ou une lettre, et ensuite s'en détourne et lit de nouveau le signe, il y aura un message différent. Donc certains rêveurs éveillés ont une carte dans leur porte-monnaie avec la question : « Suis-je en train de rêver ? » Prendre la carte de leur porte-monnaie, la lisant et la relisant, les aidera à déterminer s'ils sont en état subconscient. Cette technique devient une habitude pour les rêveurs éveillés.

La visualisation est la technique créative la plus puissante. Vous commencez avec un concept et visualisez mentalement le résultat comme réel et entreprenez les étapes pour que ça le devienne. C'est de la volonté dirigée, et si un résultat est visualisé de façon répétée, alors le désir est transmis au subconscient et il fera le plus gros du travail, en faisant des connexions et en renvoyant des idées à l'esprit conscient.

Les rêveries et les fantasmes sont pour moi comme une sorte d'imagination fuyante. En tant qu'artiste, je peux imaginer beaucoup de choses, c'est ma tâche d'agir de la sorte. Quelquefois, quand je travaille et que je ne fais pas vraiment attention où mon esprit s'égare, je me trouve soudainement dans un état mental où je me suis conduit moi-même. Les fantasmes ne sont pas réels, mais peuvent le devenir s'il y a des mouvements vers cette idée ou si je la revisite. Pour moi le fantasme est l'état mental le plus problématique.

L'imagination active est une autre technique pour stimuler l'esprit en état d'éveil. J'utilise souvent cette technique quand je suis coincé par une œuvre ou que j'ai besoin de franchir l'étape suivante. Par exemple, si j'ai commencé à peindre et que j'ai seulement un dessin, alors je vais « voir » une partie qui semble devoir être peinte en rouge. Ensuite je vais imaginer que si ici c'est rouge, cette partie sera bleue, et si c'est

Active imagination is another technique to stimulate the mind in the waking state into a creative state. I often use this technique when I'm stuck on a work or just need to get to the next step. For instance, if I've started a painting and just have a drawing then I'll "see" an area that seems it should be painted red. Then I'll imagine if that is red, then this area will be blue, and if those are blue and red, then another area should be purple. I also will use this to talk my way through a work if it's difficult. I'll assume two personalities and discuss the work with myself.

All of these techniques provide iconography to me. So I use these techniques off and on when I need them; sometimes I'm not even aware that I'm using them, it just becomes a habit.

IX. BEYOND POLITICS

A.L. What role, if any, do politics play in your art?

F.P. Politics do not play that much of a role in my art, at least not on the surface. I am not overtly political, so I rarely make political work. When I turned eighteen, I didn't identify with either party so I chose to register as an independent. I suppose I saw how polarized politics were then and wanted to stay out of the fray, so I chose the middle. However, I have voted in every national and state election since. I exercise my right to vote, but I do not feel compelled to try and sway public opinion through my art. In the years since then, politics seem to have become even more polarized.

I was raised on political stories. My family was in politics in St. Landry parish during the first part of the 20th Century. They were opponents of the Long machine and suffered under Huey Long's rule. My great uncles were gerrymandered out of office and two of my cousins lost their jobs. I was taught at an early age that there may be consequences for taking political positions. My cousin, Carl Weiss, was accused of assassinating Huey Long. Although there was never an official inquiry into the shooting, accounts suggest Long was accidentally shot by his bodyguards.

It could be argued that art making in itself is a political act. If I lived in an authoritarian state such as Nazi Germany, my work could be classified as degenerate art. Artists are ever vigilant about dampers to the creative spirit and creative freedom.

I have two friends who create political work. They have a built-in audience from their particular political view. Both artists are clever and make thought-driven work. I have imagined making similar work, but the ideas that I come up with seem contrived and one dimensional. I would feel I am pandering to a faction. Generally, my work is driven from the unconscious. I get imagery that comes to me that I have to draw or paint so I can rest. The work I strive to make is transcendent, iconic and usually above political affiliation.

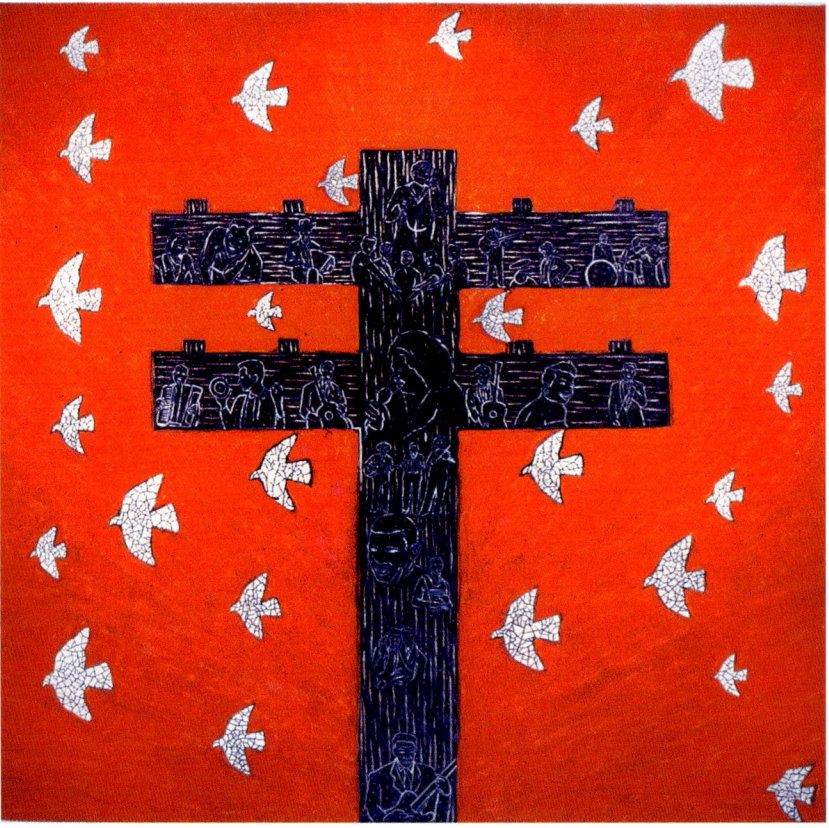

Blue Cross, 1991, 96 x 96 in, oil on canvas

bleu et rouge, il y a alors une autre partie mauve. J'utilise aussi cette technique pour me parler à moi-même, afin de faire progresser une œuvre qui est difficile. J'assume deux personnalités et je discute du travail avec moi-même.

Toutes ces techniques m'offrent une imagerie. Je les utilise donc de temps à autre. Quand j'en ai besoin, quelquefois je ne me rends pas compte que je les utilise, c'est juste devenu une habitude.

IX. AU-DELÀ DE LA POLITIQUE

A.L. *Quel rôle, s'il y en a un, la politique joue-t-elle dans votre art ?*

F.P. *La politique n'a pas un rôle important dans mon art, du moins en apparence. Je ne suis pas vraiment politique et, de ce fait, je produis rarement des œuvres ayant une tendance politique. J'ai choisi de n'appartenir à aucun parti politique quand j'ai eu dix-huit ans. Ainsi, je me définis comme un citoyen indépendant. J'ai probablement compris combien les hommes politiques étaient divisés à cette époque, et j'ai voulu rester en dehors de ce conflit. J'ai donc choisi d'être neutre. Cependant, depuis lors, j'ai toujours participé au vote dans toutes les élections au niveau national ou à celui de l'état. J'ai toujours usé de mon droit de vote. Mais je ne me sens pas forcé d'exprimer des opinions publiques à travers mon art. Depuis ce temps, plus les années passent, plus les hommes politiques semblent plus divisés.*

J'ai grandi entouré d'histoires politiques. Ma famille s'est engagée en politique dans la paroisse de St. Landry pendant la première moitié du XXe siècle. Ils étaient opposés à la l'administration de Huey Long et ont souffert sous son règne. Mes grands oncles ont perdu l'élection à cause du redécoupage injuste du territoire électoral, et deux de mes cousins ont perdu leur travail. J'ai appris dès mon jeune âge que prendre position, au plan politique, peut avoir des conséquences. Mon cousin, Carl Weiss, a été accusé d'avoir assassiné Huey Long. Bien qu'il n'y ait jamais eu une enquête officielle sur ce meurtre, on a laissé entendre que Long a été abattu par ses gardes du corps.

On pourrait soutenir que la réalisation d'une œuvre d'art est en elle-même un acte politique. Si je vivais dans un état autoritaire comme l'Allemagne nazie, mon travail aurait pu être classifié comme un art dégénéré. Les artistes sont assez vigilants quant aux entraves à l'esprit créatif et à la liberté créative.

J'ai deux amis qui font des œuvres à caractère politique. Ils ont réussi à se constituer une audience à partir de leur vision politique particulière. Ces artistes sont intelligents et font des travaux traduisant une pensée. J'ai imaginé faire des travaux similaires. Mais les idées qui m'en viennent semblent irréalistes et partiales. Je sens que je veux plaire à une faction. Généralement, mon travail est inspiré de l'inconscient. J'ai des images qui me viennent et je dois les dessiner ou les peindre avant de pouvoir me reposer. Le travail que je m'évertue à réaliser est transcendant, iconique et généralement au-delà de toute affiliation politique.

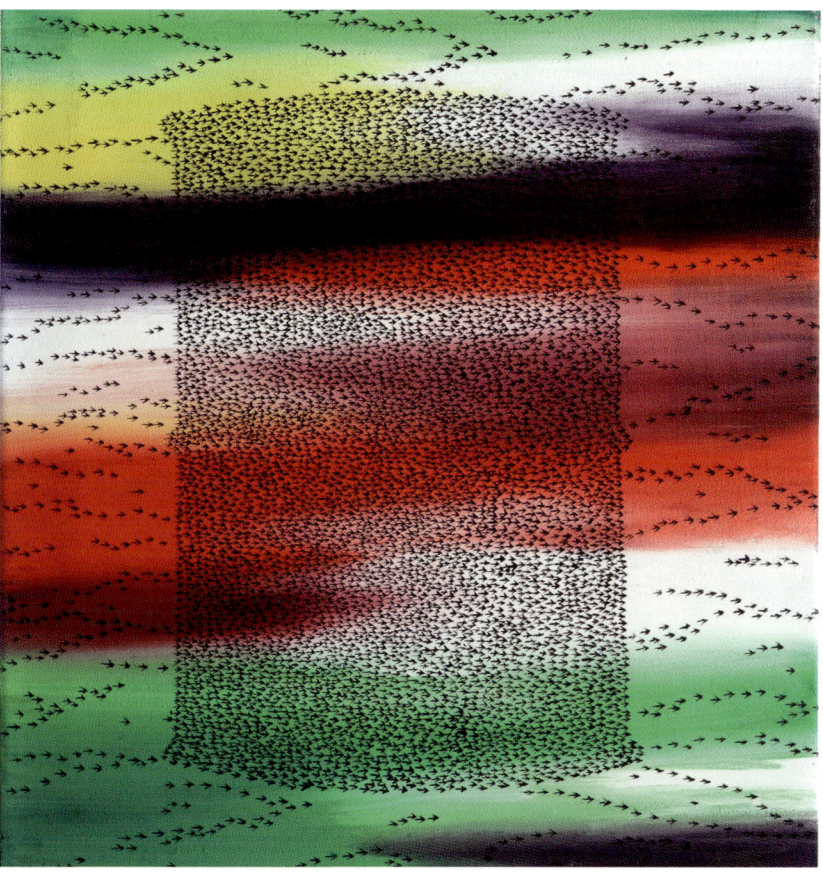

Oil, 2005, 50 x 40 cm, huile sur toile

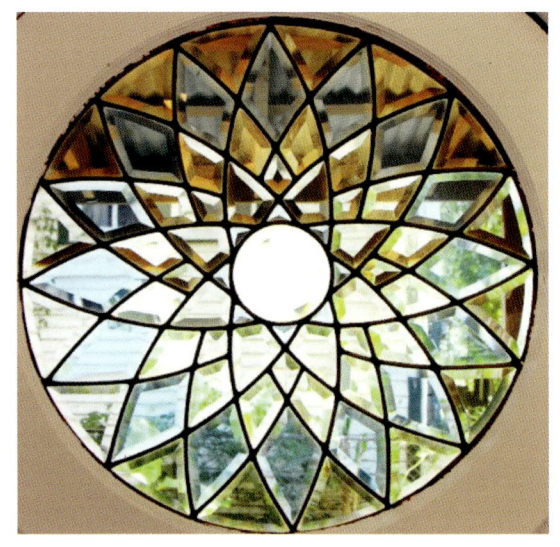

Sunflower window
1981, 24 x 24 in,
beveled and leaded
glass door window.

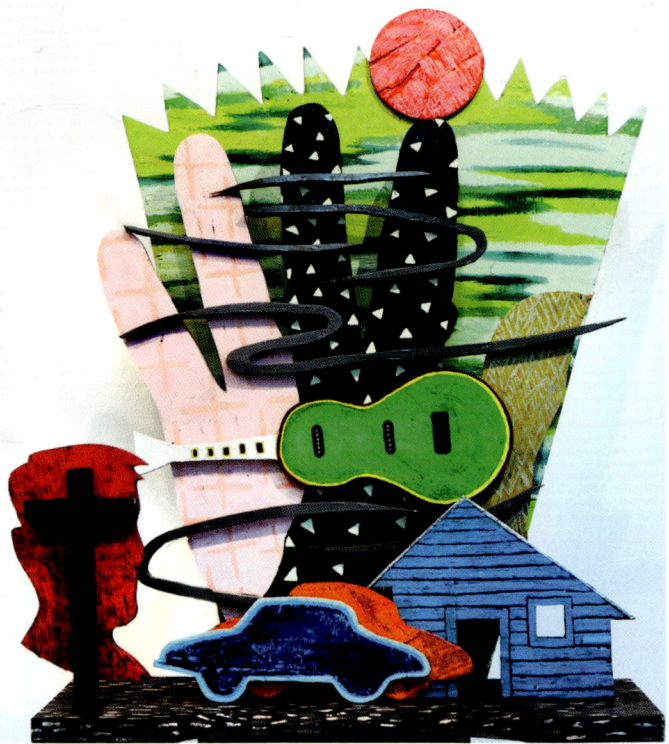

Midwinter Mojo, 2000, 43 x 40 x 8 in, polychromed wood

X. THE DEPTH OF FLATNESS

A.L. There is rarely depth in your paintings: Depth is mostly created by the accumulation of strata. What are the reasons for this aesthetic choice?

F.P. My progression to painting was preceded by working with ceramic sculpture and then leaded glass. In the process of making three-dimensional sculpture, depth or form is naturally created. So, when I was working with ceramics, I was not very concerned with depth, because it naturally evolved as I created my forms. I rarely drew to work out ideas, as it was much easier for me to work out the concepts in my head.

In order to design and fabricate with leaded glass, you need to draw a cartoon, which is a flat two-dimensional line drawing. The lead lines need to meet and make sense because they delineate shapes of glass to be cut. There is rarely any perspective in these cartoons. I made so many of them for leaded glass that my natural way of drawing became linear two-dimensional sketches with no perspective. With the addition of glass, flat areas of color are added.

When I first started to paint after sculpting and glass-making, I was creating intricate photo realistic drawings and paintings. At the same time, I was making leaded glass. I was copying photographs, so I used perspective to get the forms to advance and recede on paper or canvas. The simpler "cartoon" method won out over the photo realistic method when I made the transition to the work I do now. This was a way to pare down the visual data, so that the iconography is very simple and powerful. The glass I was using was usually monochromatic, so I started to paint flat areas of color with very little depth.

While there may not be much perspective drawing in these earlier works, there is some depth of field. The work I am doing now has abundant layering or stratification, so it depends on the viewer's perception of depth.

Form or depth are my most neglected design elements. These have taken a back seat to color, shape, line and texture. I think of myself as more of a colorist. There is a lot to be expressed through line, shape, color and texture, so I have not missed working with form as much.

X. LA PROFONDEUR DE LA PLANÉITÉ

A.L. *Il y a rarement d'espaces profonds dans vos peintures : la profondeur est généralement créée par l'accumulation des strates. Quelles sont les raisons de ce choix esthétique ?*

F.P. *Ma conversion à la peinture a été précédée par le travail avec la sculpture en céramique et puis avec le verre de plomb. Dans la démarche de création d'une sculpture tridimensionnelle, la profondeur ou la forme sont créées naturellement. Ainsi, quand je travaillais avec des céramiques, je ne me préoccupais pas de la profondeur parce qu'elle évoluait au fur et à mesure que je créais mes formes. J'ai rarement imaginé de travailler sur la base des idées préconçues car il m'apparaît plus facile de travailler sur la base de mes propres idées.*

En vue de concevoir et de travailler avec le verre de plomb, il faut esquisser un schéma qui est le dessin d'une ligne bidimensionnelle plate. Les lignes de base doivent se rencontrer de manière intelligible parce qu'elles délimitent les formes du verre à découper. Il y a rarement une perspective dans ces schémas. J'ai fait tellement de schémas pour le verre de plomb que mon style naturel de dessin est devenu les dessins bidimensionnels linéaires, sans perspective. Avec l'addition des verres, des espaces plans en couleur s'y sont ajoutés.

Quand j'ai commencé à peindre, après la sculpture et la fabrication des verres, je créais des photos complexes à l'aide de dessins et de peintures réalistes. En même temps, je fabriquais des verres de plomb. Je copiais des photographies. Ainsi, j'utilisais la perspective pour faire avancer ou reculer les formes sur le papier ou la toile. La méthode du « dessin animé », plus simple, l'a emporté sur la méthode réaliste de la photo, quand j'ai opéré la transition à la peinture telle que je la pratique actuellement. C'était une manière de réduire les données visuelles de façon à rendre l'imagerie plus simple et puissante. Le verre que j'utilisais était généralement monochrome. Ainsi, j'ai commencé à peindre des espaces plans en couleur et avec très peu de profondeur.

Bien qu'il n'y ait peut-être pas assez de dessins perspectifs dans ces travaux antérieurs, il y a une certaine profondeur de champ. Le travail que je fais maintenant a un nivelage ou une stratification abondante. Sa lecture dépend ainsi de la perception de la profondeur par le spectateur.

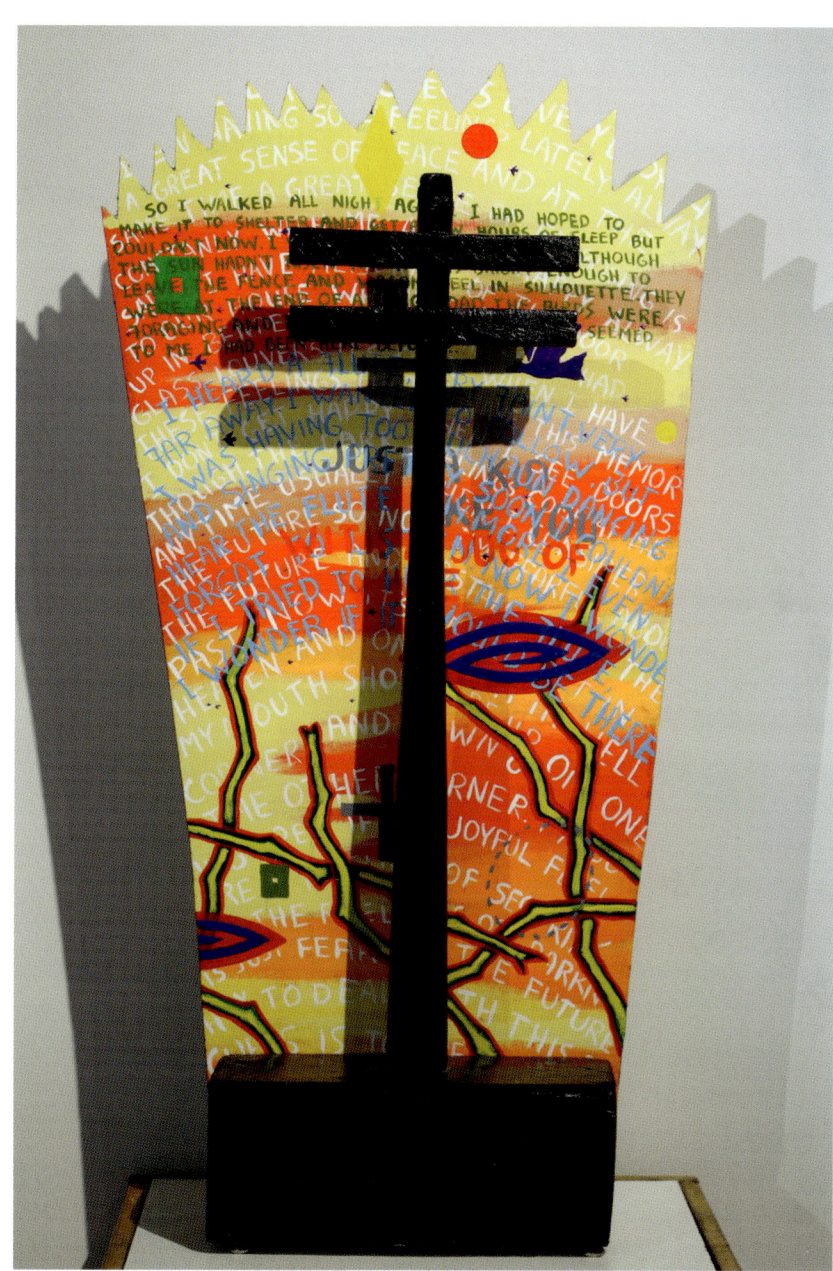

Highway, 2005, 105 x 60 cm, bois polychromé

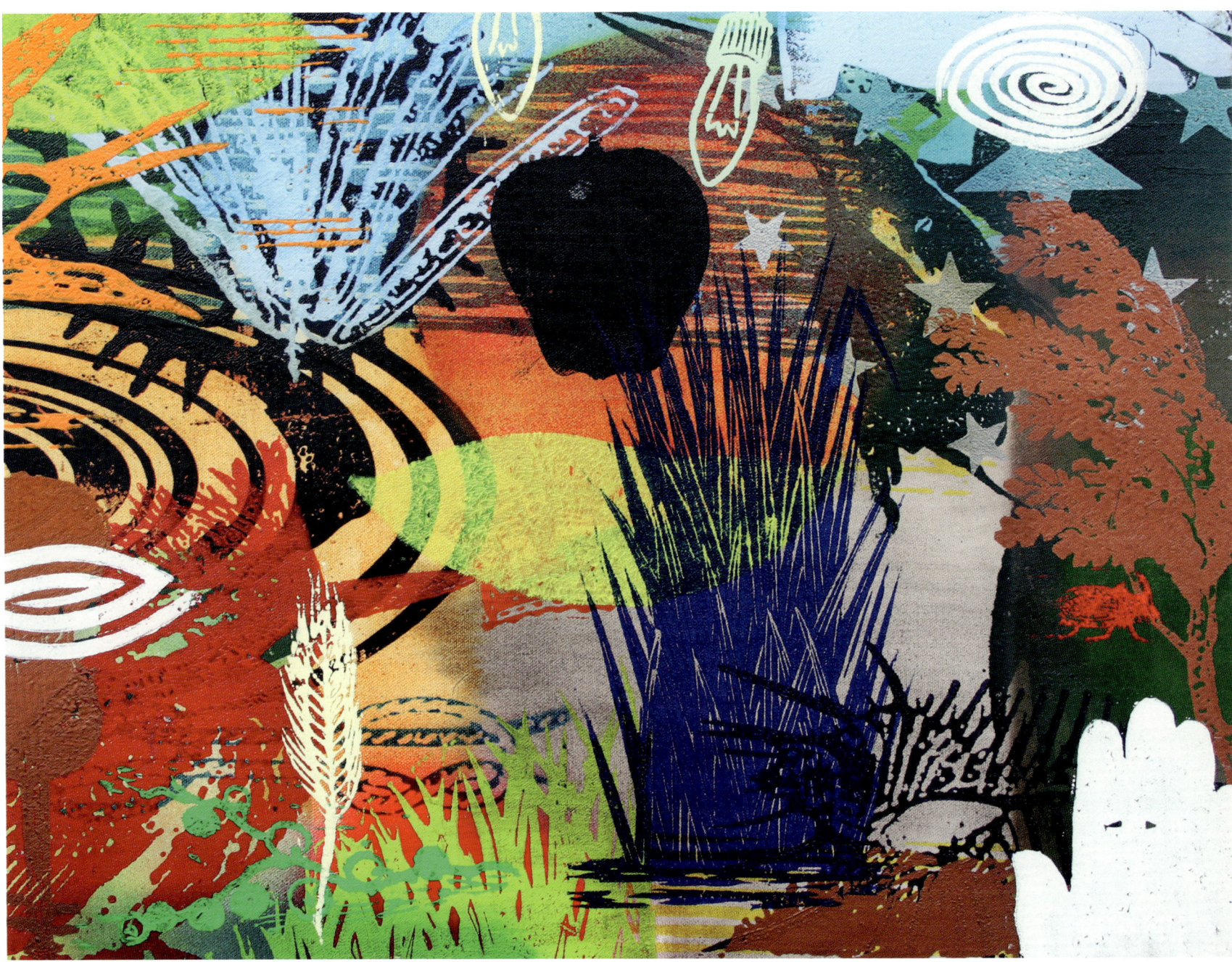

Liberty, 2012, 18 x 22 in, oil on canvas

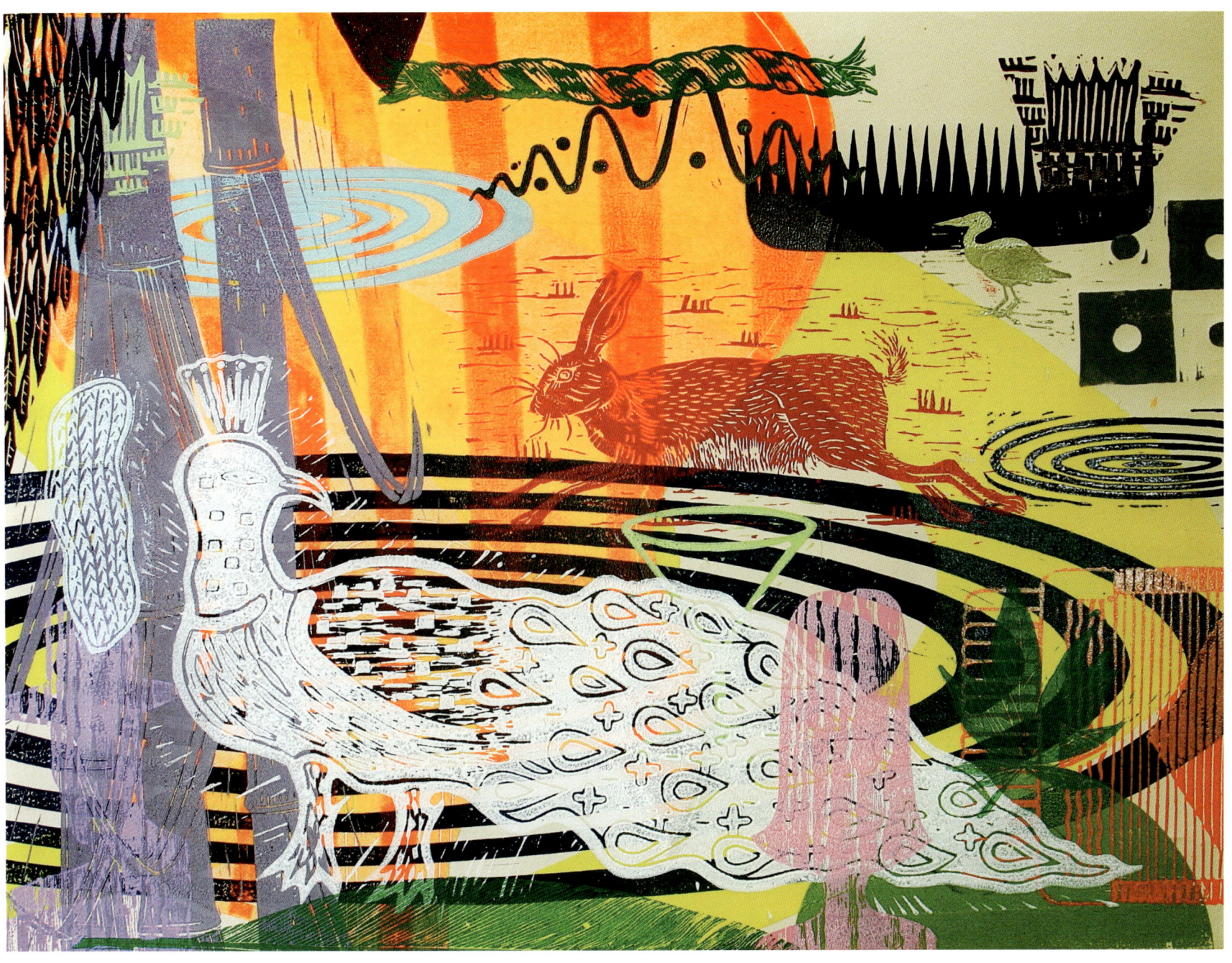

Peacock and Rabbit by the Lake, 2006, 45.5 x 65 cm, media mixte sur papier

XI. PAINTING IS VISION, NOT TECHNIQUE

A.L. You began as a hyperrealist painter. What prompted you to repudiate this style and begin a new creative path?

F.P. My first forays into painting as a professional artist were of a hyperreal nature, and that was because I thought if I could paint in such a manner, I would be a genuine painter. But as things progressed, I realized my natural way of painting was much looser. I didn't need to prove to myself that I was genuine by rendering something in shadow. Ideas took over, not technique.

After I graduated from college in 1976, I decided that I would open my own studio. During the previous summer, I had visited the Chicago Art Institute, where I saw a show of photo realistic work. I was impressed by the technical expertise that these artists had achieved, and thought that this would be a good direction for me. I always wanted to be a painter; however, I felt was not prepared enough to paint like the work I had seen in Chicago. I worked offshore to raise money to open my own studio and continue my self-education as an artist. My job was cooking on the work boats. I brought my sketchbook and art books offshore to work and study during the little spare time I had. I received some ridicule, but for the most part the other workers were pretty amazed that I could render a face, hands or a body. I drew many portraits of the workers and if they were not around, I would draw from magazines or books.

After nine months of working offshore, I was hired by a glass shop. My duties were all manner of glass work. There was a learning curve and a fascination of working with a different medium. Although this was a distraction from my drawing and painting goals, I continued to draw photo realistic figures and portraits.

I opened my studio in 1981 at its current location. I was still making leaded and beveled glass to pay the bills. At that point, I was confident enough about my drawing foundation, and I felt it was time I started to paint. I bought a few books on the technique of painting, and a large quantity of oil paint at a "fire" sale. I bought all the paint they had and I started collecting more paint. After I painted a few works, word circulated that I could do portraits.

In 1983 I was approached by a couple who wanted a portrait of each of their two daughters, who were Mardi Gras Royalty. I welcomed the challenge and took the commission. I got much satisfaction from making these works. However, at the same time I was dissatisfied. In the end I felt like this kind of work was too technically restrictive and was not my natural method of working.

At that time photo realism became for me too much of a literal interpretation of life. What I was seeing in my mind's eye was more expressive. I thought I would create unique work if I could arrive at that expression. I started drawing and painting in a looser manner. I tried plein-air painting. I would arrive in a location, drive a board into the ground, hang a canvas on the wood, then work all afternoon on a painting. I tried still lives and I experimented with some abstract work. One day I didn't have anything to do, so I took three canvases out and dumped all my paint tubes on the floor. I ended up painting three works that day. I felt good about the work and this was a direction where I could build a vocabulary and grow into. I soon quit working with glass and began making a living as a painter.

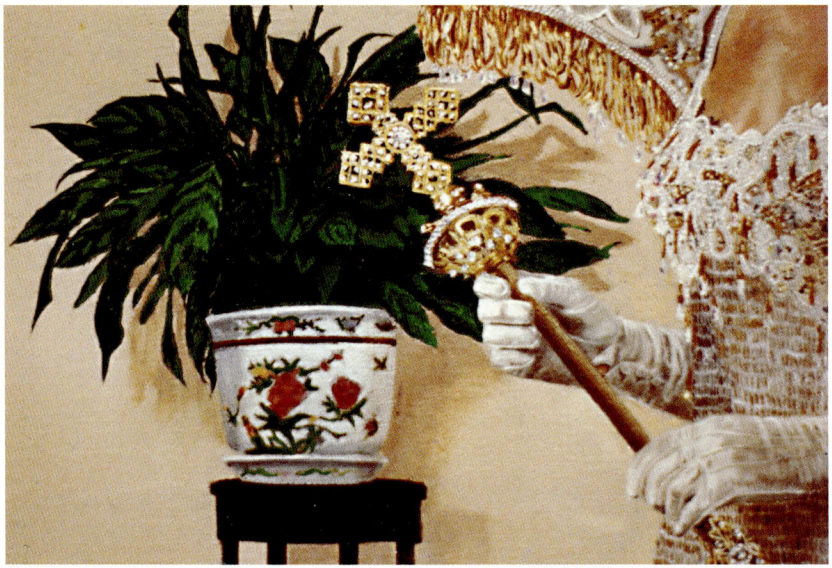

Mardi-Gras Queen (detail), 1983, 30 x 24 in, oil on canvas

La forme ou la profondeur est l'élément le plus négligé dans ma conception. Celles-ci sont reléguées au second plan par rapport à la couleur, à la présentation, à la ligne et à la texture. Je me considère beaucoup plus comme un coloriste. Il y a tellement à exprimer à travers la ligne, la présentation, la couleur et la texture que je n'ai pas le sentiment d'avoir manqué de travailler assez avec la forme.

XI. LA PEINTURE EST UNE QUESTION DE VISION, PAS DE TECHNIQUE

A.L. *Vous avez commencé comme un peintre hyperréaliste. Qu'est-ce qui vous a poussé à abandonner ce style et pour vous engager dans une nouvelle voie créative?*

F.P. *Mes premières incursions dans la peinture en tant qu'artiste professionnel ont été de nature hyperréaliste, parce que je pensais que si je pouvais peindre ainsi, je serais un véritable peintre. Mais à mesure que les choses progressaient, je me suis rendu compte que ma façon naturelle de peindre était beaucoup plus libre. Je n'avais pas besoin de me prouver que j'étais authentique en rendant quelque chose de fantomatique. Les idées ont pris le dessus, pas la technique.*

Après avoir terminé mes études en 1976, j'ai décidé d'ouvrir mon propre studio. Au cours de l'été précédent, j'avais visité l'Institut d'art de Chicago, où j'avais vu une exposition d'œuvres photo-réalistes. J'avais été impressionné par l'expertise technique acquise par ces artistes et j'ai pensé que ce serait une bonne direction pour moi. J'ai toujours voulu être peintre, mais je me sentais pas assez préparé pour peindre comme les œuvres que j'avais vues à Chicago. J'ai travaillé sur des plateformes pétrolières du Golfe du Mexique, amassant les fonds pour ouvrir mon propre studio et continuer mon éducation autodidactique comme artiste. Mon travail était faire la cuisine sur les bateaux. J'avais apporté mon carnet de croquis et mes livres d'art sur le bateau pour travailler et étudier pendant le peu de temps libre que j'avais. Parfois on se moquait, mais pour la plupart, les autres travailleurs étaient très étonnés que je puisse rendre un visage, des mains ou un corps. J'ai dessiné de nombreux portraits des ouvriers et, s'ils n'étaient pas là, je dessinais à partir de magazines ou de livres.

Après neuf mois de travail au large, j'ai été embauché par une fonderie de verre. Mes tâches consistaient en toutes sortes de travaux avec le verre. Il y avait une courbe d'apprentissage, et j'étais fasciné de travailler sur un support différent. Bien que cela m'ait distrait de mes objectifs de dessin et de peinture, j'ai continué à dessiner des figures et des portraits réalistes.

J'ai ouvert mon studio en 1981 à son emplacement présent. Je faisais encore du verre plombé et biseauté pour payer les factures. À ce moment-là, j'ai eu assez confiance dans mon habileté à dessiner pour pressentir qu'il était temps de commencer à peindre. J'ai acheté quelques livres sur la technique de la peinture, et une grande quantité de peinture à l'huile lors d'une vente au rabais. J'ai acheté toute la peinture qu'ils avaient et j'ai commencé à amasser plus de peinture. Après avoir peint quelques tableaux, la rumeur s'est répandue que je pouvais faire des portraits.

En 1983, j'ai été approché par un couple qui voulait un portrait de chacune de ses deux filles, qui étaient des Reines du Mardi Gras. J'ai accepté le défi et j'ai pris la commission. J'eus beaucoup de plaisir à faire ces travaux, mais je restais insatisfait. En fin de compte, je sentais que ce genre de travail était trop restrictif sur le plan technique et n'était pas mon mode de fonctionnement naturel.

À cette époque, le photoréalisme est devenu pour moi une interprétation littérale de la vie. Ce que je voyais avec les yeux de mon esprit était plus expressif. Je pensais que je créerais un travail unique si je pouvais arriver à cette expression. J'ai commencé à dessiner et à peindre de manière plus libre. J'ai essayé la peinture en plein air. J'arrivais dans un endroit, enfonçais une planche dans le sol et accrochais une toile sur le bois, puis je travaillais tout l'après-midi à une peinture. J'ai essayé la nature morte et j'ai fait des expériences de peinture abstraite. Un jour, je n'avais rien à faire, alors j'ai pris trois toiles et jeté tous mes tubes de peinture sur le sol. J'ai fini par peindre trois œuvres ce jour-là. Je me sentais bien au sujet du travail et c'était une direction sur laquelle je pouvais construire un vocabulaire et progresser. J'ai bientôt cessé de travailler avec du verre et j'ai commencé à gagner ma vie comme peintre.

PAVICONS

From the very beginning of Francis Pavy's artistic activity, thematic elements reoccur obsessively. When he begins to work on paper with lino blocs around 2005, it allows him to make these iconographic *stoicheia* independent and discrete from each other. A world of infinite combinations and arrangements, based on a finite number of components, is now open to his creative ways.

What follows is a lexicon of what these primeval elements mean for the painter.

A caveat, though: the meaning of a *stoicheion* is not absolute, independent of the context created by others icons present in a specific work. Deciphering Pavy's painting amounts to putting all the elements in relation.

FRANCIS PAVY When I first started painting I purposefully used a limited palette because I wanted to pare down my color range to a few colors to paint and expand my color usage from there. These first few works used black, white, red, pink and gray. After I had finished the first three, I had to absorb what I had done. Soon imagery began to trickle from my unconscious to form a iconographic vocabulary, patterns and color-fields that I have drawn upon again and again. These images came mostly from early experiences. Before I had language I had imagery, I never quit thinking in images. The meaning of the icons is tangential, hazy and multifaceted, because the icons et motifs I use arose from my manifold experiences. There might be a clarifying moment standing out that made an impression on me, but underlying various situations made that event crystallize. I'm apprehensive to nail down specific meanings so as to avoid formulaic equations about my work. I don't think it works like that. A+B doesn't always equal C.

I wanted to explain the origins that gave the icons life. My friends gave these icons a name -pavicons or zydicons.

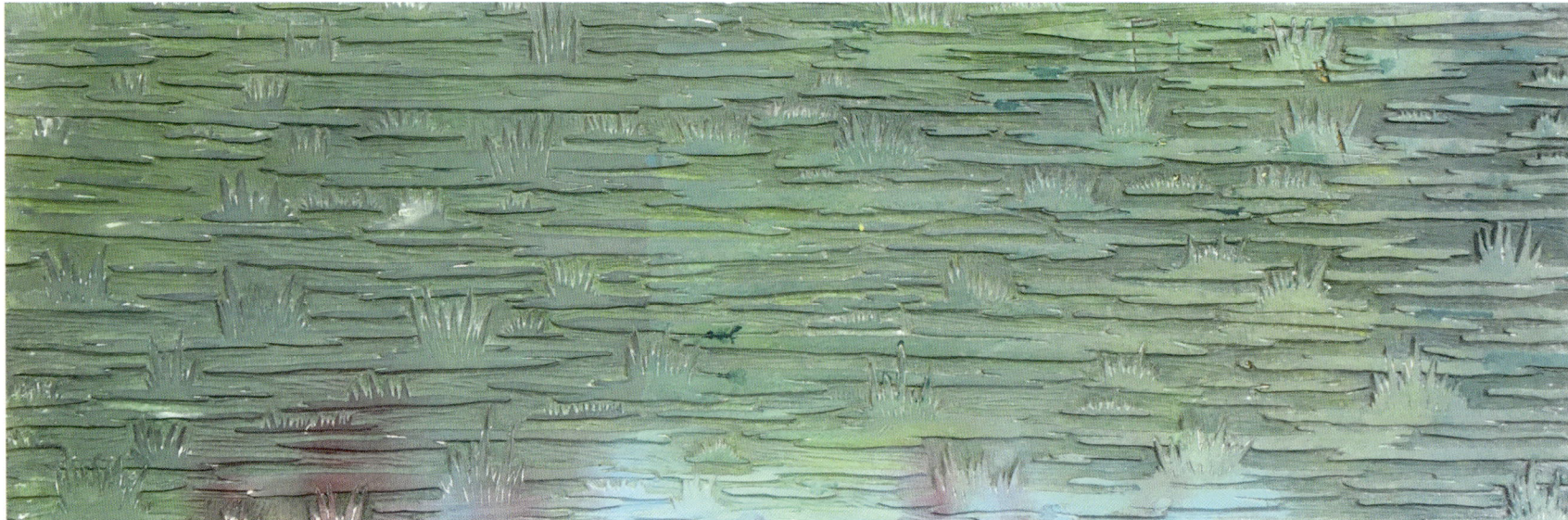

Marsh Grass lino block

PAVICÔNES

Dès le début de l'activité artistique de Francis Pavy, certains éléments thématiques se répètent obsessionnellemwnt. Vers 2005, quand il commence à travailler sur du papier avec des blocs lino, cela lui permet de rendre ces stoicheia iconographiques indépendants et séparés les uns des autres. Un monde de combinaisons infinies et d'arrangements est maintenant ouvert à sa créativité, à partir d'un nombre fini de composantes.

Ce qui suit est un lexique de que ces éléments primordiaux veulent dire pour le peintre.

Une mise en garde, cependant : le sens d'un stoicheion n'est ni absolu, ni indépendant du contexte créé par ceux qui l'entourent dans une œuvre spécifique. Déchiffrer l'œuvre de Pavy, c'est mettre tous les éléments en relation.

FRANCIS PAVY Quand j'ai commencé à peindre, j'ai utilisé délibérément une palette limitée parce que je voulais limiter ma gamme de couleurs à quelques tons, pour obtenir un tableau de départ et élargir ensuite mon utilisation de la couleur à partir de là. Ces premières œuvres utilisaient le noir, le blanc, le rouge, le rose et le gris. Après avoir terminé les trois premières toiles, j'ai dû assimiler ce que j'avais fait. Bientôt une imagerie a commencé à surgir peu à peu de mon inconscient, construisant un vocabulaire iconographique, des motifs et des champs des couleurs auxquels j'ai fait appel de façon répétée. Ces images provenaient principalement de mes premières expériences. Avant d'avoir la parole, j'avais des images, j'ai toujours pensé en images. La signification des icônes est oblique, brumeuse et a nombreuses facettes, parce que les icônes et les motifs que j'utilise sont nés de mes multiples expériences. Il y a peut-être un moment exceptionnel qui clarifie ce qui me fait impression, mais diverses situations sous-jacentes ont cristallisé ce moment. Je ne veux pas indiquer des significations trop spécifiques, afin d'éviter des équivalents stéréotypés dans mon travail. Je ne pense pas que cela fonctionne comme ça. A + B n'égale pas toujours C.

J'aimerais expliquer les origines qui ont donné la vie aux icônes. Mes amis ont leur ont donné un nom – les pavicons ou zydicons.

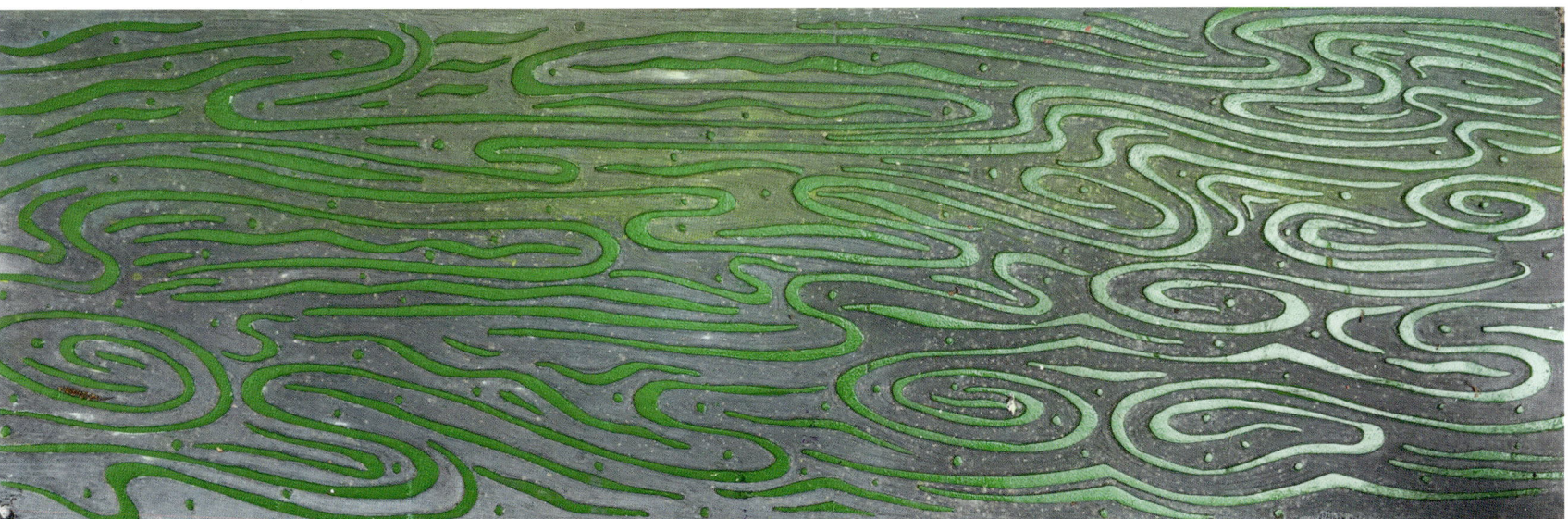

Swirling Water bloc lino

ACCORDIONS

I first remember accordions from Lawrence Welk who had a variety show on Saturday afternoons, and from cajun dance shows on television earlier in the day. The music wasn't rock and roll, so we weren't generally interested. The accordion seemed antiquated and out of date. It was only after seeing Clifton Chenier and paying attention to him that I realized how unique and different the accordion was. Younger people my age had started playing Cajun music, so I was captivated by the diatonic "cajun Accordion". The diatonic has different notes when you push and pull, so it's an acquired skill to play one. Hohner Accordions were available pretty cheaply so I bought one, and I remember practicing it in the bowels of a tanker ship while or when I was working offshore on boats. We were coming back inshore and the waves hitting the bow of the boat kept a rhythmic

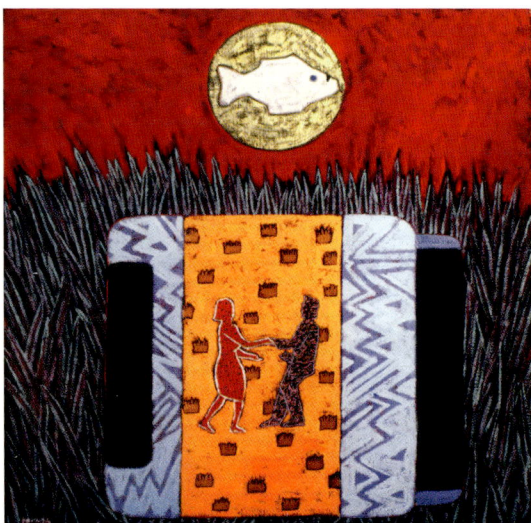

Accordion Dancers, 1992, 30 x 30 in, oil on canvas

banging, as I tried to keep time. Accordions were made in Louisiana, so I sought out local makers, and eventually, I built my own accordion. I even made my own bellows. I like the accordion image because it reminds me of the unconventionality of our culture.

In my work, I use universal symbols such as the sun and moon, clouds, water, rain, hands. These symbols become unique when each artist appropriates them and uses them in their work.

AUTOMOBILES

Cars have always been a part of my life, as long as I can remember. I imagine there is no one alive today that can remember the days before the age of automobiles.

They are magic beasts of burden that enable the average person to travel, shrink time, expand his horizons and get to places really quickly. By the time I was 10, I knew all the makes and models of cars going back 10 or 15 years. In these years, the cars were rolling sculptures. They had chrome, stainless steel, curved glass, two tone paint, colored vinyl interiors. I waited each year around September to see the new models. I was more interested in styling and colors than performance. I would buy copies of *Rod and Custom Magazine* and *Hot Rod* to see how people would modify and customize their cars. When I was about 12, my parents would drive me to the drag races in Opelousas on Saturdays, if I had done all my homework. This was as close as I could get to

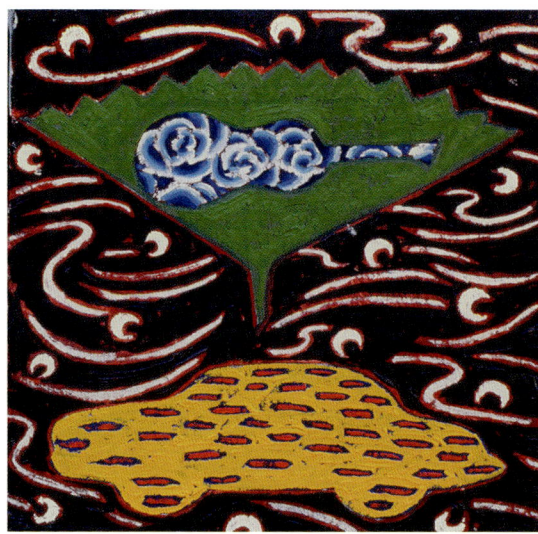

Palmetto Car, 1992, 12 x 12in, oil on canvas

seeing modified cars with wild paint jobs. When I was 14, I bought my first car, a mid-50's station wagon. I sold that and bought a 1936 Ford coupe, both before I was 15. I didn't have the resources or skills to fix them up, so I got frustrated and sold all my cars by the time I was 17. I still think about color combinations that some of the cars had, and those pairings of color are useful when I'm painting. I like vintage cars because they are marvels of design. I still like to draw cars, and they come out in my iconography.

BIRDS

This morning I saw a warbler on my porch, an orange breasted chat. It reminded me of when I was in high school. I had a friend who was very interested in ornithology. We would get our binoculars, go camping and bird watching. I was lucky to have

ACCORDÉONS

Je me souviens d'abord des accordéons de Lawrence Welk qui avait un spectacle de variétés le samedi après-midi, et de la danse cajun diffusée à la télévision plus tôt dans la journée. La musique n'était pas du rock and roll donc, en général, cela ne nous intéressait pas. L'accordéon semblait antique et démodé. Ce fut seulement après avoir vu Clifton Chenier et lui avoir prêté attention que j'ai réalisé à quel point l'accordéon était unique et différent. Les jeunes de mon âge avaient commencé à jouer de la musique cajun et j'ai été captivé par l'« accordéon cajun » diatonique. L'accordéon diatonique émet des notes différentes quand vous poussez ou quand vous tirez, donc une compétence acquise est nécessaire pour en jouer. Les accordéons Hoehner étaient disponibles à peu de frais, j'en ai acheté un et je me rappelle m'être

exercé à le jouer dans les entrailles d'un pétrolier ou quand je travaillais en mer sur des embarcations. Nous revenions à la côte et les vagues qui balayaient la proue du bateau la battaient en rythme alors que, j'essayais de garder le tempo. J'ai vu que les accordéons étaient fabriqués en Louisiane, donc j'ai cherché les fabricants locaux et, plus tard, j'ai construit mon propre accordéon. J'ai même fait mes propres soufflets. J'aime l'image de l'accordéon parce qu'elle me rappelle l'anticonformisme de notre culture.

Dans mon travail, j'utilise des symboles universels comme le soleil et la lune, les nuages, l'eau, la pluie, les mains. Ces symboles deviennent uniques lorsque l'artiste se les approprie et les met à l'œuvre dans son travail.

AUTOMOBILES

Les autos ont toujours été une partie de ma vie aussi loin que je m'en rappelle. Je suppose que personne aujourd'hui ne peut se rappeler des jours d'avant l'ère de l'automobile.

Ce sont des bêtes de somme magiques qui permettent à tout un chacun de voyager, de raccourcir le temps, d'élargir son horizon et de se déplacer très rapidement. Dès l'âge de 10 ans, je connaissais toutes les marques et les modèles de voitures, remontant à 10 ou 15 ans en arrière. En ce temps-là, les voitures étaient des sculptures roulantes. Elles avaient du chrome, de l'acier inoxydable, des vitres incurvées, des peintures à deux tons, des intérieurs en vinyle teint. J'attendais chaque année, vers septembre, pour voir les nouveaux modèles qui sortaient. J'étais plus intéressé par le style et les couleurs

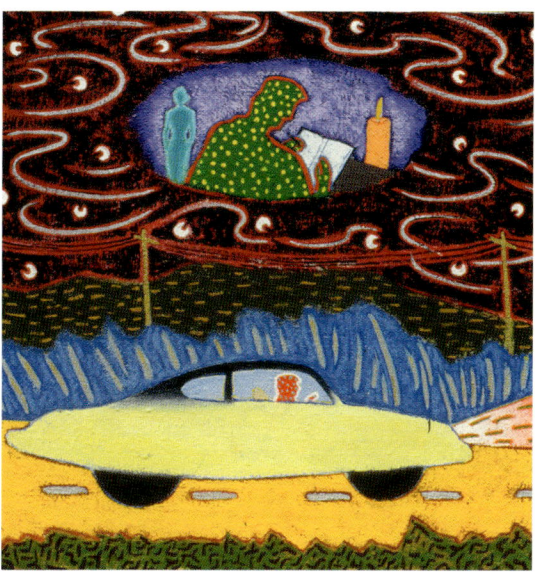

Coming back late at night
2002, 35 x 40 cm, huile sur toile

que par la performance. J'achetais les magazines Rod and Custom Magazine et Hot Rods pour voir comment les gens modifiaient et personnalisaient leurs voitures. Vers l'âge de douze ans, mes parents me conduisaient aux courses de dragsters à Opelousas le samedi si j'avais fait tous mes devoirs. C'est ainsi que je pouvais voir des voitures modifiées avec des peintures fantaisistes. À quatorze ans, j'ai acheté ma première voiture, un break des années cinquante. Je l'ai vendu et j'ai acheté un coupé Ford 1936, avant d'avoir eu quinze ans. Je n'avais ni les ressources ni les compétences pour les réparer, j'étais frustré et j'ai vendu toutes mes voitures quand j'ai eu 17 ans. Je pense toujours aux combinaisons de couleurs de certaines voitures, et ces appareillements de couleur sont utiles quand je peins. J'aime les voitures anciennes parce qu'elles sont des merveilles de design. J'aime encore peindre des voitures, elles peuplent mon imagerie.

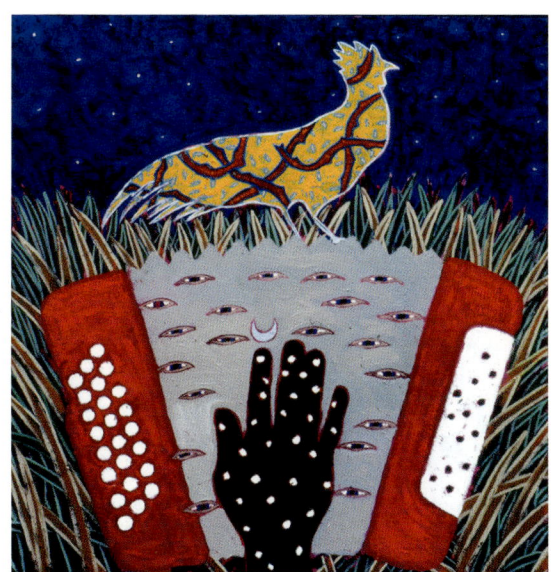

Cock and Accordion with Black Hand
1991, 40 x 40 cm, huile sur toile

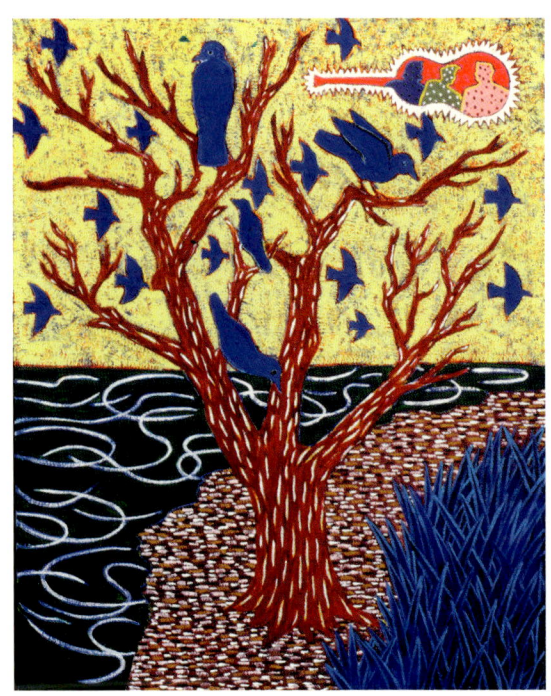

Birds Roosting, 1994, 28 x 22in, oil on canvas

flying flocks gradually bob, shift, and change shapes when they move around in the sky. At one time, I thought that birds were communicating with us, so I started making "flock" paintings that had shapes made of flocking birds. I painted a large series of work with the flying flocks, so much so that I temporarily developed tendonitis in my hands. I later found out that interpreting omens through observing birds was a practice from Roman religion called Augury.

BRIARS, THORN BUSHES

One day, I had to pick up my high school girl friend. We were going, for the first time, to this bar in Canton that some of our friends had been telling us about. Clifton Chenier was playing that night. As usual, she was late when I arrived at her

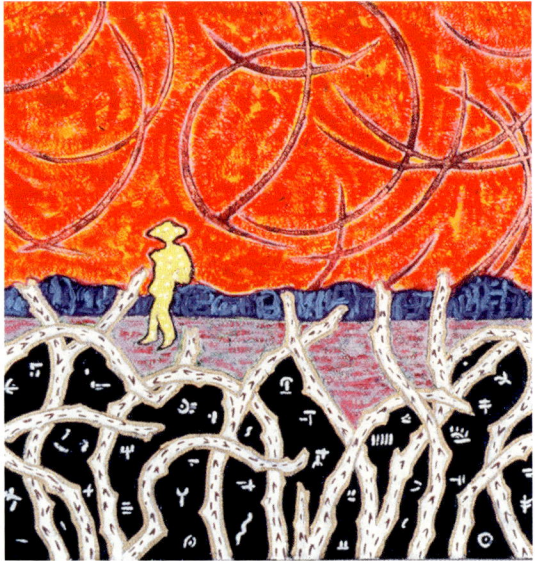

Red Wind, 1991, 16 x 16 in, oil on canvas

been exposed so early to the large variety of bird life in the south and to have seen many rare species which are hard to find anymore. As there are lots of different kinds of birds, the meanings and tone of bird iconography is varied. Birds in general connote freedom. Eagles and hawks are fierce and predatory, so they represent a darker picture than swifts, warblers and sparrows. Owls are mysterious, herons and egrets are odd, geese are graceful. The bald eagle is our national symbol; in painting, they often have a political meaning.

To the west of Lafayette there are vast rice fields where flocks of different birds congregate: red-winged black birds, sparrows, starlings, geese, ducks, cedar waxwings and purple martins. The

home. Her two sisters let me know that she would need at least another 20 minutes. I didn't feel like sitting inside and chatting with the family, so I took a walk outside. They had recently moved to a new house in a new subdivision. Their house was one of the first that was built, so there were still plenty of empty lots left. The subdivision was carved out of leveled cow fields. Maintenance on the lots had been spotty, and the native flora had come back with a vengeance. The sun was setting. I walked with my back to the sun observing my long shadow, to the back of the vacant lot. As I turned around, the setting sun backlit a stand of briar bushes. The briars were covered in velvety red stickers and the orangey-red sunset made the sticker bushes glow like they were on fire. This was kind of a Moses' Burning Bush moment. I felt like I was given something. I looked around, but all I saw was a couple of pieces of concrete and some boards with nails in them. This image had a revelatory power to me. I mulled over it for years, until many years later, I could use it in my work. Its meaning became for me as one of difficulties or of an impassable barrier.

BROOMS

The traditional corn broom is shaped like a hand. When I started painting, I used to make sculptures with brooms. They were easy to find in the trash bins. I liked to burn the ends then use them in flambeau sculpture or boxes with candles inside them. They had a shape similar to an open hand. The broom image took on more meaning after I was married. The old tradition

OISEAUX

Ce matin, j'ai vu une fauvette sur ma véranda, un passereau à la gorge orange. Elle m'a rappelé de l'époque où j'étais au lycée. J'avais un ami qui était très intéressé par l'ornithologie. Nous prenions nos jumelles, et allions camper pour observer les oiseaux. J'ai eu la chance d'avoir été exposé très tôt à la grande variété des oiseaux au Sud et d'avoir vu de nombreuses espèces rares qui sont aujourd'hui difficiles à trouver. Comme il y a beaucoup de différentes familles d'oiseaux, leurs significations et le ton de leur iconographie sont variés. Les oiseaux connotent en général la liberté. Les aigles et les faucons sont des oiseaux ardents et prédateurs qui présentent un tableau plus sombre que les martinets, les fauvettes et les moineaux. Les hiboux sont mystérieux, les hérons et les aigrettes sont bizarres, les oies sont gracieuses, les aigles à tête blanche sont notre symbole national ; dans la peinture, ils ont donc souvent une signification politique.

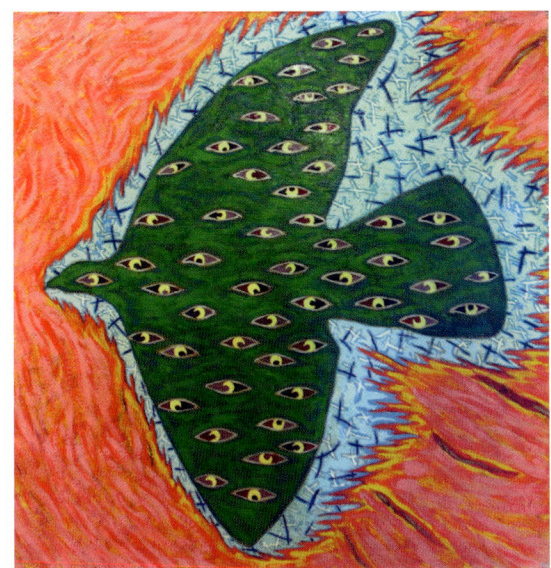

Lune Eyed Eagle, 1989, 75 x 75 cm, huile sur toile

A l'ouest de Lafayette, il y a de vastes champs de riz où des volées d'oiseaux différents se rassemblent : les carouges à épaulette, les moineaux, les étourneaux, les oies, les canards, les jaseurs d'Amérique et les hirondelles noires. Les volées de ces oiseaux tanguent et changent progressivement de forme en se déplaçant dans l'air. À un moment donné, je pensais que les oiseaux communiquaient avec nous, j'ai donc commencé à faire des tableaux de « volées » qui formaient des oiseaux en vol. J'ai peint une grande suite de tableaux avec les volées, si bien que j'ai attrapé une tendinite temporaire aux mains. J'ai appris plus tard que la divination par l'observation des oiseaux était une pratique de la religion romaine appelée l'augure.

BRUYÈRES, BUISSONS ÉPINEUX

Un jour, je suis allé chercher ma petite amie du lycée. Nous allions nous rendre, pour la première fois, à ce bar à Canton dont certains de nos amis nous avaient parlé. Clifton Chenier jouait ce soir-là. Elle était en retard, comme d'habitude, quand je suis arrivé chez elle. Ses deux sœurs me firent savoir qu'elle serait au moins 20 minutes en retard. Je n'avais pas envie d'entrer et de bavarder avec la famille, donc je fis une promenade. Ils avaient récemment déménagé dans une nouvelle maison sur un nouveau lotissement. Leur maison était l'une des premières qui avaient été construites, il y avait encore beaucoup de terrains vides. La subdivision avait été bâtie sur des champs de fourrage nivelés. L'entretien du terrain avait été négligé, et la flore originaire était revenue en force. Le soleil se couchait. Je marchais, dos au soleil, en

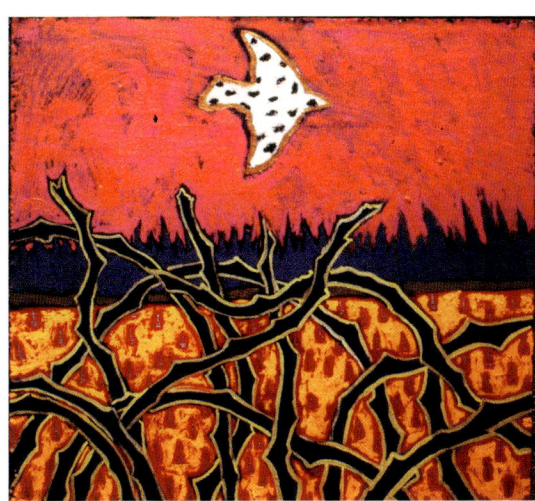

Flying Free, 1989, 30 x 30 cm, huile sur toile

observant mon ombre, au bout terrain vacant. Je me tournai vers le soleil couchant, qui éclairait des buissons de ronces de l'arrière. Les bruyères étaient couvertes d'épines d'un rouge velouté, et le coucher de soleil rouge orangé faisant briller les épines comme si elles avaient été en feu. C'était comme le buisson ardent de Moïse. Je sentais que quelque chose m'avait été accordé. Je regardais alentour, mais tout ce que je voyais était quelques morceaux de béton et des planches avec des clous. Cette image eut un pouvoir révélateur pour moi. J'ai réfléchi à cette image des années durant, et aujourd'hui je suis en mesure de l'utiliser dans mon travail. Son sens est devenu pour moi celui d'une difficulté ou d'une barrière infranchissable.

BALAIS

Le traditionnel balai en tige de maïs est en forme de main. Quand j'ai commencé à peindre, je faisais des sculptures avec des balais. Ils étaient faciles à trouver

of jumping over a broom to get married is an important myth in southern folklore.

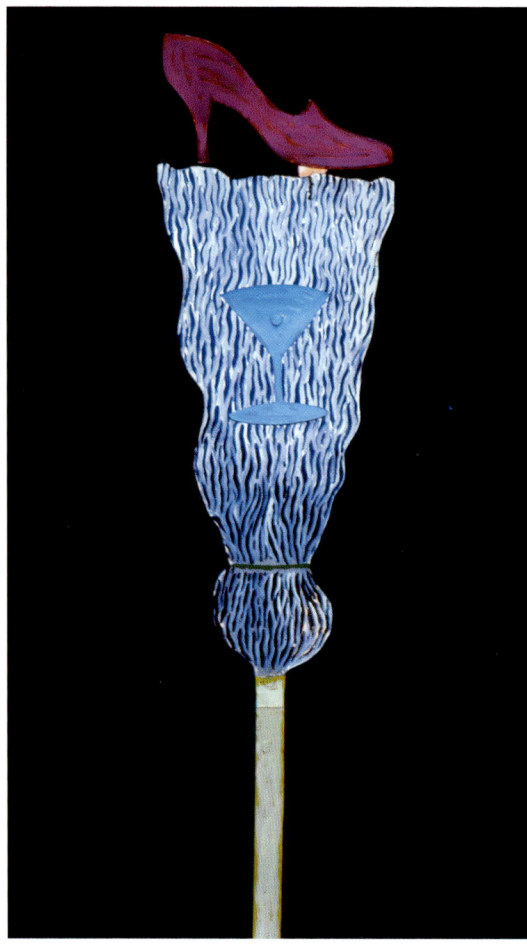

Broom with Martini and Shoe
1989, 26 x 11 in, polychrome metal

BURNING HOUSE

This image haunts me from time to time. When I first started seeing it in my mind, I worried that my house was going to burn down. About this time I was preparing to move to my studio from a house I had been living in for 12 years. After I moved I rationalized that I was burning my emotional connection to the previous house; for me, now, the image symbolizes change.

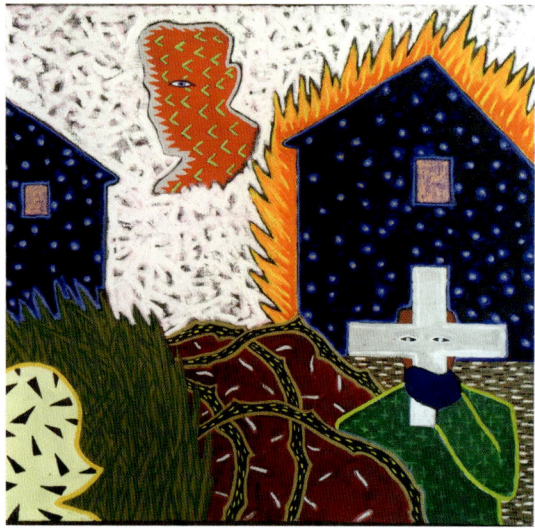

Burning House with Memories
2000, 20 x 20 in, oil on canvas

CANE GRASS

Sugar cane has always been raised here in South Louisiana as far back as I can remember. One day, my uncle stopped on the way to take me fishing and he cut some sugar cane that we could chew on while we were fishing. The cane fields are large and make a sea of green blades that stick up and sway when the wind blows. I think of cane fields as a timeless exotic, magic, Caribbean place where one could get lost in the greenery.

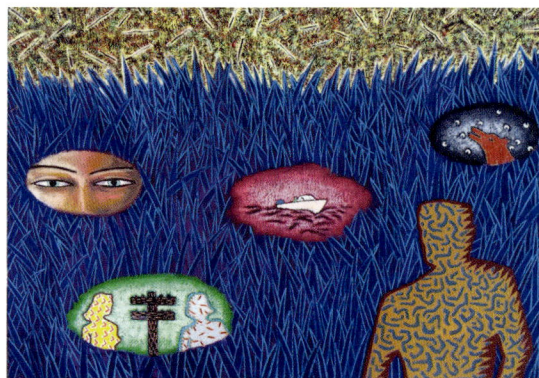

Cane Grass, A Man with Memories
1992, 18 x 26 in, oil on canvas

CLOUDS, THUNDERHEADS

I used to cloud watch, in the afternoons and on the weekends in our back yard, and see the clouds take and morph into different shapes. The sun set in the west. I would see grand vistas westward toward the neighbors' house. I learned the different types of clouds and their seasons from an encyclopedia. In autumn and winter, the northern winds usually bring high cirrus clouds. I thought of these as ribs, I'm not sure why. They are dead people, God, pirates, Japanese singers. Strangely, when the sun is setting and the cirrus clouds are pink and gray against the blue sky, I hear *Sukyaki* by Kyu Sakamoto. During the summer with the south-easterly winds the thunderheads would roll in from the Gulf of Mexico. These were more dramatic with rain, lightning and thunder. When I think of thunderheads, I think of electricity because of the lighting.

dans les poubelles. J'aimais en brûler les extrémités puis les utiliser dans des sculptures de flambeaux ou des boîtes avec des bougies à l'intérieur. Ils ont une forme similaire à celle d'une main ouverte. L'image du balai a pris plus de sens après mon mariage. La vieille tradition de sauter au-dessus d'un balai quand on se marie est un mythe important dans le folklore du sud.

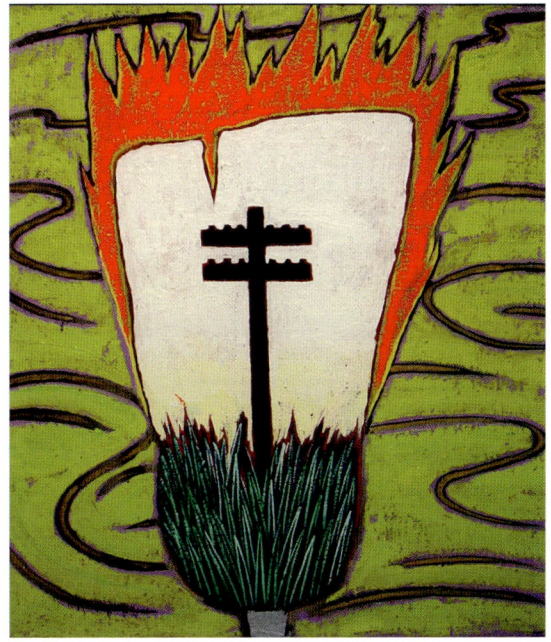

Moonfire Broom
1989, 55 x 30 cm, métal polychrome

LA MAISON QUI BRÛLE

Cette image me hante de temps à autre. Quand j'ai commencé à la voir dans mon esprit, je craignais que ma maison allait brûler. A cette époque, je me préparais à déménager d'une maison où j'avais vécu pendant 12 ans à mon studio. Après avoir déménagé,

j'ai pensé que je brûlais ma relation affective à la maison précédente ; maintenant, pour moi, l'image symbolise le changement.

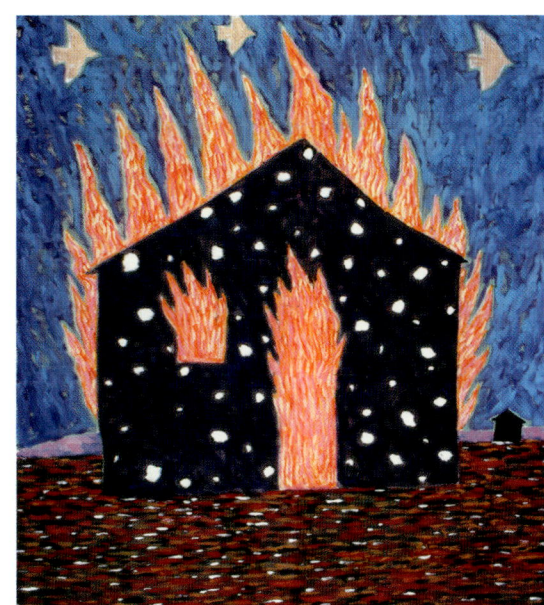

Burning House, 1989, 90 x 90 cm, huile sur toile

PLANTS DE CANNE À SUCRE

En Louisiane du sud, la canne à sucre a toujours été cultivée, aussi loin que je m'en souvienne. Un jour, mon oncle m'a pris pour aller à la pêche et il a coupé un peu de sucre de canne que nous pourrions mâcher pendant que nous pêchions. Les champs de canne sont étendus et font une mer de lames vertes qui se dressent et se balancent dans les coups de vent. Les champs de cannes à sucre me font penser à un lieu exotique, magique, magique et intemporel des Caraïbes où l'on peut se perdre dans la verdure.

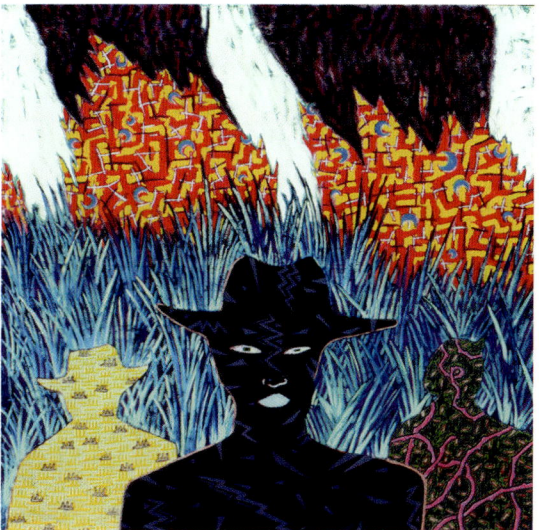

Cane Cutters, 1996, 90 x 90 cm, huile sur toile

NUAGES, NUAGES TONNANTS

L'après-midi et le week-end dans notre arrière-cour, je regarde les nuages prendre différentes formes. Le soleil se couche à l'ouest, à gauche de notre arrière-cour. L'après-midi, vers la maison des voisins, je voyais de grandes perspectives. J'appris les différents types de nuages et leurs saisons dans l'encyclopédie. En automne et en hiver, les vents du nord apportent souvent des cirrus élevés. Ils me font penser à des côtes, je ne sais pourquoi. Ils sont des morts, Dieu, des pirates, des chanteurs japonais. Bizarrement, quand le soleil se couche et les cirrus sont roses et gris dans le ciel bleu, j'entends Sukyaki par Kyu Sakamoto. Au cours de l'été, avec les vents du sud-est, les nuages tonnant roulent, venus du Golfe du Mexique. Ils sont plus spectaculaires avec la pluie, les éclairs et le tonnerre. Les nuages tonnants et leurs éclairs me font penser à l'électricité.

I borrowed the thunderhead imagery from Elemore Morgan. He used to paint the vastness of the prairies and many of his works had cloud formations. Visiting his house one day and looking at the landscape from his studio, I saw rows of thunderheads stacked one after the other as far as the eye could see. The first thunderhead I painted was a kind of portrait of Elemore talking to a farmer. Its thunderhead has a hammer enclosed in it. I was doing a lot of carpentry at the time too.

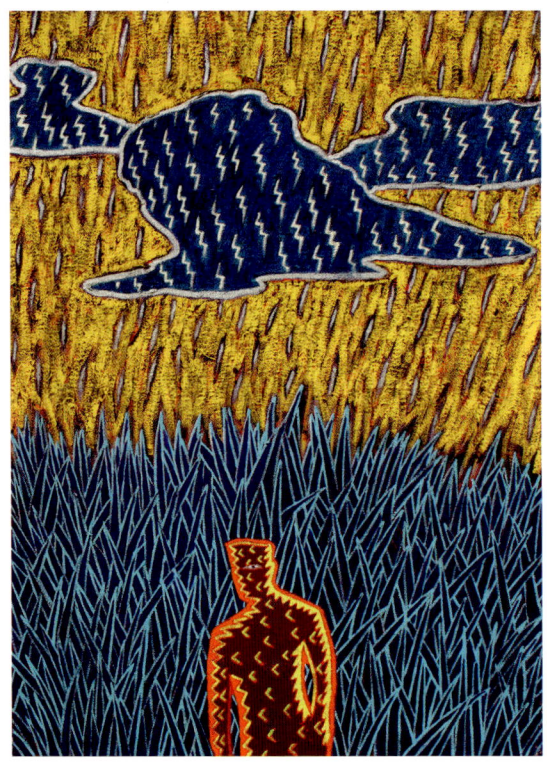

Thunderhead, 2009, 20 x 18 in, oil on canvas

COFFEE POTS & COFFEE CUPS

Coffee was always integral to morning at my home. In Louisiana, most people drink strong dark coffee. Think of it as a symbol of hospitality.

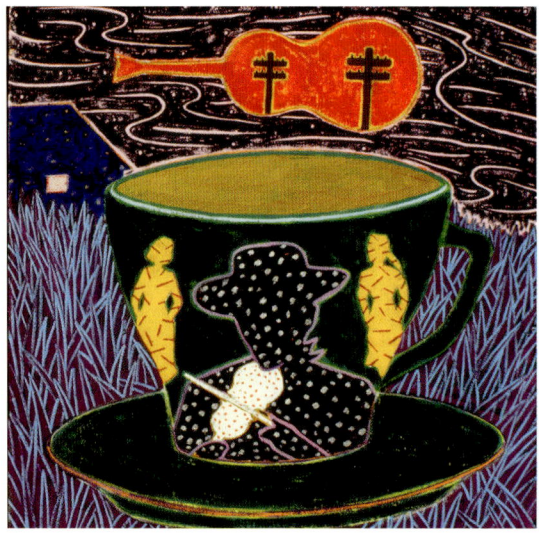

Coffee Cup Cowboy, 1992, 22 x 22 in, oil on canvas

CROWNS, KINGS & QUEENS

Despite living in the USA, a democracy, the Cajuns have kept a royalist mentality with Kings and Queens of Everything. King of Mardi Gras, King of Seafood, King of Mobile Homes, the Crawfish Queen, the Shrimp and Petroleum Queen, the Swine Queen … Each year, the crews secretly select their King and Queen for the Mardi Gras ball and parade. The Queen has ladies in waiting, so this also doubles as a coming out ball for the young ladies.

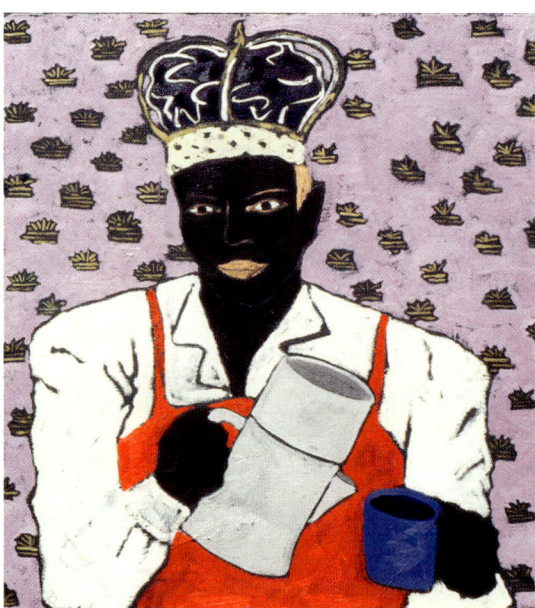

King of Creole Coffee, 1989, 24 x 24 in, oil on canvas

As long as I can remember, Clifton Chenier was always the King of Zydeco. An African-American man playing Caribbean inspired bayou pop and swamp rhythm and blues songs in Creole French, while wearing a crown, is about as exotic and unique an image as I have ever seen. Rocking Doopsie always advertised himself as the Crown Prince of Zydeco. That might have been appropriate because he was not an innovator like Clifton nor did his band have as much professionalism as Chenier's. After Clifton's death, Rocking Doopsie hoodwinked the mayor of Lafayette, Dud Lastrappes, into crowning him King of Zydeco. Dud knew nothing about music and the rivalries amongst the musicians, so there was a controversy. Most zydeco diehard fans agree in this instance that the rite of coronation was superseded by

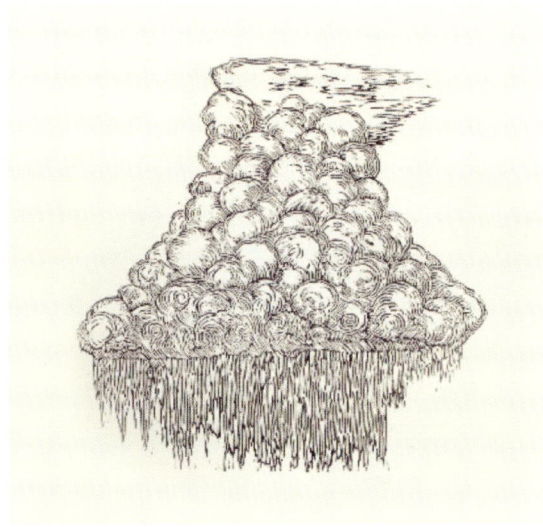

Thunderhead
1995, 50 x 50 cm, bloc d'impression sur papier

J'ai emprunté l'imagerie des nuages tonnants à Elemore Morgan. Il peignait souvent l'immensité des prairies et plusieurs de ses œuvres ont des formations

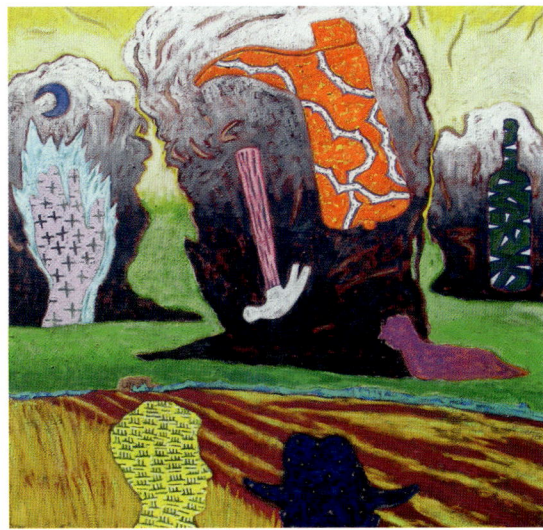

Thunderheads, 1991, 90 x 90 cm, oil on canvas

nuageuses. Un jour, visitant sa maison et regardant par-dessus la vue à partir de son atelier, je vis des rangées de nuages tonnants empilées les unes après les autres à perte de vue. La première peinture que j'ai peinte avec un nuage tonnant était une sorte de portrait d'Elemore en train de parler à un agriculteur. Le nuage a un marteau enclos en lui. À l'époque, je faisais aussi beaucoup de menuiserie.

POTS & TASSES À CAFÉ

D'habitude, le matin, je fais le café chez moi. En Louisiane, on boit du café noir et fort. Pensez-y comme à un symbole d'hospitalité.

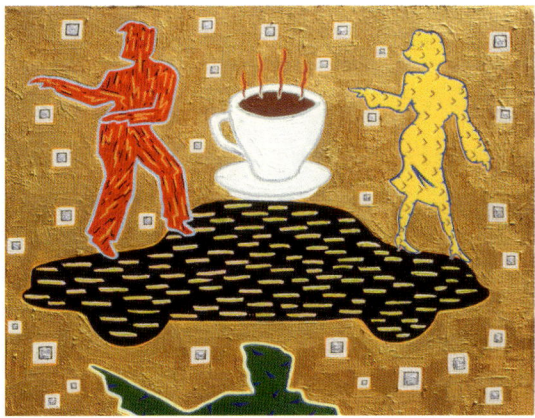

Coffee Dancers, 1993, 35 x 45 cm, huile sur toile

COURONNES, ROIS & REINES

Bien qu'ils vivent aux Etats-Unis, une démocratie, les Cajuns ont gardé une mentalité royaliste, ils ont des rois et des reines pour tout. Reines du Mardi-Gras, Roi des Fruits de mer, Roi des Maisons-

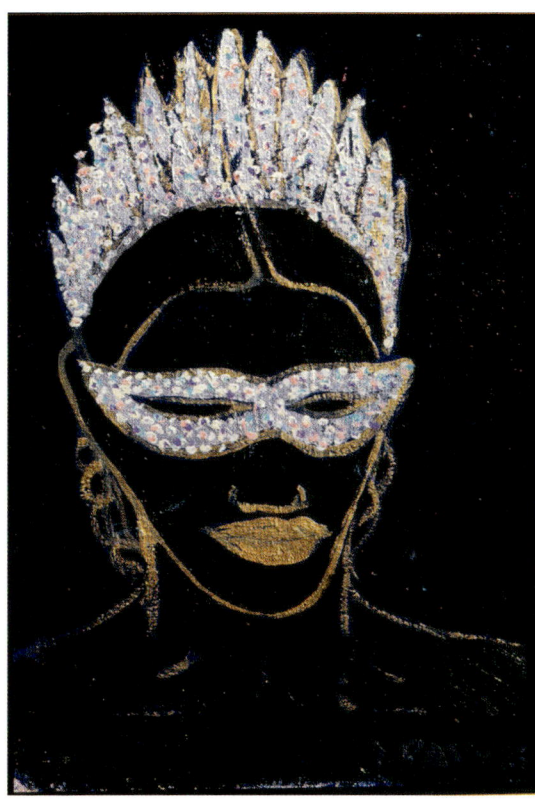

Black Queen, 1985, 37.5 x 125 cm, huile sur toile

caravanes, Reine de l'Écrevisse, Reine des Crevettes et du Pétrole, Reine du Cochon… Chaque année, les équipes choisissent secrètement leur Roi et leur Reine pour le bal du Mardi-Gras et pour le défilé. La Reine a des dames d'honneur, donc cela sert aussi à un bal de présentation pour les jeunes filles.

Aussi loin que je m'en souvienne, Clifton Chenier a toujours été le Roi du Zydeco. Un noir américain jouant du rythm and blues et du pop des bayous inspiré des Caraïbes, en créole français, tout en portant une couronne, est l'image la plus exotique et exceptionnelle que j'ai vue. Rocking Doopsie s'est toujours proclamé

the existence of the recorded music. As long as Clifton has a voice through his records he remains alive in our minds as *The King*.

In the late sixties, things were getting bigger and bigger in Lafayette. A huge billboard was erected on Johnston Street, advertising a restaurant whose owner declared himself "King of Seafood". Not long afterward, an even taller and wider billboard was erected next to the first one, advertising the "King of Mobile Homes". Afterwards, in my mind, there were kings and queens of every kind of endeavor, food, and merchandise, and the crown and images of kings and queens began to populate my paintings.

CROWS

Crows like to have a high vantage point. At my studio across the street there was a tall sycamore tree. Around mid-morning every morning, there was a murder of crows that gathered high up in

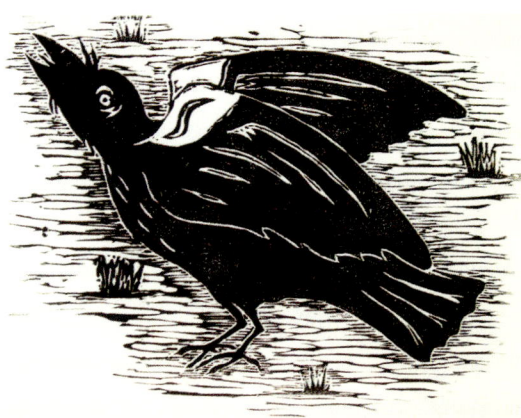

Crow, 2004, 9 x 14 in, relief print on paper

the tree. They would caw and comment on the coming and goings at the crossroads of the two streets. All morning long, they would congregate and fly away, come back and caw some more. I started calling Gordon Street Crow's Road. The crows have seeped into my paintings.

Birds have an incredible luminescence that I try to capture when I paint. After observing them first hand, it is hard to capture the saturation of color with oil paint. The reflected light of the feathers, like peacocks', is almost another kind of enhanced color that is impossible to reproduce. I will be thinking of orange today after seeing the orange breasted chat.

DANCERS

I first started going to dances in high school after the football games. There were live bands that played popular music and we learned the latest dances. When I started going to honky tonk bars in college, dancing was a way to meet girls. When I went to dances with Cajun or zydeco music, I realized that dancing and live music were traditions passed down from generation to generation. I had heard the term "fais-do-do" but it wasn't until I had been to a Cajun dance that I understood the meaning. The kinds of dancing we did were basically two steps, waltzes and a kind of jitterbug. I had a regular partners that were dance majors. So, we would go to lots of different places throughout the countryside to dance.

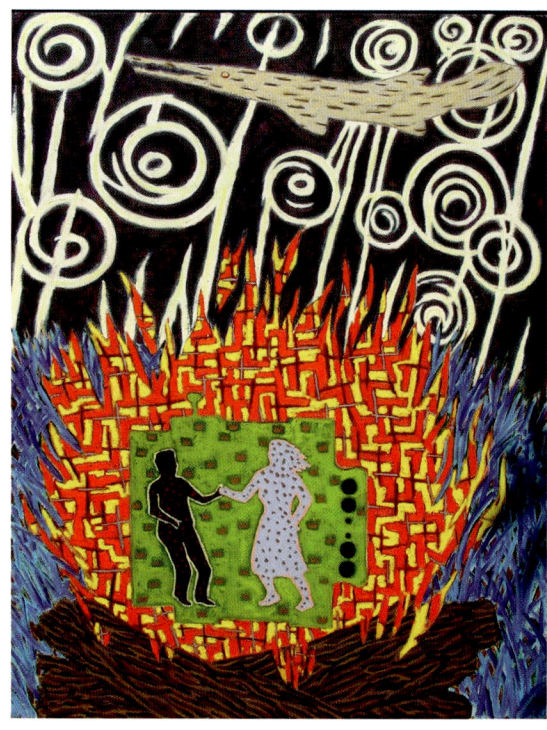

Dancers, Longview, 1999, 48 x 36 in, oil on canvas

EATERS
MUNDANE & SUBLIME

I used an eater image a lot when I started painting. Cajun food had been accepted into the mainstream of American cuisine, so I thought the consumer of food would be a good subject. I painted a few Cajun food eaters as well as some chefs.

le Dauphin du Zydeco. Cela aurait pu être correct parce qu'il n'est pas un innovateur comme Clifton, et son groupe n'a pas non le professionnalisme de celui de Chenier. Après la mort de Clifton, Rocking Doopsie a trompé le maire de Lafayette, Dud Lastrappes, qui l'a couronné Roi de Zydeco. Dud ne connaissait rien à la musique et aux rivalités entre musiciens, il y eu donc une polémique. La plupart des fans experts en zydeco conviennent que, dans ce cas, le rite du couronnement est supplanté par l'existence de la musique enregistrée de Chenier. Tant que Clifton aura une voix à travers ses enregistrements, il restera vivant, dans notre mémoire, comme le Roi du Zydeco.

À la fin des années 60, les choses sont devenues de plus en plus grandes à Lafayette. Un énorme panneau d'affichage a été érigé sur Johnston Street, avec une publicité pour un restaurant dont le propriétaire lui-même s'était sacré « Roi des Fruits de mer ». Peu de temps après un panneau d'affichage encore plus grand large fut érigé à côté de la première publicité pour le "Roi des maisons mobiles." Après, dans mon esprit, il y a eu des rois et des reines de toutes sortes d'activités, nourriture et marchandises, et les couronnes et les rois et les reines ont commencé à peupler mes tableaux.

CORBEAUX

Les corbeaux aiment avoir un point de vue élevé. Dans la rue près de mon studio, il y avait un grand sycomore. Tous les jours, le matin, il y avait une volée de corbeaux qui se réunissaient en haut de l'arbre. Ils croassaient et commentaient les allées et venues au carrefour des deux rues. Toute la matinée, ils se rassemblaient et s'envolaient, revenaient et croassaient

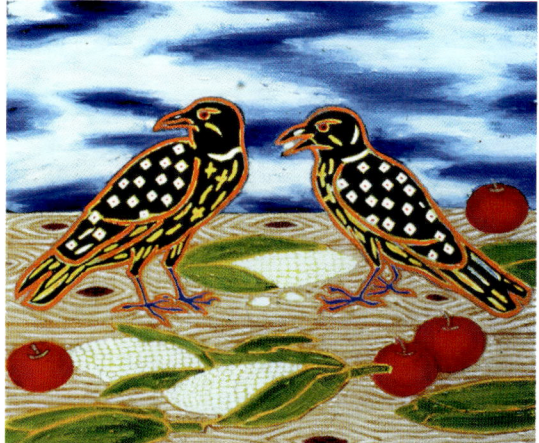

Crows and Apples, 1994, 50 x 50 cm, huile sur toile

un peu plus. J'ai commencé à appeler Gordon Street le Chemin des Corbeaux, et ceux-ci se sont peu à peu logés dans mes tableaux.

Les oiseaux ont une luminescence incroyable que j'essaie de saisir quand je peins. Après les avoir observés directement, il est difficile de capturer la saturation de la couleur avec de la peinture à l'huile. La lumière réfléchie des plumes, comme celles des paons, sont presque un type de couleur améliorée qui est impossible à reproduire. Je penserai a l'orange aujourd'hui, après avoir vu le passereau à la gorge orange.

DANSEURS

J'ai commencé à aller danser au lycée après les matchs de football. Il y avait des groupes en direct qui jouaient de la musique populaire, et nous avons appris les dernières danses. Au lycée, aller dans les bars honky tonk était un moyen de rencontrer des filles. Mais, quand j'ai commencé à aller danser avec la musique cajun

ou le zydeco, je me suis rendu compte que la danse et la musique en direct étaient des traditions transmises de génération en génération. J'avais entendu le terme « Fais-do-do », mais ce n'est que quand je suis allé à une danse cajun que j'en ai compris le sens. Le genre de danses que nous avons pratiquons étaient essentiellement à deux pas, ou des valses et une sorte de jitterbug. J'ai eu des partenaires habituelles qui s'étaient spécialisés en danse à l'université. Donc, nous allions à beaucoup de différents endroits dans la campagne pour danser.

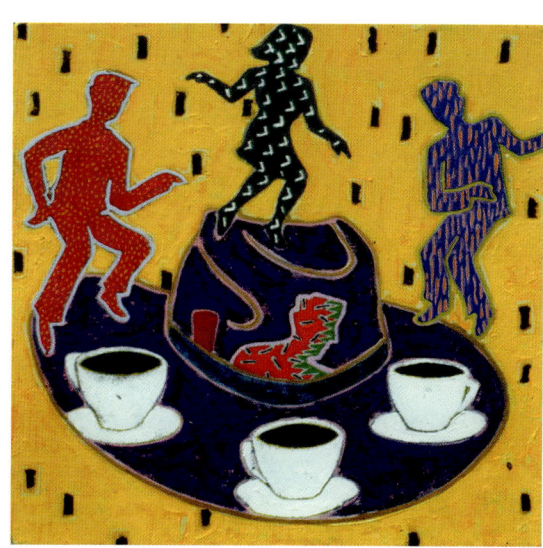

Coffee Dancers, 1994, 50 x 50 cm, hur sul toile

LE MANGEUR
BANAL & SUBLIME

J'ai beaucoup utilisé un mangeur quand j'ai commencé à peindre. La gastronomie cajun avait été acceptée comme élément traditionnel de la cuisine américaine. Je pensais que le consommateur de nourriture serait un bon sujet. J'ai peint quelques consommateurs de nourriture cajun, ainsi que certains chefs de cuisine.

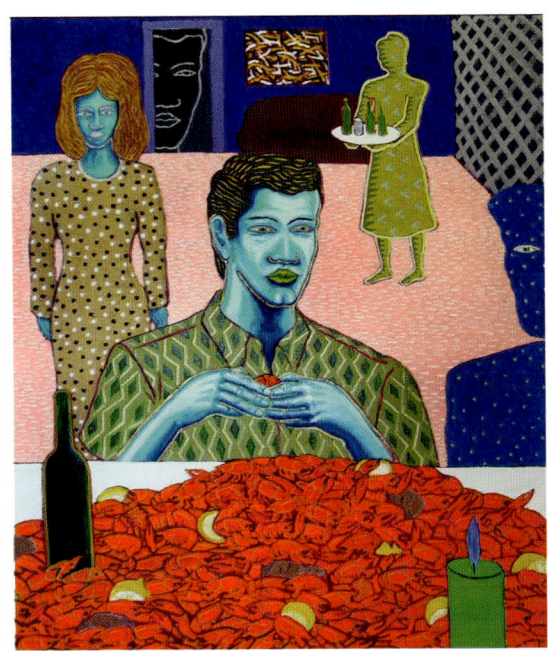

Crawfish Eater, 1999, 35 x 29.5 in, oil on canvas

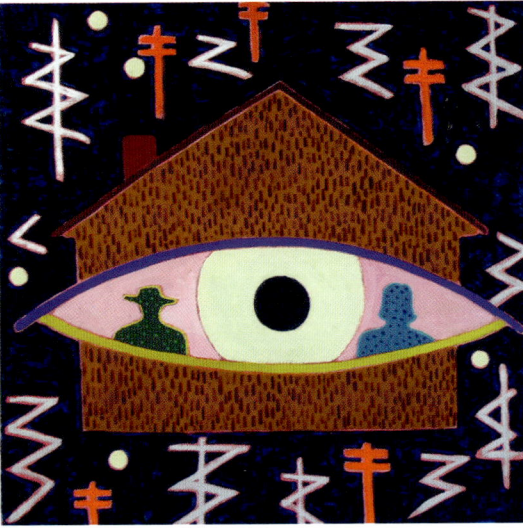

Eye house, 2003, 20 x 20 in, oil on canvas

EYES

My use of eyes came about as the eyes from portraits drifted from the faces to become independent objects. The eye observes. The open eye is always aware.

FIGHTING COCKS

For most of my life cockfighting was legal in Louisiana. There was a time, if you were traveling the countryside, where you might see a farmyard with many small pyramids made of roofing tin. These were the sheds for the fighting cocks. Cock fighting had a large following with several large clubs around.

The first time I saw a cock fight was in Canton, Louisiana. I was at *Jay's Lounge and Cockpit*. In the back, by the men's restroom, there was a red curtain. I was waiting in line one day, and I decided to see what was behind the curtain. I walked through, and immediately a man stapled

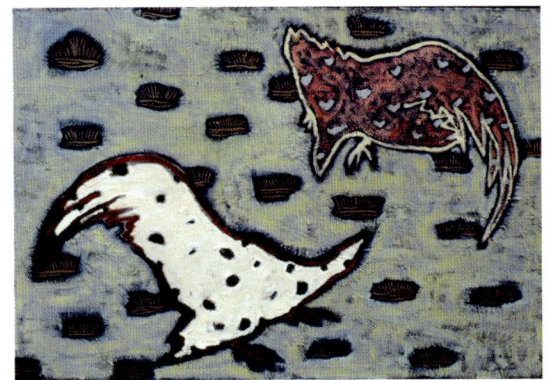

Cockfight, 1986, 20 x 28 in, oil on canvas

a ticket to my shirt and wanted 2 dollars. I gave him the money and sat down on bleachers surrounding a circular concrete pit about 12 feet across and about 3 feet high. The public consisted of men, women and children. Two men came into the pit, each with a rooster. The roosters had spurs attached to their feet. The people in the audience started betting on the outcome of the fight. The betting seemed to have no structure. The men let the roosters go, and they tangled again and again. The odds changed and the betting continued. Eventually there was a winner when the loser died. Afterwards, there was a loser gumbo, made of the roosters that were killed. The scene stayed with me and I still have the imagery in my head.

FIRES, CAMPFIRES

Fire in general has an almost hypnotic effect on me. On the levee in St James Parish, people build wooden constructions that are set afire on Christmas Eve. My grandparents lived in St James Parish, so we would see the preparations and the fires. The structures were made of logs and driftwood from the Mississippi as well as wood chopped locally. The usual construction was a tall tower but the more inventive people would make houses, boats and figures. These structures were usually not taller that 15 to 20 feet.

When we went camping as teenagers, I was usually the fire builder. When I was in college, I took ceramics courses, and we learned how to build and fire kilns. I enjoyed raku firing, where

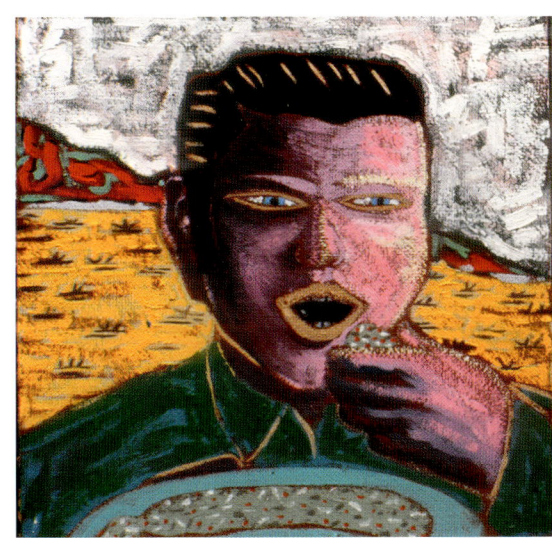

Boudin Eater, 1987, 25 x 25 cm, huile sur toile

YEUX

Mon utilisation des yeux tient à ce que les yeux des portraits émergent des visages pour devenir des

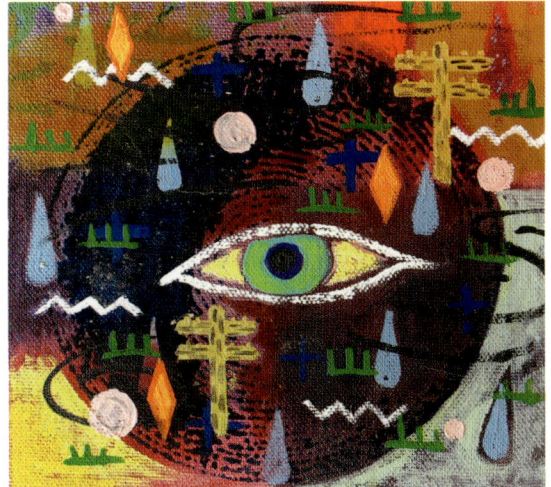

Marsh Eye, 2017, 50 x 50 cm, huile sur toile

objets indépendants. L'œil observe. L'œil ouvert est toujours avisé.

COMBATS DE COQS

Pendant presque toute ma vie, les combats de coqs en Louisiane ont été permis. Dans le temps, si vous traversiez la campagne, vous pouviez voir une cour de ferme avec de nombreuses petites pyramides en étain. C'était les abris pour les coqs de combat. Les combats de coqs étaient très populaires, plusieurs associations s'y consacraient.

La première fois que j'ai vu un combat de coq était à Cankton en Louisiane. J'étais au Bar et coq-pit Jay's. A l'arrière, près des toilettes hommes, il y avait un rideau rouge. J'attendais dans la queue et j'ai décidé de voir ce qui était derrière le rideau. Je l'ai traversé et immédiatement un homme a agrafé un billet sur ma chemise, il voulait 2 dollars. Je lui ai donné l'argent et

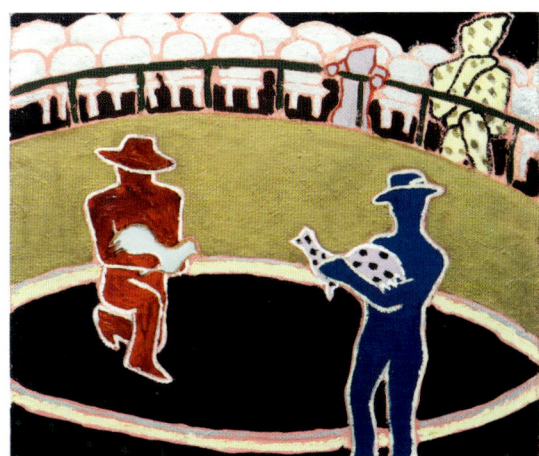

Louisiana Sportsman's Paradise Series: Cockfighting 1988, huile sur toile

me suis assis sur des gradins entourant une fosse circulaire en béton d'environ 4 mètres de diamètre et d'un mètre vingt de haut. Le public se composait d'hommes, de femmes et d'enfants. Deux hommes sont entrés dans la fosse, chacun avec un coq. Les coqs avaient des éperons attachés à leurs pattes. Le public a commencé à miser sur les résultats du combat. Les paris semblaient n'avoir aucune structure. Les hommes ont lâché les coqs, qui se sont battus avec acharnement. Les cotes changeaient et les paris continuaient. Finalement, il y a eu un gagnant quand le perdant est mort. Après les combats, il y avait une soupe gombo, faite avec les coqs qui avaient été tués. J'ai toujours ces images en tête.

FEUX, FEUX DE CAMP

En général, le feu a un effet hypnotique sur moi. Sur la digue de la paroisse Saint James, on construit des édifices en bois qui sont brûlés la veille de Noël. Mes grands-parents vivaient dans la paroisse St James, et nous voyions les préparatifs et les flambées. Les constructions étaient faites de rondins et de bois flotté du Mississippi, ainsi que de bois coupé localement. L'édifice était le plus souvent une grande tour, mais les gens plus inventifs construisaient des bateaux, des maisons et des silhouettes. Ces structures ne sont généralement pas plus grandes que cinq à sept mètres de haut.

Quand nous campions pendant mon adolescence, j'étais d'habitude le constructeur du feu. Au collège, j'ai pris des cours de céramique et nous avons appris à construire les feux et les fours. J'aimais le feu dans un raku, quand on prend le vase directement du feu. C'est à ce moment-là que j'ai appris à respecter le feu

you would grab the pot directly from the fire. At that time, I learned to respect fire and heat as we were dealing with temperatures up to Cone 10, which is almost 2400 degrees.

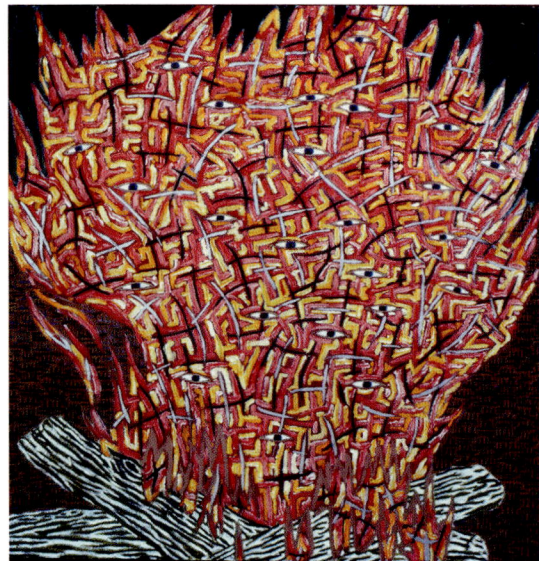

Fire Eyes, 1990, 36 x 36 in, oil on canvas

GUITARS

My first guitar was a western type toy guitar that I got for Christmas in 1960. It was ordered from the Sears catalog. I liked the shape, the thin waist the broad upper and lower extremities. I unconsciously got the subtle feminine sexual meaning but didn't fully realize it until later. I was immediately attracted to the sound of the guitar and took lessons as a child, so the guitar imagery was important to me early on.

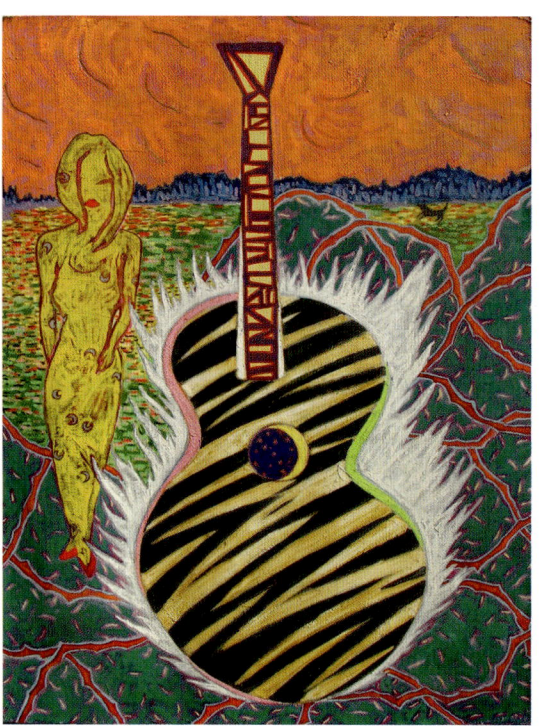

Striped Guitar with Diva
1988, 48 x 36 in, oil on canvas

HANDS

The hand iconography that I use almost certainly comes from Catholic images. Jesus or any of the saints and angels in the hierarchy of the pantheon are holding hands up to convey meaning, like peace, direction, desire, guilt. The hand image I use is mostly of a hand with the fingers facing up, palm forward. It is kind of motioning someone to stop to attention. This is a good palette to put other iconography on.

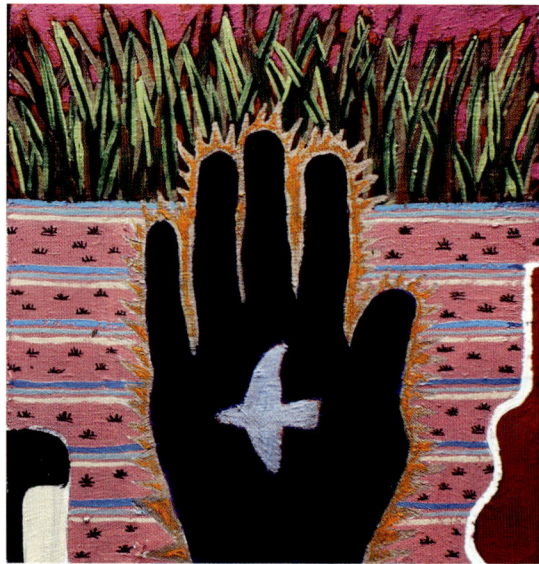

Hand, 1987, 12 x 10 in, oil on canvas

HATS

Just about every man one wore a hat when I was very young. A man who didn't have one had an incomplete wardrobe. The first time I ever saw a turned over hat was when I was very small, probably 3. My mother was shopping at Abdalla's, a department store downtown. When we walked out, there was a man seated cross-legged on the sidewalk. He had a hat on the ground and was tapping a can on the concrete. My mother stopped to give him some money. The sun was shining on his face. I was about at eye level to him. When I peered at this face, he didn't have eyes. There were just two sockets. He was very skinny, so I could see all the way into the back of his hollow eye sockets. Despite having no eyes, I felt he was observing me. I think about him every time I see an upturned hat.

et la chaleur : nous avions affaire à des températures allant jusqu'à 10 cônes, environ 1315 degrés.

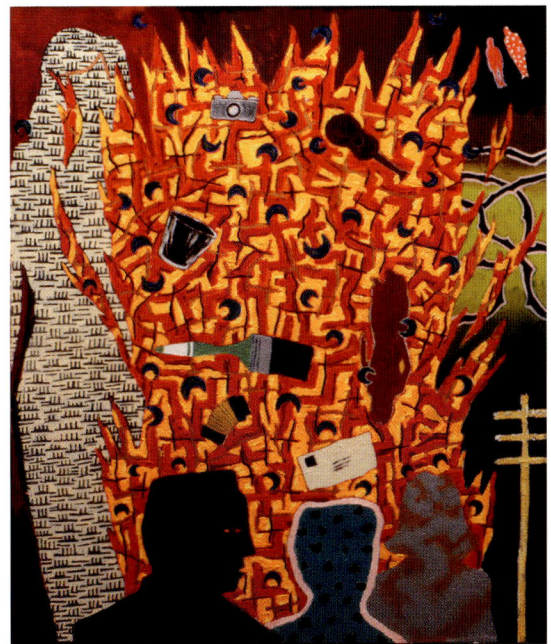

Fascinated by fire, 1991, 90 x 45 cm, huile sur toile

GUITARES

Ma première guitare fut probablement une guitare jouet de type western que je reçus pour le Noël de 1960. Elle avait été commandée dans le catalogue de Sears. J'en aimais les formes, la taille fine et les grandes extrémités supérieure et inférieure. Inconsciemment, j'en sentais le sens sexuel subtil et féminin, que je n'ai compris que plus tard. Le son de la guitare me plut immédiatement, je pris des leçons, et l'imagerie de la guitare est devenue importante pour moi de bonne heure.

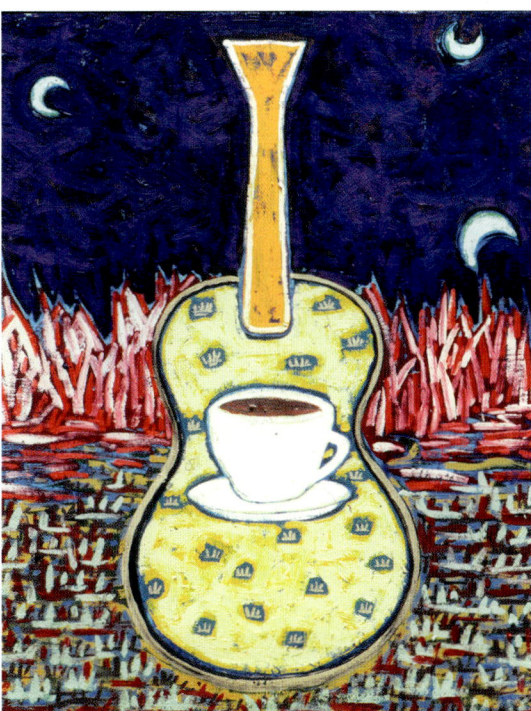

Coffee Gutiar, 1989, 40 x 35 cm, huile sur toile

MAINS

Les images de la main que j'utilise viennent presque certainement de l'iconographie catholique. Jésus ou les saints et des anges de la hiérarchie du panthéon lèvent la main pour transmettre un sens : la paix, la voie, le désir, la culpabilité. Mes mains, le plus souvent, sont levées avec la paume ouverte, comme pour stopper quelqu'un et attirer son attention. Elles sont de bonnes palettes pour y placer quelque figure.

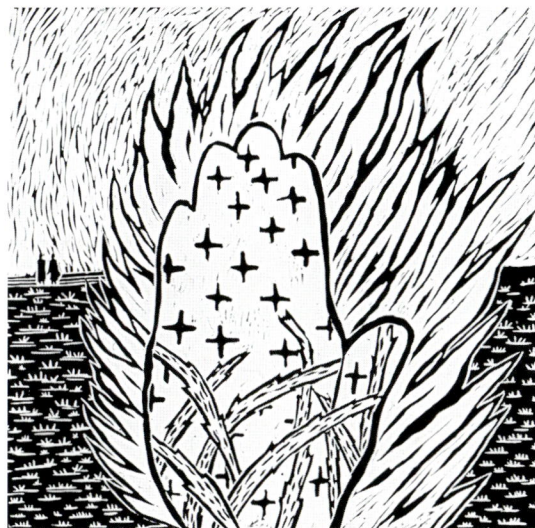

Burning Hand
1988, 50 x 50 cm, impression en relief sur papier

CHAPEAUX

Quand j'étais très jeune, presque tous les hommes portaient un chapeau. La garde-robe d'un homme qui n'en avait pas était incomplète. La première fois que j'ai vu un chapeau à l'envers, j'étais très petit, j'avais environ trois ans. Ma mère faisait des courses à Abdalla's, un grand magasin au centre-ville. Quand nous sommes sortis, il y avait un homme assis sur le trottoir, les jambes croisées. Il avait un chapeau sur le sol et tapotait une boîte de conserve sur le béton. Ma mère s'est arrêtée pour lui donner un peu d'argent. Le soleil brillait sur son visage. J'étais au niveau de ses yeux. Quand j'ai regardé son visage, il n'avait pas d'yeux. Il n'avait que deux orbites sur le visage. Il était très maigre et je voyais jusqu'à l'arrière de ses orbites creuses. Bien qu'il n'ait pas eu d'yeux, j'avais l'impression qu'il me regardait. Je pense à lui chaque fois que je vois un chapeau à l'envers.

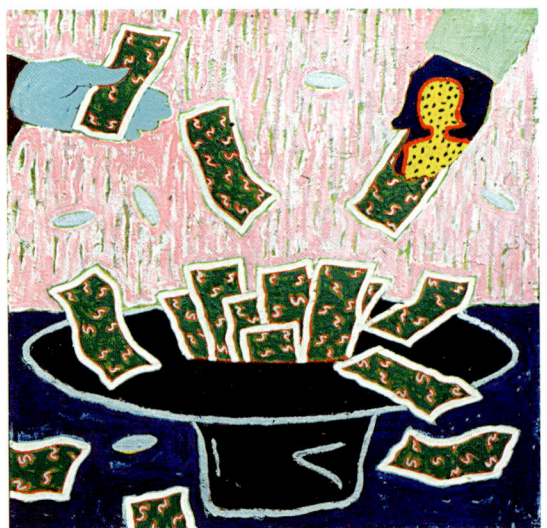

Passing the Hat, 1997, 30 x 30 in, oil on canvas

MARSH GRASS

The first icon I started using was what I call a marsh grass symbol. When I was 4 years old I saw a large geographical map at a geologist's office. The map showed the Lower coast of Louisiana and seemed to cover the whole wall. Lafayette was pointed out to me on the map, and I was told "This is where you are". On the map, to designate marshy areas, there were small symbols that looked like this:

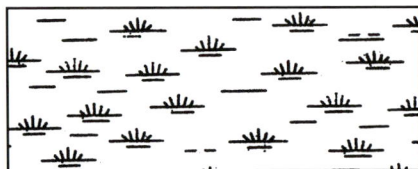

It was a horizontal line with several small lines coming out of the top at 90 degrees.

I equate this image with my homeland, Louisiana. This image impressed me at that time and I recognized it. I was getting a bearing on life. I had learned the material basics of life: walking, talking, eating, and dressing. To have been told "this is where you are" had a profound meaning on me. I'm sure the reference was to a location, which I understood, but I also intuitively took it to mean that it was where I was aesthetically. I didn't know I was thinking as much with images as well as with abstract thought - it's just the way my mental state has been and is. As time passed, the Louisiana location could not be separated from the icon anymore.

I use an infinite variety of this image. On one of the first works in this style, I used a variation of the marsh grass. The painting represents a guitar player leaning forward in the middle of a dialogue. All around him I painted the marsh

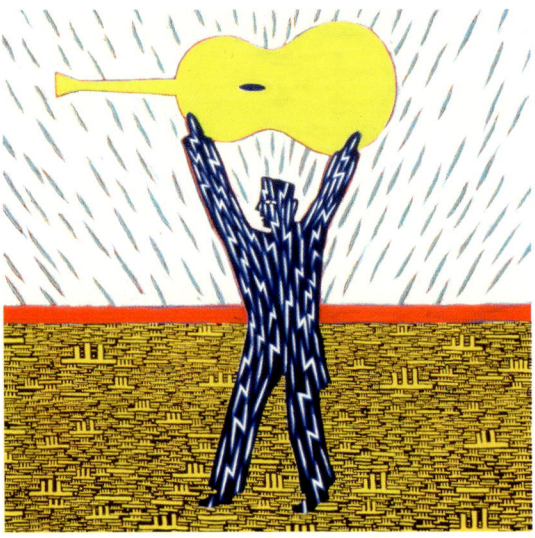

Guitar Hero, 1993, 24 x 24 in, oil on canvas

grass gold with a thicker base. One of my critics told me it looked like Golden Fries in a bag from a fast food joint. I thought that was pertinent and added to that work's multiple meanings.

NIGHT SKIES

This is more of a color field I use with shapes or backgrounds. It's a challenge to paint something so elusive. The night sky was one thing I tried to paint early. I used to observe the stars whenever I could. When I started going out at night, the clouds would reflect the lights from the city. It looked like an orangey-pinkish transparent hue superimposed over the night sky. I used to paint the dark sky under and lay the wispy orange clouds over it. But this has evolved. I use combinations of colors, black, blue and purples that I overpaint again and again. Some paintings have 20 layers of paint to give them a deep luminous effect.

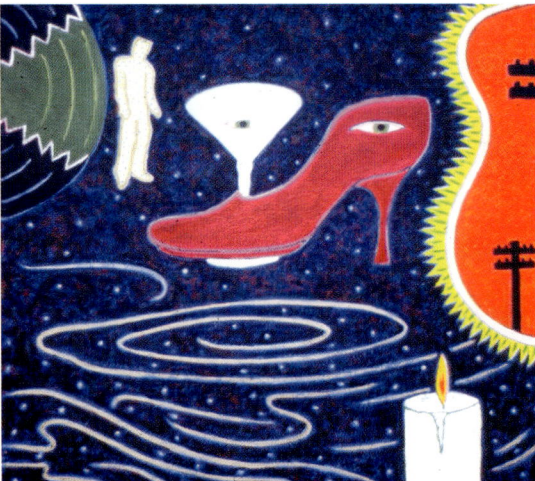

High Society at Night, 1996, 24 x 24 in, oil on canvas

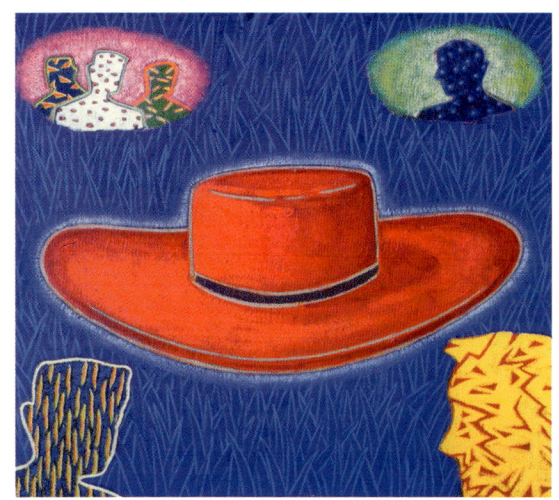

Floating Hat, 1992, 50 x 55 cm, huile sur toile

HERBE DES MARÉCAGES

La première icône je commencé à utiliser est ce que j'appelle un symbole de l'herbe des marais. À 4 ans, j'ai vu une grande carte géographique au bureau du géologue. La carte présentait la côte sud de la Louisiane et semblait couvrir tout le mur. On me montra Lafayette sur la carte et on me dit : « C'est là que tu vis ». Sur la carte, pour désigner des zones marécageuses, il y avait de petits symboles qui ressemblaient à cela :

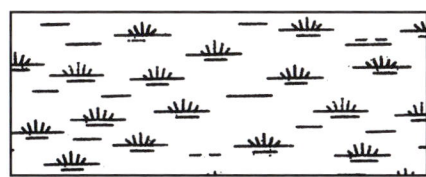

C'était une ligne horizontale avec plusieurs petites lignes qui sortent de la partie supérieure avec un angle de 90 degrés.

J'assimile cette image à mon pays natal, la Louisiane. C'était alors une image pertinente que je reconnu. Je commençais à m'orienter dans la vie. J'en avais appris les bases matérielles : marcher, parler, manger, s'habiller. Que l'on m'ait dit : « C'est là que tu vis » avait un sens profond pour moi. J'étais sûr que la référence était à un lieu que je connaissais, mais j'interprétai intuitivement que c'était là où j'étais esthétiquement. Je ne savais pas que je pensais autant par les images qu'en abstraction – c'est la façon dont j'ai toujours pensé. Au fil du temps, le lieu louisianais devint inséparable de l'icône.

J'utilise une variété infinie de cette image. Dans l'une des premières œuvres de ce style, j'ai utilisé une variante de l'herbe des marais. Le tableau représente un joueur de guitare se penchant en avant au milieu d'un dialogue. Tout autour de lui, je peignis l'herbe des marais avec une base dorée plus épaisse. L'un de mes critiques m'a dit que cela ressemblait aux frites d'un fast-food dans

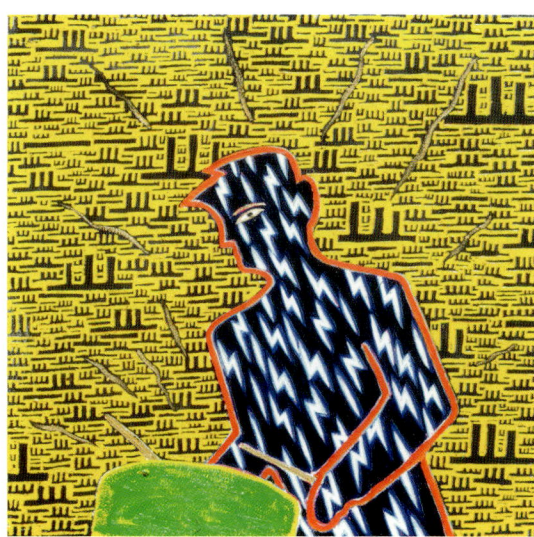

Drummer, 2003, 60 x 60 cm, huile sur toile

leur paquet. Je pensais que c'était pertinent et que cela ajoutait à la multiplicité des sens de l'œuvre.

CIELS NOCTURNES

Les ciels nocturnes sont des champs de couleur que j'utilise avec des formes ou des arrière-plans. C'est un défi de peindre quelque chose de tellement insaisissable. J'ai essayé tôt de peindre le ciel nocturne. J'ai l'habitude d'observer les étoiles

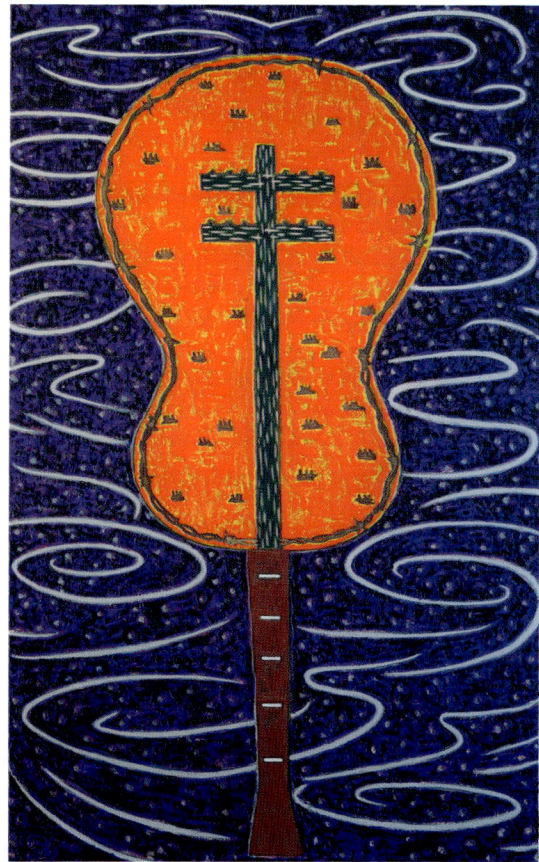

Lost Highway, 1998, 150 x 120 cm, huile sur toile

THE SMOKER

The quiet contemplator, where the painting observes the viewer. I grew up in the age when most people smoked. I remember trying smoke when I was 12. My best friend and I bought a pack of menthol Kools. I smoked one and had a big coughing fit. Maybe I was doing something wrong, so I smoked another one. The results were the same. I thought I would get the hang of it on the third time. After smoking that third one, I was sick. I didn't ever smoke a cigarette after that.

At one time, in some circles, people were judged by what kind of cigarette they smoked. Smoking was allowed anywhere so there were always smokers.

As a performance, it's visually interesting. The smoker lights a small paper stick with a flame

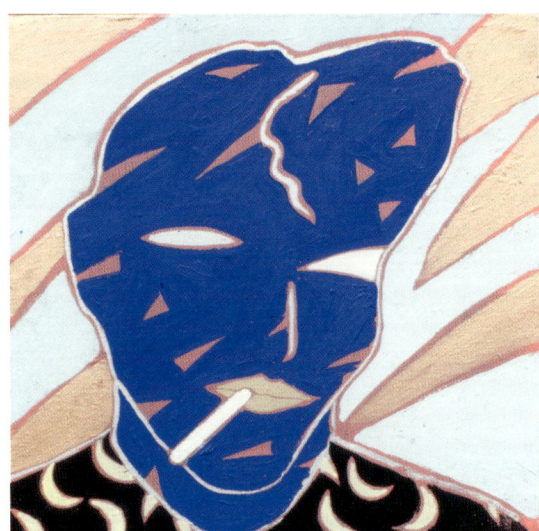

Blue Smoker, 1987, 10 x 10 in, oil on canvas

of some sort, inhales and blows smoke like a dragon over a larger area, conquering that space. The smoke curls up from the burning cigarette, making swirly wavy lines in the air. The way he holds his cigarette becomes an emphasis on the point he is making during discussion. He takes another puff and dragon-like exhales again. Then he mashes the cigarette out, in a dismissive gesture. I have seen this thousands of times, from members of my family, friends and strangers. It is a strange ritual that we live with. Visually, it's familiar and strange at the same time, which is why I paint smokers from time to time.

TELEPHONE POLES, CROSSES

The horizontal infinite meeting the vertical finite. I was relegated to the back of the car as a child and usually ended up on the floorboards, in-between the front and back seats. In those days there were no seat belts. I would look up through the back window. There wasn't much to see except the telephone poles, telephone lines, the occasional sign, clouds and the sky.

I had seen crucifixes at church and at home. So I understood that the cross was sacred, a sign of extreme blood sacrifice. I imagined getting crucified, with Romans driving nails through my hands. It was scary. Our family would pray the rosary every night before bed. I would often fall into a subconscious state listening to the drone of the family praying. I remember distinctly the way my grandmother would repeat the prayers,

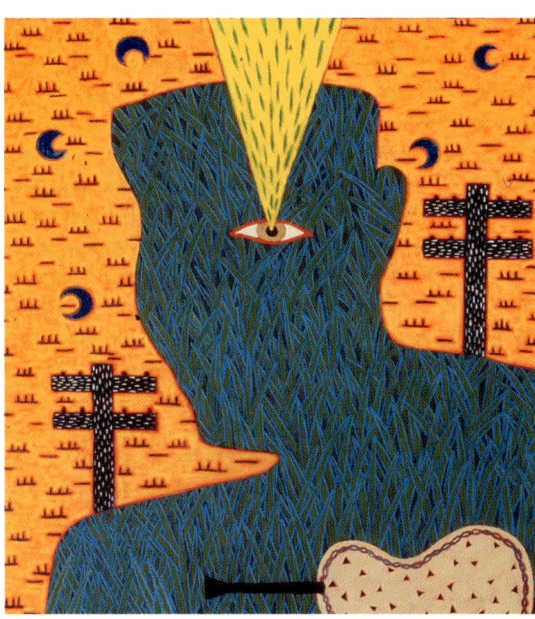

Road Seer, 1996, 36 x 30 in, oil on canvas

slurred together, mantra-like. We had to kneel and we were expected to also pray out loud. We would get stares from my mother if she felt we weren't participating. My older siblings had plastic rosaries so they could follow along better than I could.

To me the telephone poles looked like crucifixes but they had wires connecting them. On trips we would say a travel prayer. There was a St. Christopher medal pinned to my father's car headliner and a plastic Jesus attached to the dashboard. The faster we went, the faster the telephone poles passed by. I would follow the telephone lines as they dipped down and went up like waves punctuated by the vertical poles. I would fall into a subconscious state looking at the reappearance of the poles. They would be either

chaque fois que je peux. Quand j'ai commencé à sortir la nuit, les nuages reflétaient les lumières de la ville. Cela ressemblait à une teinte rose orangée transparente superposée au ciel nocturne. Je peignais d'abord le ciel sombre, puis, par-dessus. les nuages vaporeux orange. Mais cela a évolué. J'utilise des combinaisons de couleurs, du noir, du bleu et du violet repeintes en superposition. Certains tableaux ont vingt couches de peinture, ce qui donne un profond effet lumineux.

LE FUMEUR

Le fumeur, c'est le calme observateur, où la peinture contemple le spectateur. J'ai grandi à l'époque où la plupart des gens fumaient. Je me souviens avoir essayé de fumer à douze ans. Mon meilleur ami et moi avons acheté un paquet de menthol « Kools ». J'ai fumé et beaucoup toussé. J'ai pensé que je faisais peut-être quelque chose de travers, donc j'essayai d'en fumer une autre. Les résultats furent identiques. Je pensais que je réussirais la troisième fois. Après avoir fumé cette troisième cigarette, je fus malade. Je n'ai jamais plus fumé de cigarette.

À un moment donné, dans certains milieux, les gens étaient jugés selon le type de cigarettes qu'ils fumaient. Il était permis de fumer partout, donc il y avait toujours les gens qui fumaient.

Comme performance, fumer est visuellement intéressant. Le fumeur allume un petit bâton de papier avec quelque flamme, inhale la fumée et l'exhale, comme un dragon, conquérant un plus grand espace. Les boucles de fumée vont vers le haut, à partir de la cigarette allumée, et font des

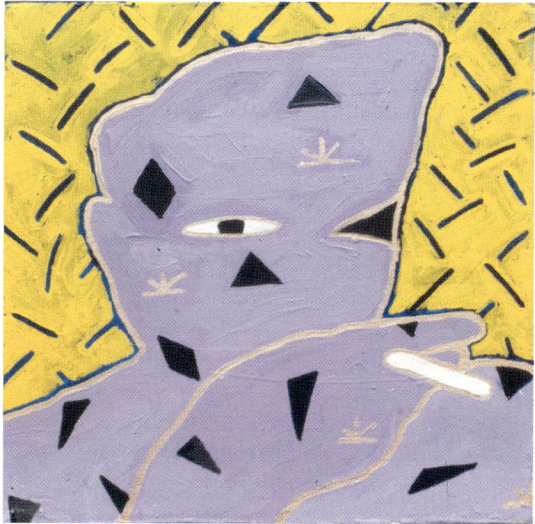

Purple Smoker, 1985, 25 x 25 cm, huile sur toile

lignes ondulées qui tourbillonnent dans l'air. La façon dont le fumeur tient sa cigarette devient une insistance sur le sujet dont il parle au cours de la discussion. Il prend une autre bouffée et exhale de nouveau comme un dragon. Puis il écrase la cigarette avec un geste méprisant. Je l'ai vu faire des milliers de fois par les membres de ma famille, des amis et des inconnus. C'est un étrange rituel dans lequel nous vivons. Visuellement il est à la fois familier et étrange, ce qui est la raison pour laquelle je peins des fumeurs de temps à autre.

CROIX, POTEAUX TÉLÉGRAPHIQUES

L'infini horizontal rencontrant le fini vertical. Enfant, j'étais relégué à l'arrière de la voiture et je finissais d'habitude sur le plancher, entre les sièges avant et arrière. Il n'y avait pas alors de ceintures

de sécurité. Je regardais par la vitre arrière. Il n'y avait pas grand-chose à voir, à part les poteaux télégraphiques, les fils du téléphone, une signalisation de temps à autre, les nuages et le ciel.

J'avais vu des crucifix à l'église et à la maison. Je comprenais que la croix était sacrée, un signe pour un extrême sacrifice sanglant. Je me figurais crucifié, avec des Romains enfonçant des clous dans mes mains. C'était effrayant. Notre famille faisait son chapelet tous les soirs avant de se coucher. Je tombais souvent dans un état inconscient en écoutant le ronronnement de la prière familiale de la famille. Je me souviens clairement de la façon dont ma grand-mère répétait les prières, marmonnées comme un mantra. Nous devions nous mettre à genoux et nous devions aussi prier à haute voix. Ma mère nous fixait sévèrement si elle devinait que nous ne participions pas. Mes frères et sœurs plus âgés avaient des rosaires en plastique pour mieux suivre que je ne le pouvais.

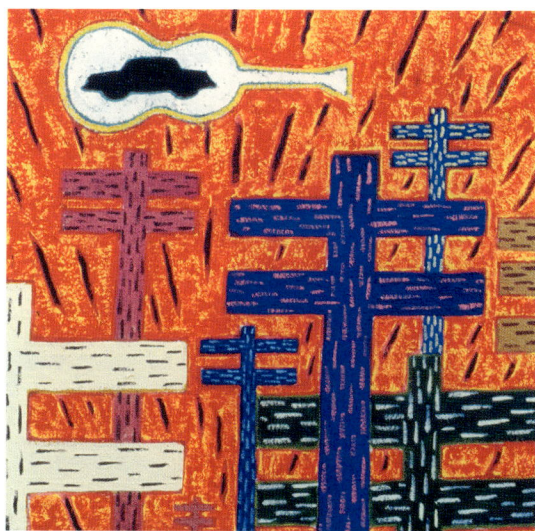

Small Lost Highway, 2004, 30 x 30 cm, huile sur toile

in sync or out of sync with the music on the radio. I was four at the time, so I would count the poles up to the highest number I knew: one, two, three, four, one, two, three, four: an afternoon trip spent in 4/4 tempo.

To me, the landscape was just a big church, but I asked why the Jesus trees had wires attached to each other. I was told that they weren't crucifixes, they were telephone poles and our voices traveled through the wires that went from pole to pole. We could talk to talk to people very far away through the wires. This seemed more miraculous than turning water into wine.

When I discovered the blues and first heard the story of Robert Johnson selling his soul to the devil at the crossroads, I always imagined a telephone pole there. A sacred symbol stood over the transaction, as if God was watching, but letting free will take its course, and at the same time the scene was connected to everything by the telephone lines.

I have used telephones poles in my work since 1990, when the image started to haunt me. I painted them in all my work. One late night after an opening of a showing of my paintings, I passed by the closed gallery to see the show one last time for the evening. There was a small crowd that had stopped outside the gallery. The people were all craning their necks and looking at the work. One person said: "I don't know about this guy, there are telephone poles on all the paintings!" At another show in Los Angeles, after I had set up everything, the janitor was cleaning up and

proceeded to give a detailed apocalyptic critique on each work. He said the telephone pole was the double cross of St Peter, like all symbols that have stayed with me, the crosses are both mundane and sublime, a way for ordinary and spiritual communication.

WATER IMAGERY

In Louisiana, we are surrounded by water. The neighborhood where I grew up we had a bayou that partially surrounded and delineated the subdivision. We were warned not to go near the bayou. But of course we were always over there whenever we could be. The river would flow by and it was like watching a movie. Occasionally, an alligator bigger than the ones on sale at Woolworth's would swim by. There would be snakes, opposums, racoons, cut up vegetables

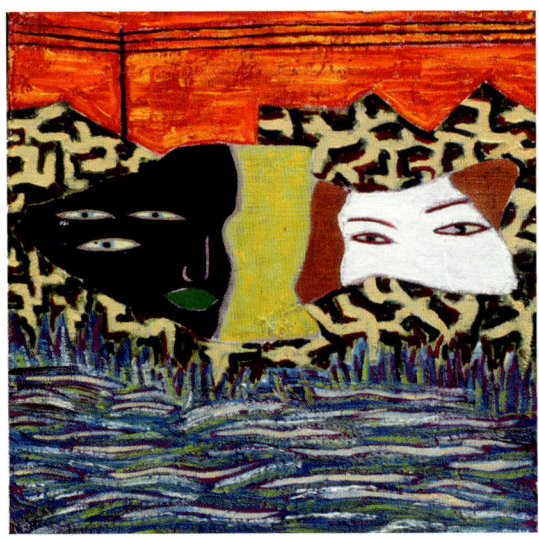

Flood in June, 1990, 12 x 12 in, oil on canvas

from the food processing plant north, dead animals and sometimes people in boats skiing.

On trips to visit relatives, we crossed a bridge over the Atchafalaya River. My dad told me that the depth of the Atchafalaya River could not be determined because of the strong current. When we crossed the Mississippi, we took a ferry near Lutcher. On the ferry, we were close to the water, and I could see the river currents, the eddies, the flow and the way the water seemed to boil up from below.

We were also warned not to go down the levee near the river. We could stand on the levee with an adult but we couldn't get close to the river. This water iconography has stayed with me, and I use many different types of symbols to convey calm, flowing, turbulent waters, swirls, concentric circles, bubbles, drops, flowing lines, and horizontal lines. I like to use raindrop patterns too, because it is like putting a dark glaze on an image. Water has been traditionally symbolic of the unconscious mind. I use water motifs regularly, because of the way images float up to my conscious mind.

Photography and text
© Alexandre Leupin and Francis Pavy

96

Pour moi, les poteaux de téléphone ressemblaient aux crucifix, mais ils avaient des fils qui les reliaient. En excursion, nous récitions une prière de voyage. Il y avait une médaille de Saint Christophe épinglée dans la voiture de mon père et un Jésus en plastique attaché au tableau de bord. Plus vite nous allions, plus vite les poteaux télégraphiques passaient. Je suivais les lignes téléphoniques, qui montaient et descendaient comme des vagues ponctuées par les poteaux verticaux. Je tombais à nouveau dans un état inconscient en regardant les poteaux défiler. Ils étaient ou n'étaient pas synchronisés avec la musique de la radio. J'avais quatre ans à l'époque, je comptais les poteaux jusqu'au nombre le plus élevé que je connaissais : un, deux, trois, quatre, un, deux, trois, quatre : un voyage d'après-midi passé en tempo 4/4.

Le paysage pour moi n'était qu'une grande église, mais je demandais pourquoi les arbres-Jésus avaient des fils qui les reliaient les uns aux autres. On me dit qu'ils n'étaient pas des crucifix, mais des poteaux télégraphiques, et que nos voix voyageaient par les fils qui passaient d'un poteau à l'autre. Nous pouvions parler aux gens très éloignés grâce aux fils. Cela semblait plus miraculeux que de transformer l'eau en vin.

Quand j'ai découvert le blues et entendu l'histoire de Robert Johnson, le bluesman qui avait vendu son âme au diable à la croisée des chemins, j'ai toujours imaginé qu'un poteau de téléphone était là. Un symbole sacré dominait au-dessus du pacte, comme si Dieu le regardait, mais en laissant le libre arbitre faire son choix. En même temps la scène était connectée à tout par les fils du téléphone.

J'ai utilisé les poteaux télégraphiques dans mon travail à partir de 1990, lorsque l'image a commencé à me hanter. Je les peignais dans tous mes tableaux. Une nuit tard, après un vernissage, je suis passé devant la galerie fermée pour voir mon œuvre pour la dernière fois de la soirée. Il y avait une petite foule à l'extérieur de la galerie. Les gens penchaient la tête pour regarder les tableaux. Une personne a dit: « Je ne connais pas ce gars-là, il y a des poteaux télégraphiques dans tous les tableaux! » Lors d'un autre show à Los Angeles, après avoir tout mis en place, le concierge nettoyait et il se mit à donner une lecture apocalyptique détaillée de chaque œuvre. Il dit que les poteaux télégraphiques étaient la double croix de Saint Pierre. Tout comme les symboles qui m'ont frappé, les croix sont à la fois banales et sublimes, une voie pour la communication ordinaire et la communication spirituelle.

EMBLÈMES DE L'EAU

En Louisiane, nous sommes entourés par l'eau. Dans le quartier où j'ai grandi, nous avions un bayou qui entourait et délimitait partiellement la subdivision. Il nous avait été interdit d'aller près du bayou. Mais, bien sûr, nous y allions à la moindre occasion. La rivière coulait et c'était comme de regarder un film. Parfois, un alligator plus grand que ceux en vente à Woolworth's passait. Il y avait des serpents, des opossums, des ratons-laveurs, des débris végétaux de la fabrique plus au nord, des animaux morts, et des gens qui skiaient sur l'eau.

Pour aller visiter de la famille, nous traversions un pont sur la rivière de l'Atchafalaya. Mon père m'avait dit que la profondeur de l'Atchafalaya

n'avait pas pu être déterminée en raison de la force du courant. Lorsque nous traversions le Mississippi, nous prenions un ferry près de Lutcher. Sur le ferry, nous étions proches et je pouvais voir les courants de la rivière, les tourbillons, le flot et la façon dont l'eau semblait bouillir des profondeurs. Il nous était aussi interdit de descendre la digue près de la rivière. On pouvait se tenir sur la digue en présence d'un adulte, mais nous ne pouvions pas aller près de la rivière.

Cette imagerie de l'eau m'est restée et je l'utilise beaucoup pour transmettre différents types de symboles: le calme, l'eau coulante ou turbulente, les remous, les cercles concentriques, des bulles, des gouttes, des lignes fluides, des lignes horizontales. J'utilise aussi le motif des gouttes d'eau de pluie, pour mettre un vernis sombre sur une image. L'eau est traditionnellement symbolique de l'inconscient. J'use des motifs de l'eau pour exprimer comment les images passent de mon inconscient à la conscience.

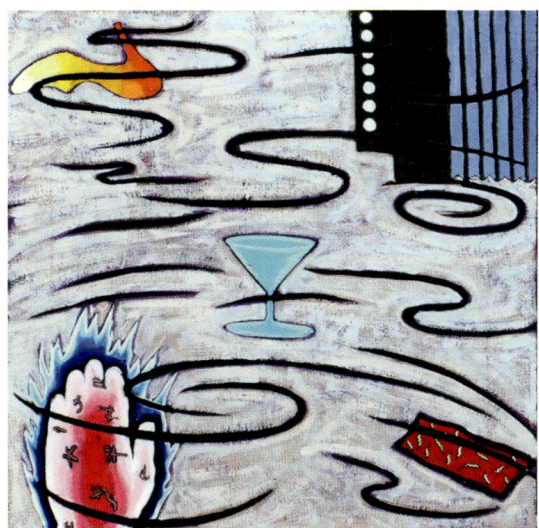

Muddy Waters, 60 x 60 cm, huile sur toile

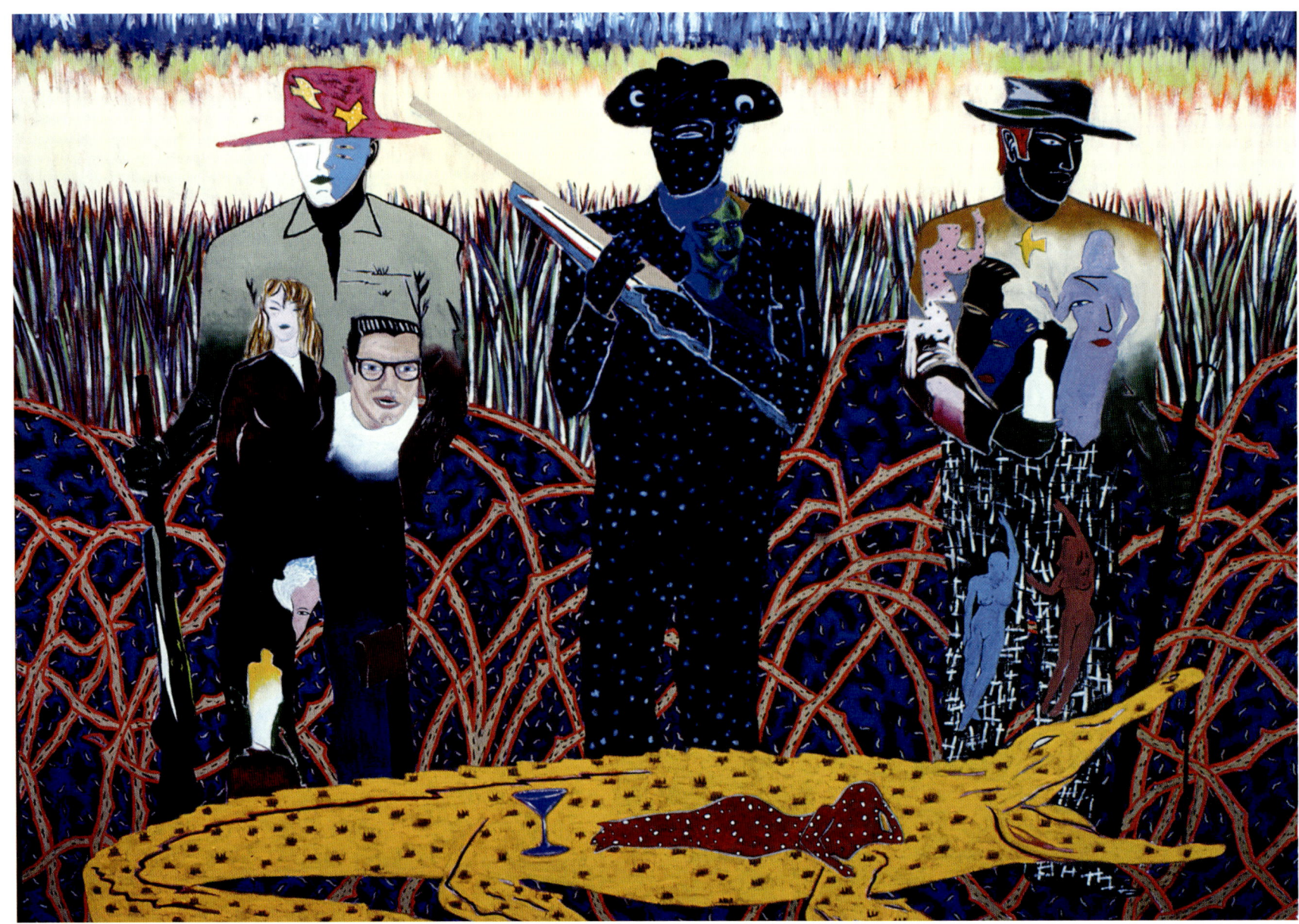

THREE ALLIGATOR HUNTERS

1989
78 x 100 IN (195 x 250 CM), OIL ON CANVAS

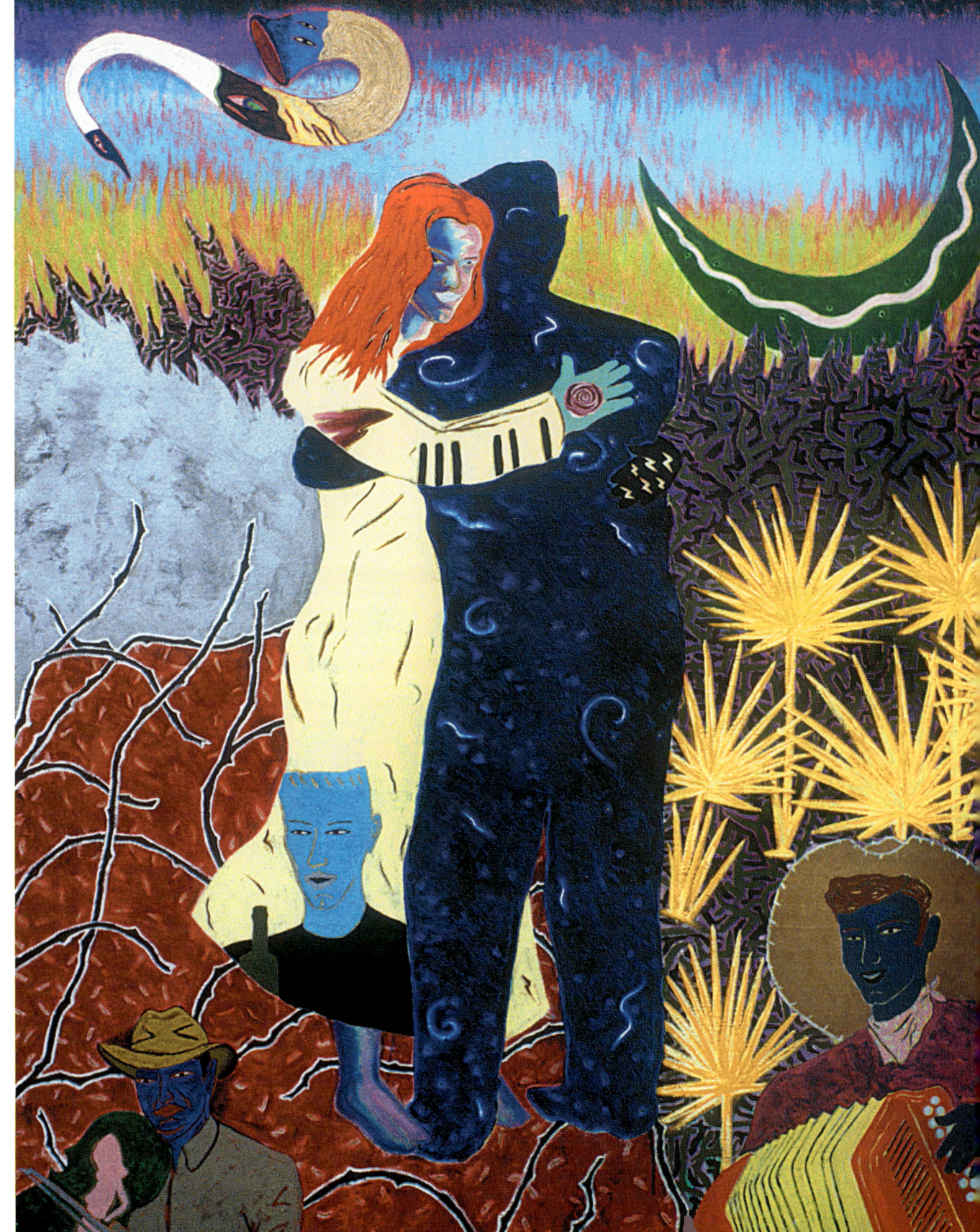

WHEN THE DAY LOVED
THE NIGHT
1990
72 x 54 IN (180 x 135 CM), OIL ON CANVAS

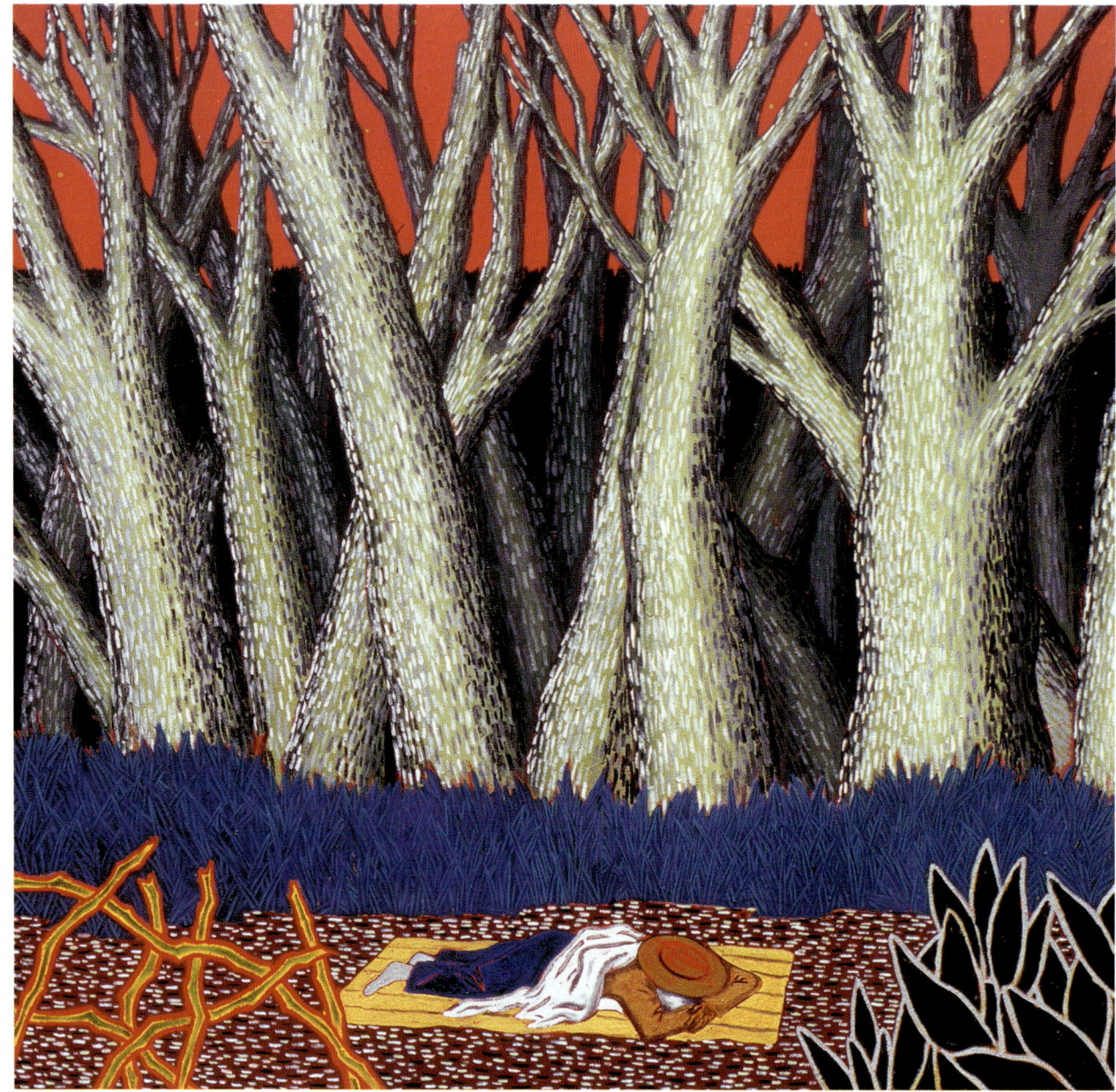

BIG WOODS
1994
30 x 30 IN (75 x 75 CM), OIL ON CANVAS

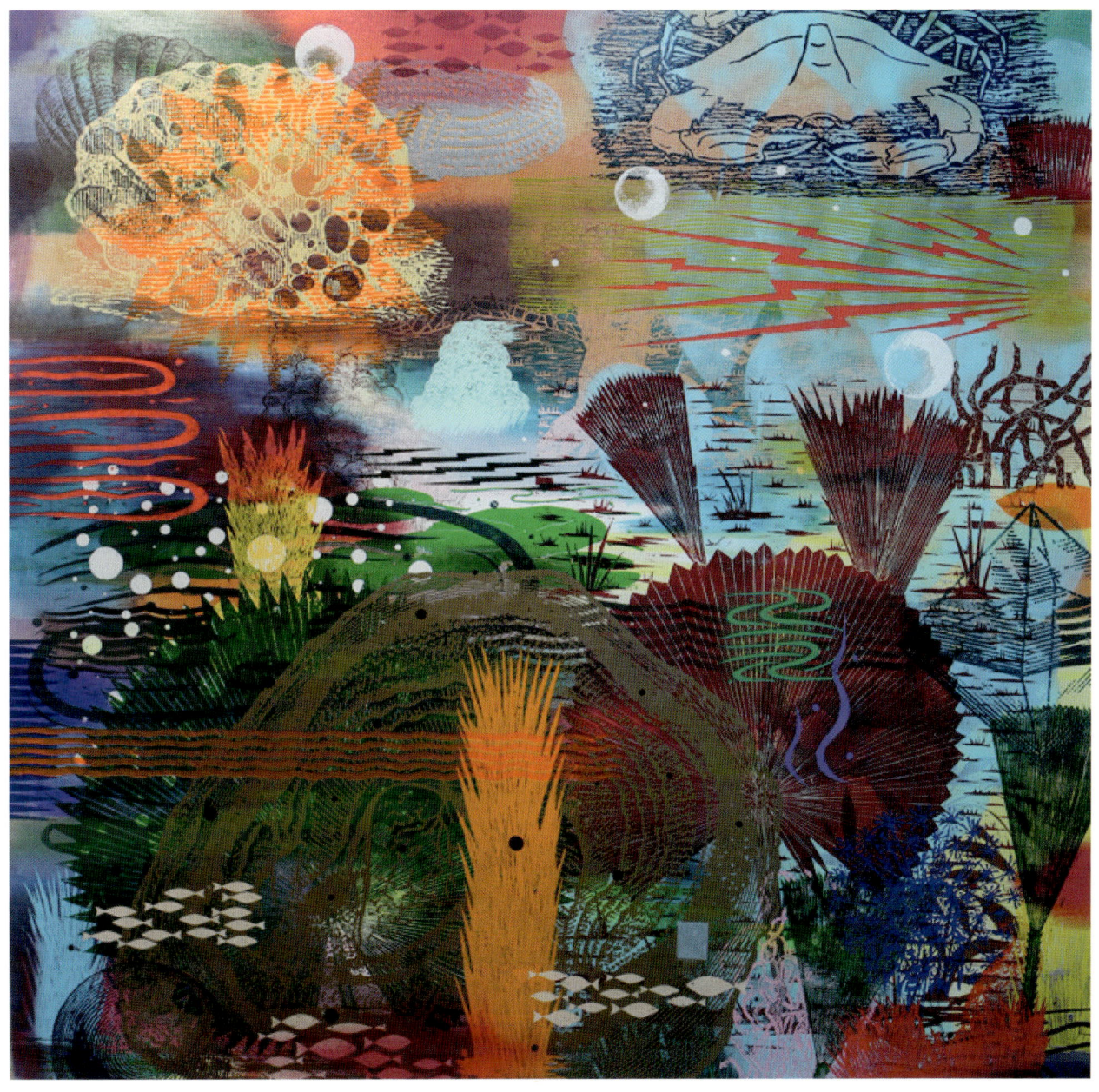

SECRET OYSTER BED

2014
72 x 72 IN (180 x 180 CM), OIL ON CANVAS

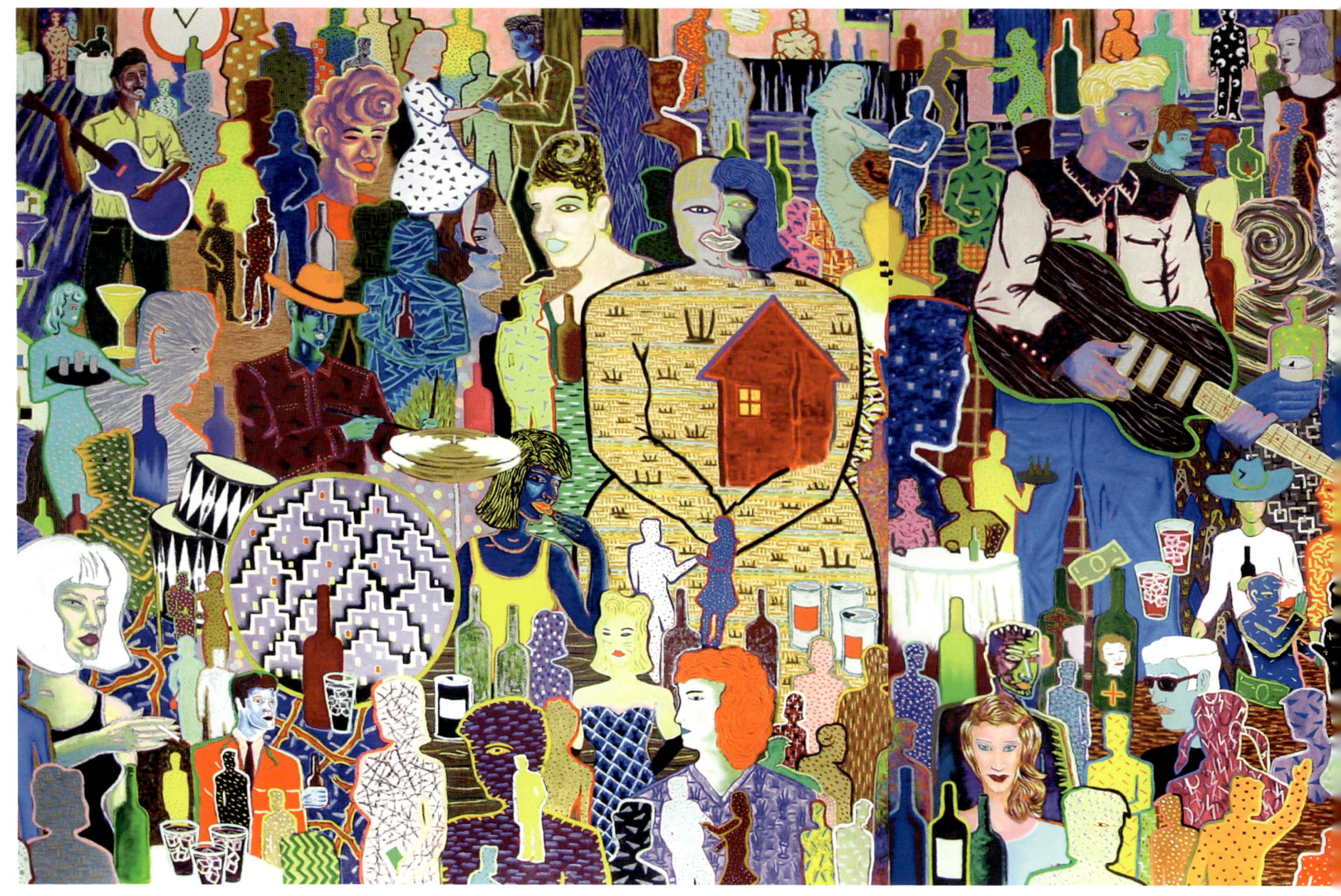

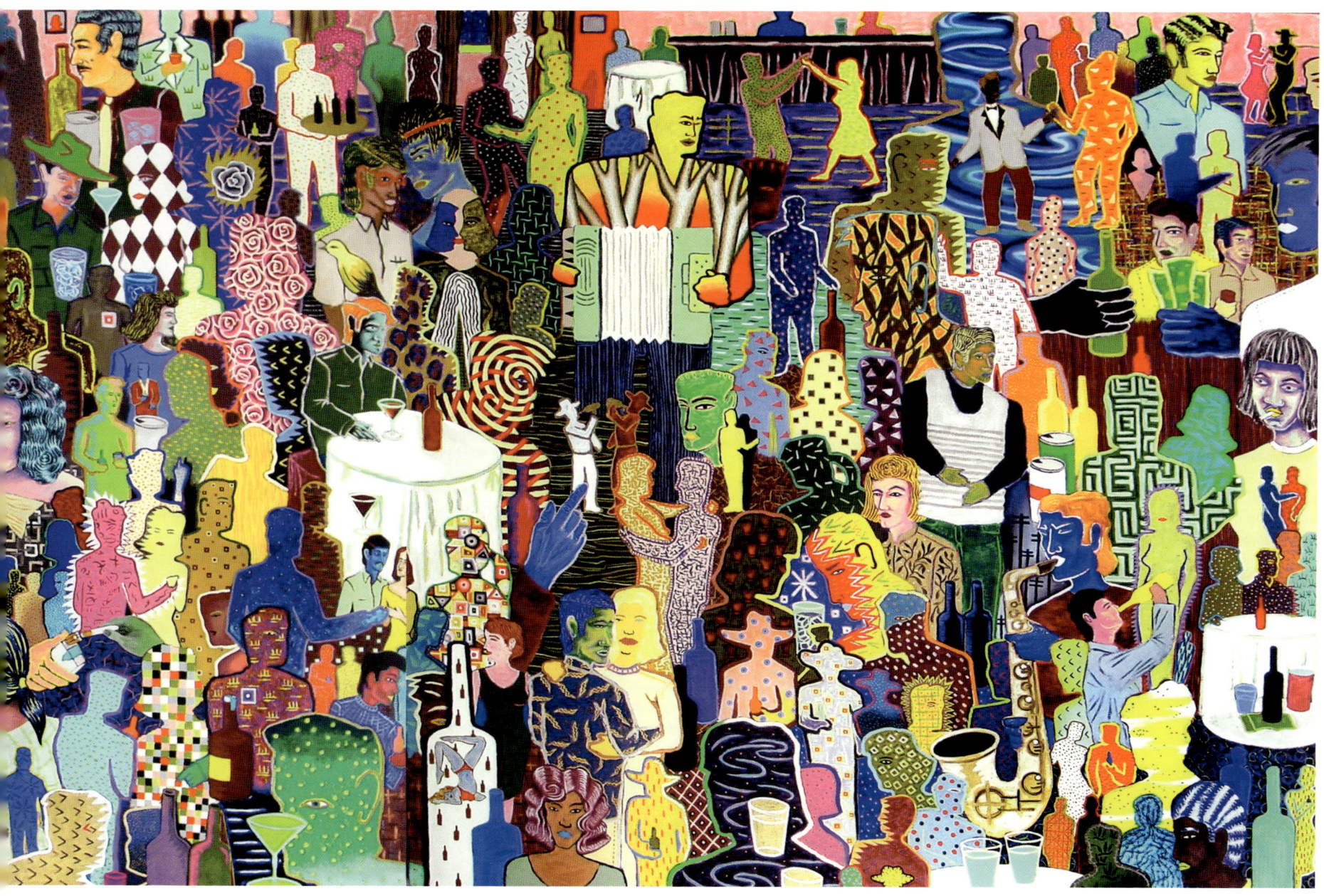

BAR SCENE
2003
72 x 216 IN (180 x 540 CM), OIL ON CANVAS

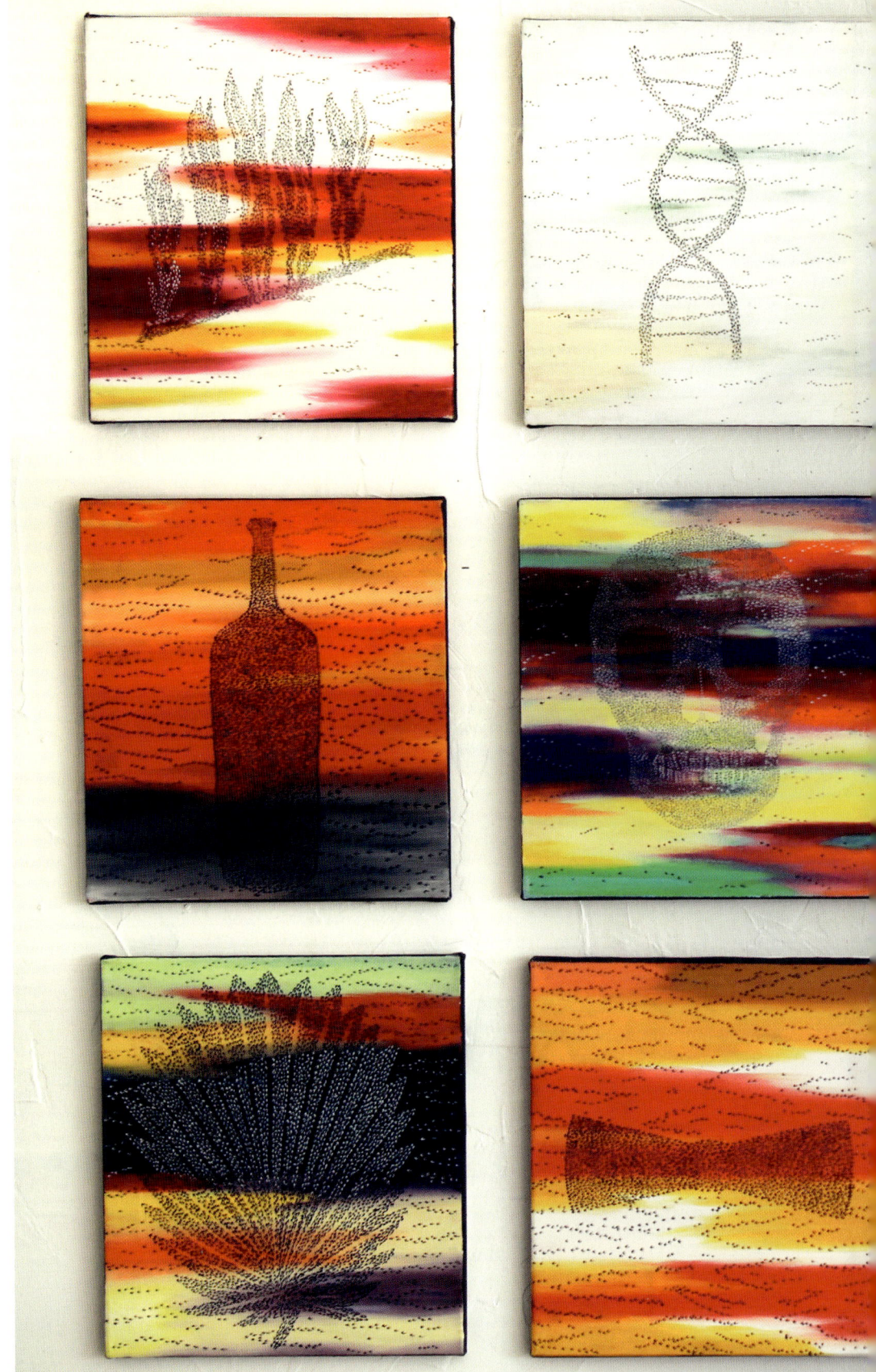

**MIGRATING FLOCK PATTERN
SERIES INTALLATION**
2005
72 x 120 IN (180 x 300 CM), OIL ON CANVAS

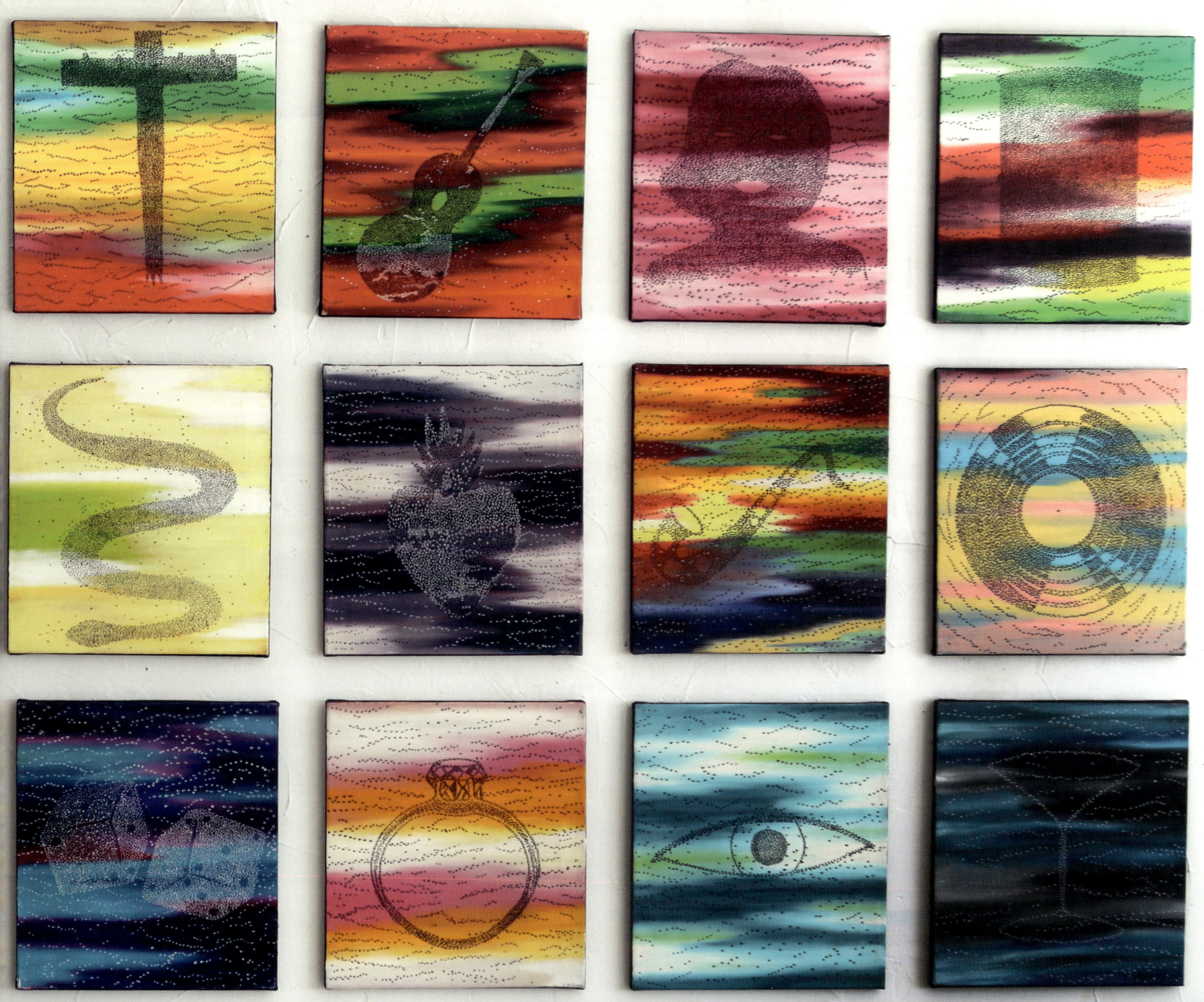

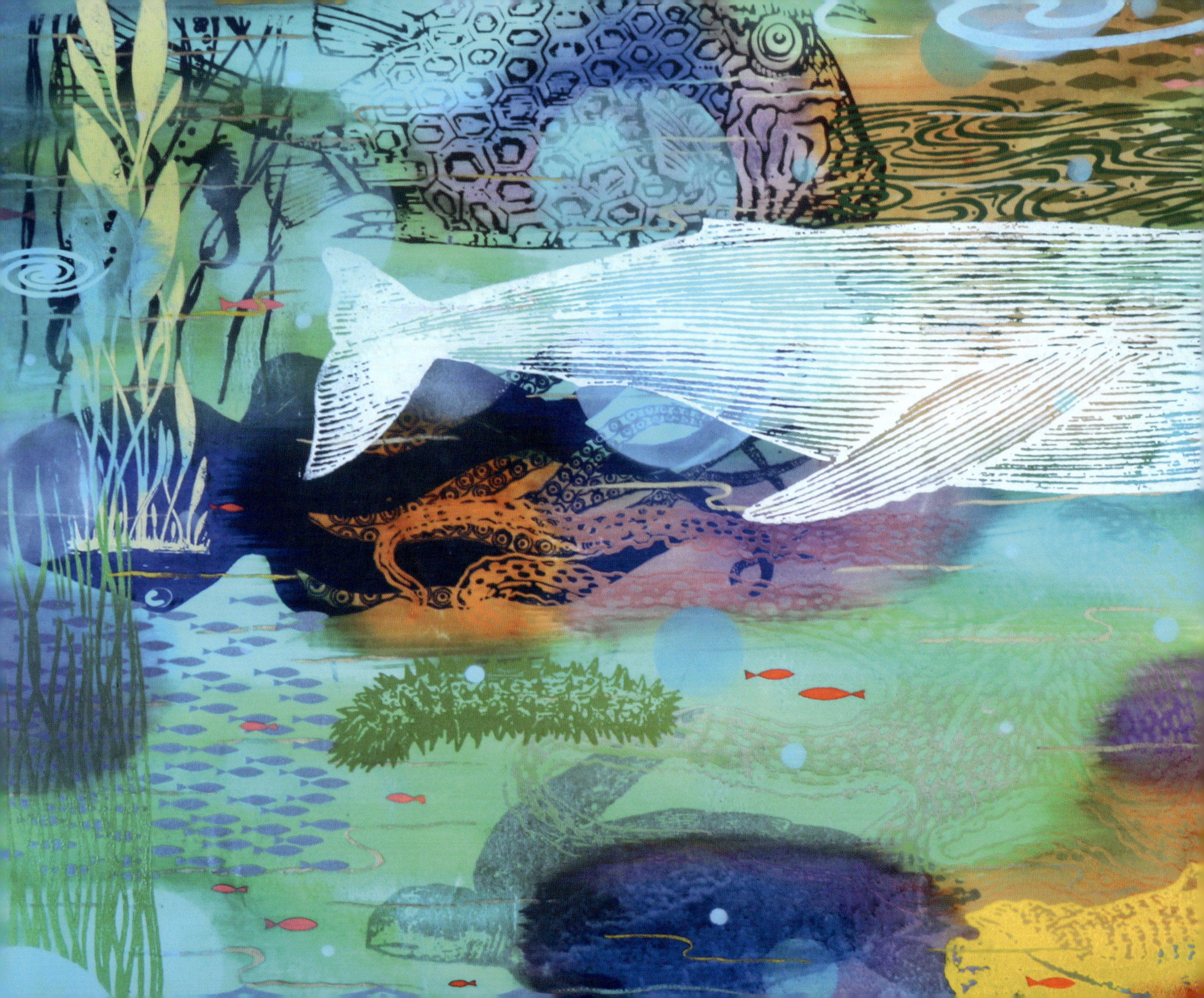

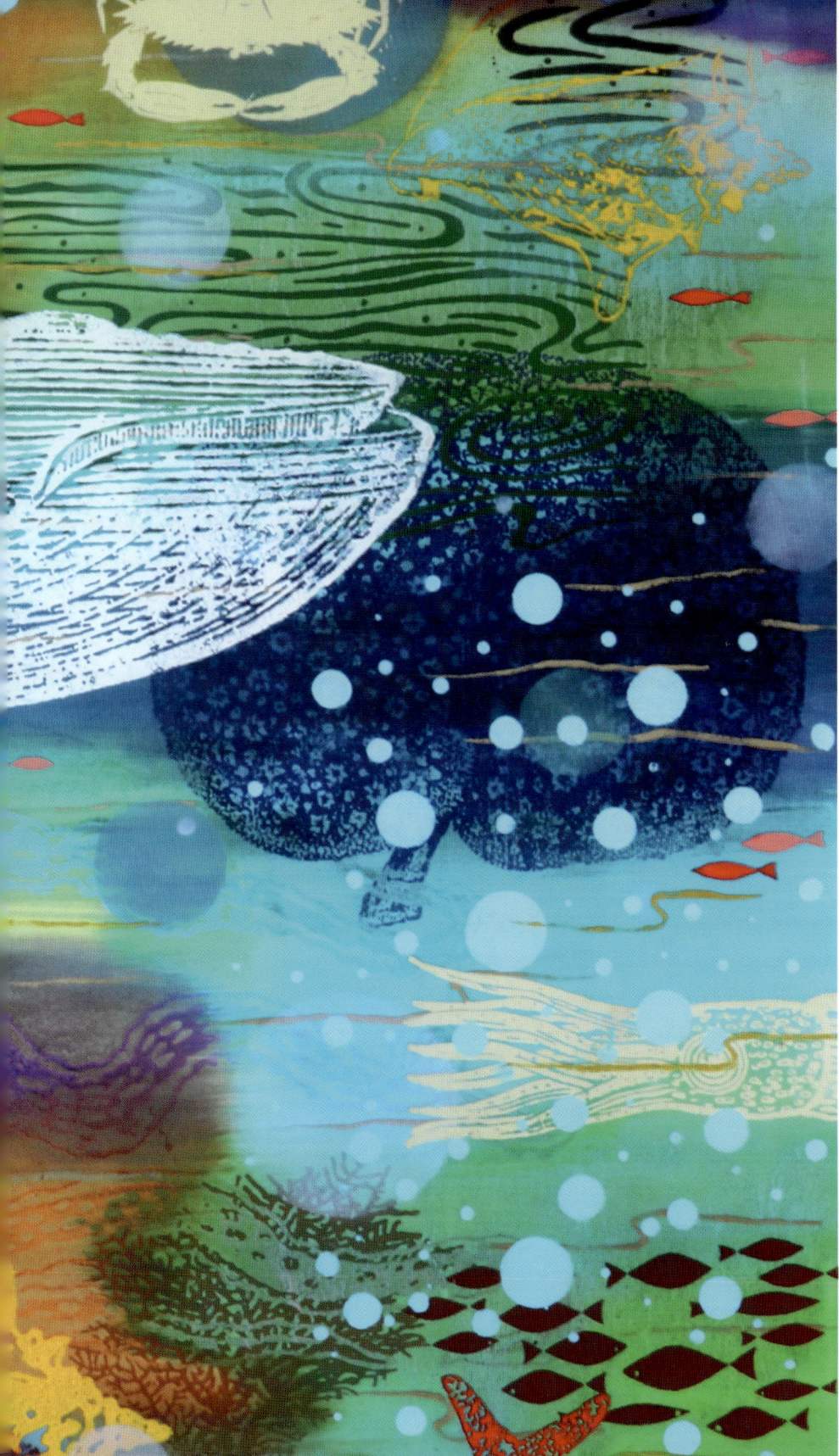

RIGHT WHITE WHALE
2018
50 x 60 IN (125 x 150 CM), OIL ON CANVAS

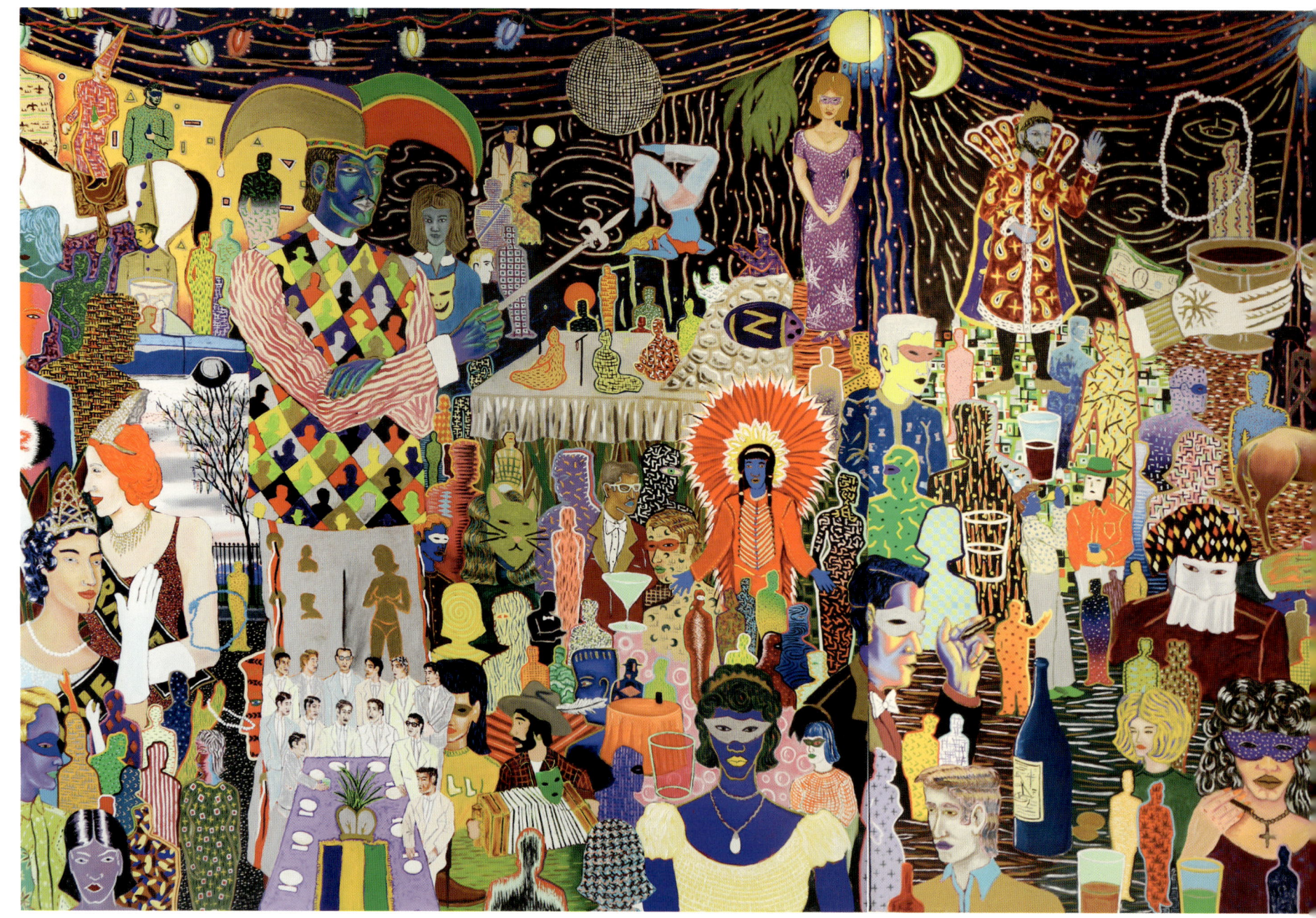

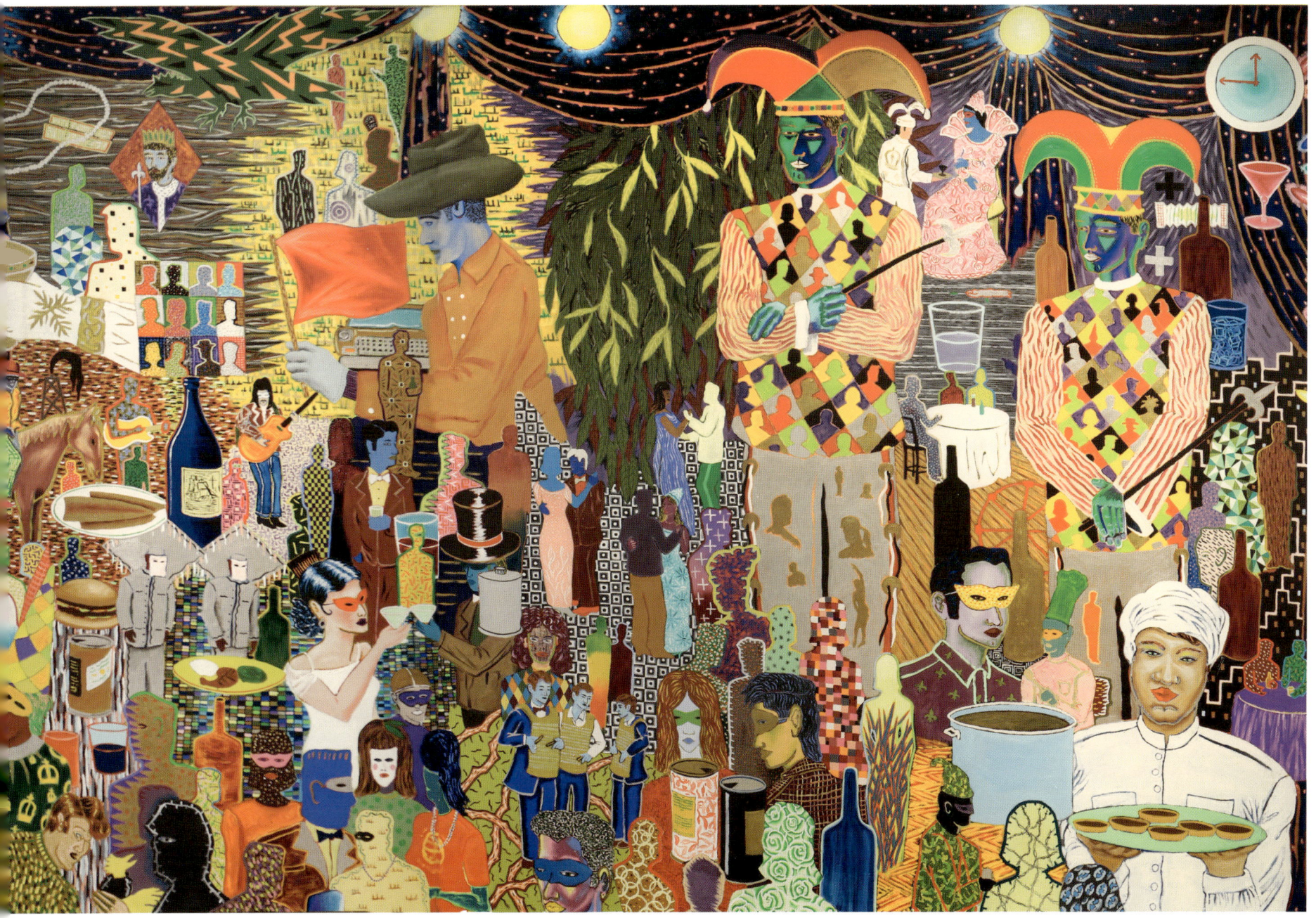

BORN ON MARDI GRAS

2004

6 x 18 FT (1,83 x 5,49 M), OIL ON CANVAS

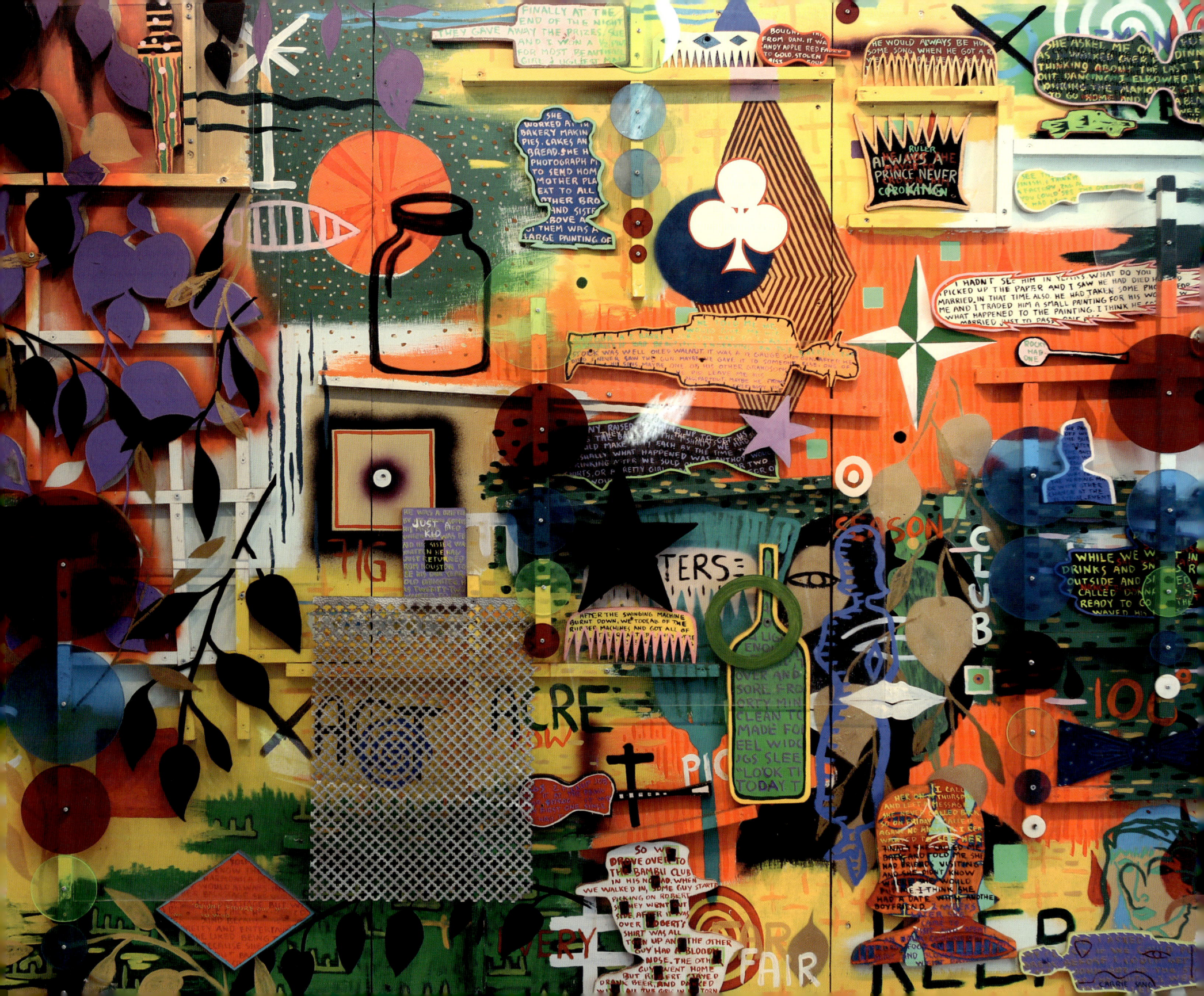

ALWAYS A PRINCE

2005
62 x 83 IN (155 x 208 CM), MIXED MEDIA

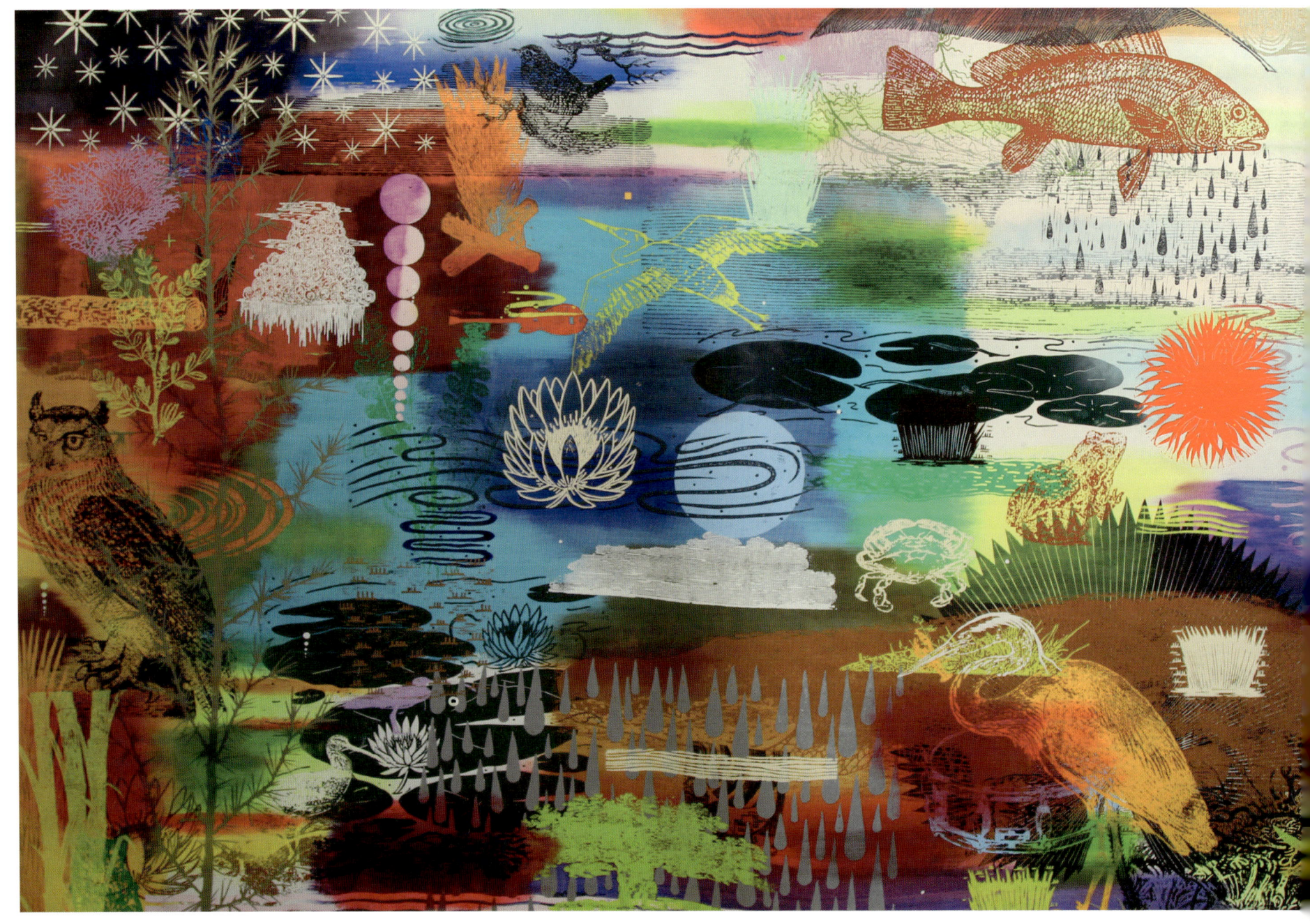

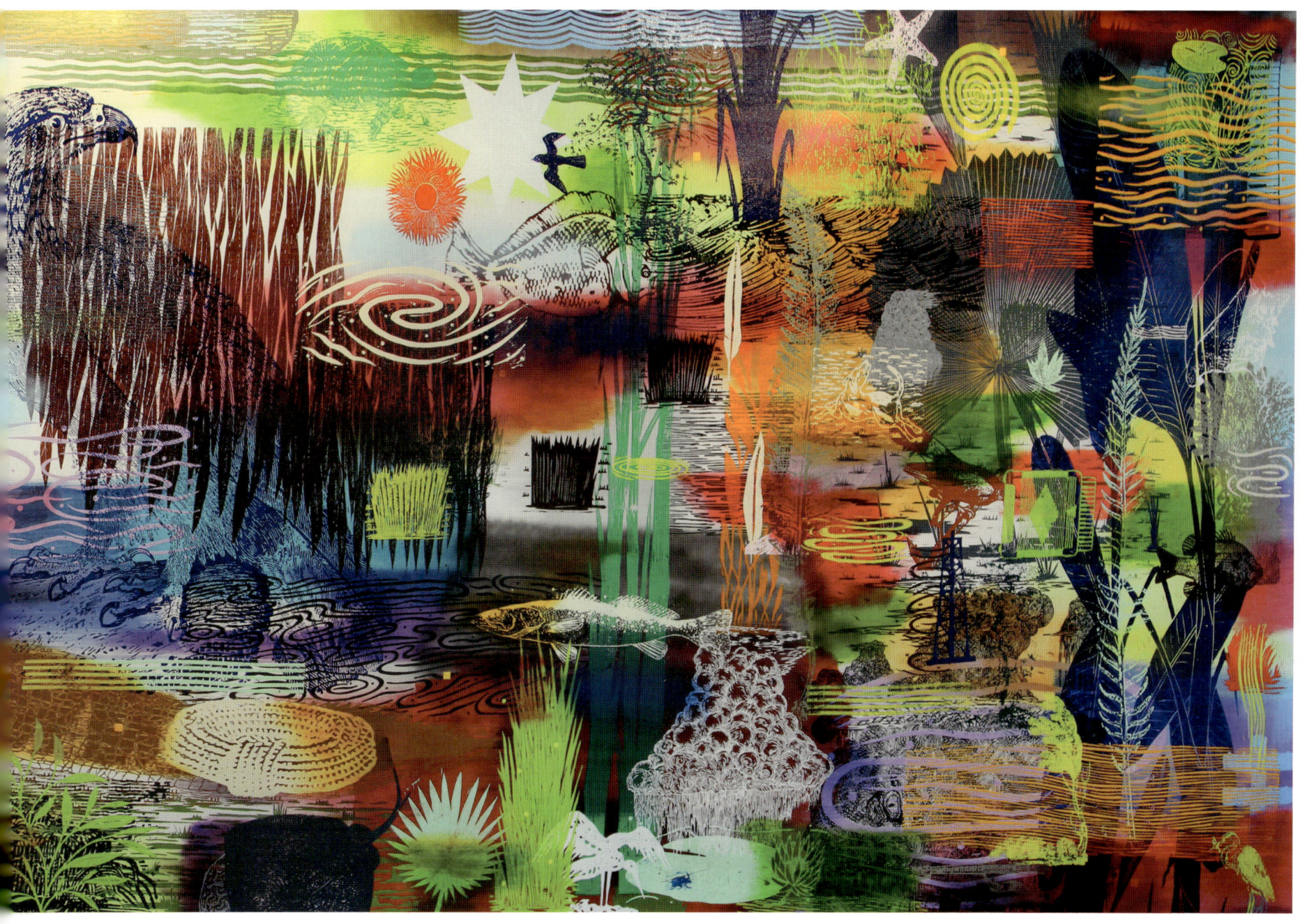

RESOURCE: LOUISIANA WETLANDS

2012

72 X 216 IN (180 x 540 CM), OIL ON CANVAS

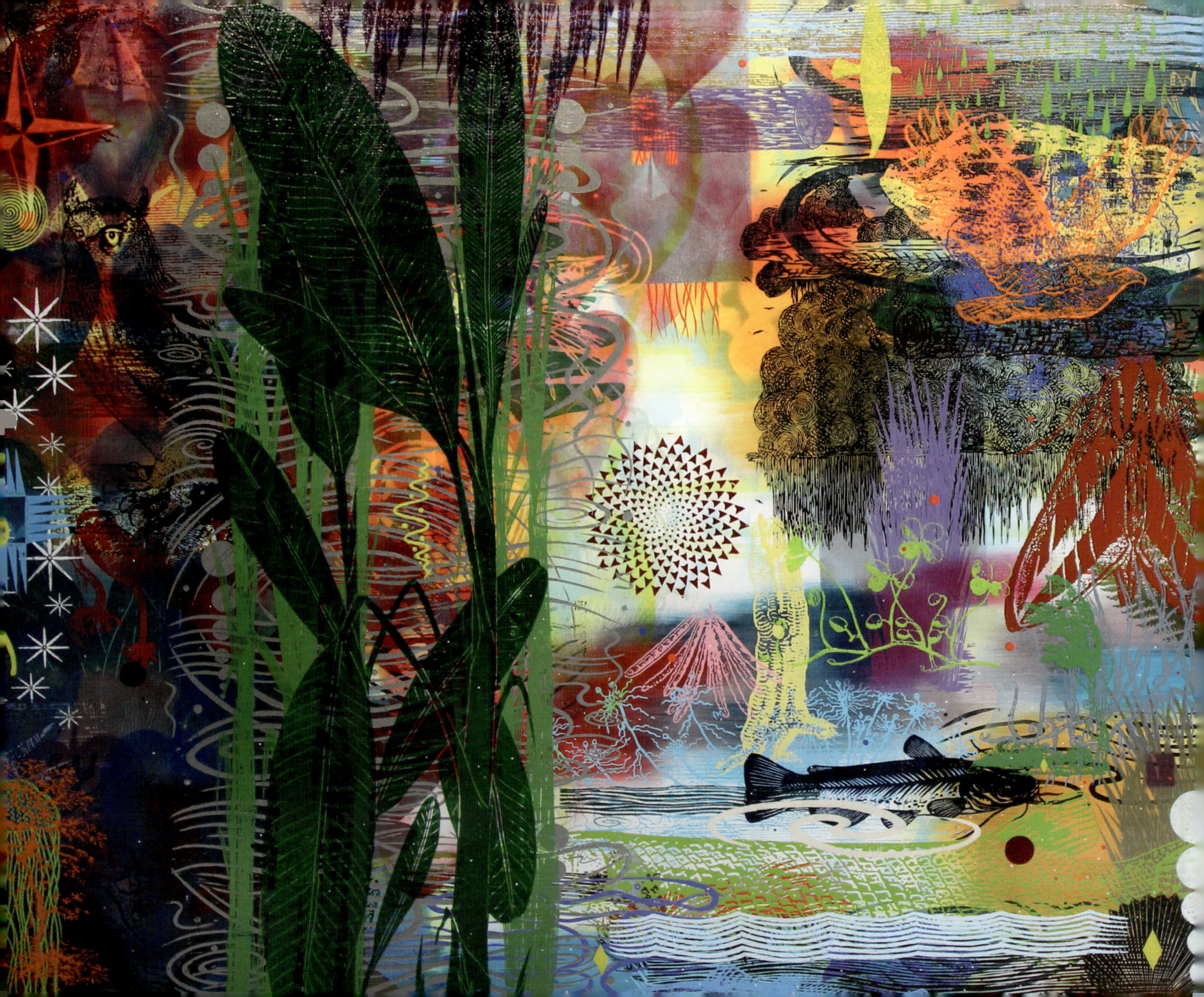

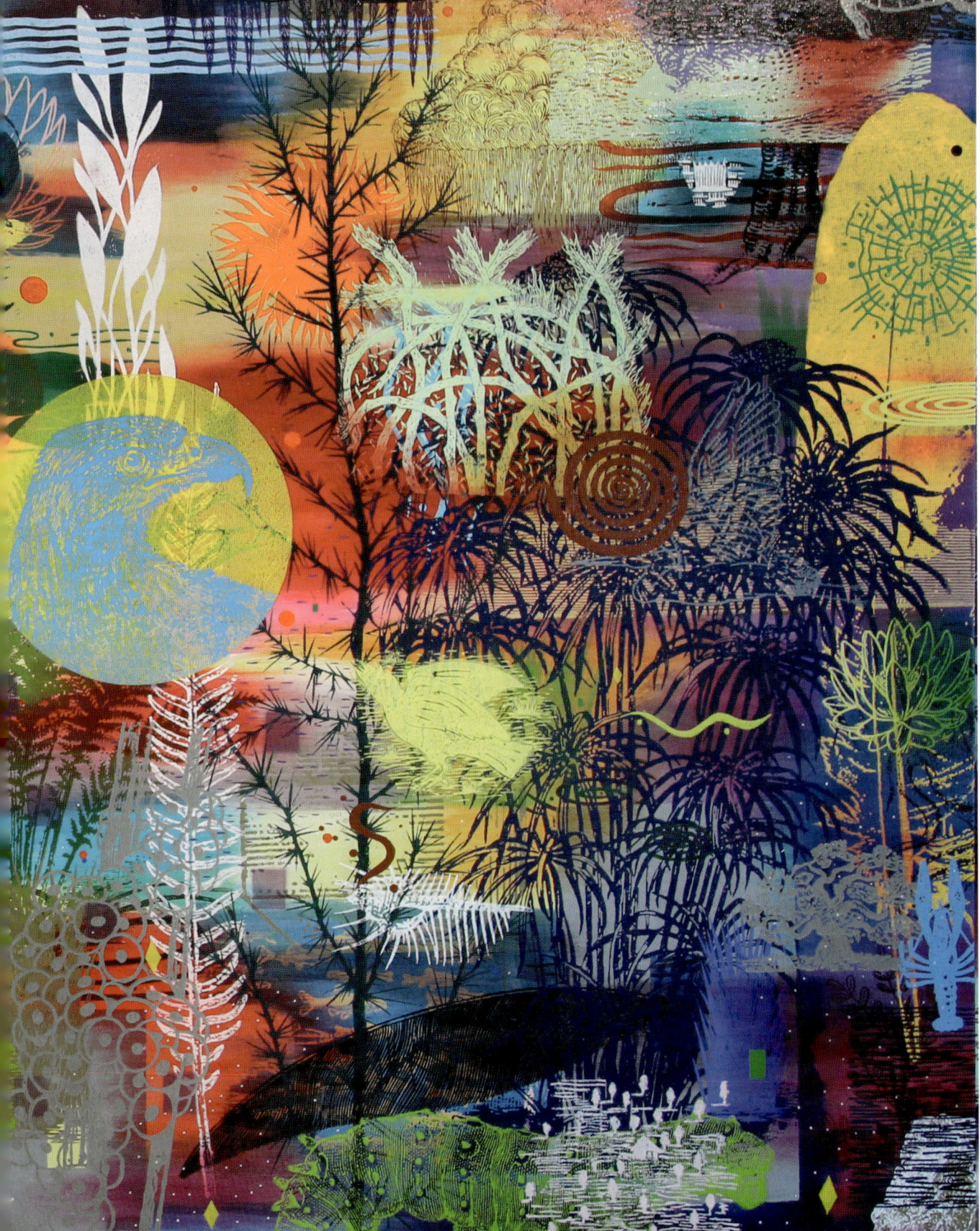

VENGOLDEN
2014
72 x 180 IN (180 x 450 CM)
OIL ON CANVAS

EXHIBITIONS BY FRANCIS PAVY

One Person Shows:

2017 In the Company of San Malo, Neighborhood story project,
New Orleans, LA, Nov 18 2107 - Feb 25 2018

Spotlight on Francis Pavy, Hilliard Museum
University of Louisiana at Lafayette, June 9th - June 10

2014 *Third Coast Suite,*Arthur Roger Gallery,
New Orleans, LA , August 4 - September 20

2012 *200: Artwork inspired by 200 years of statehood*
Arthur Roger Gallery, New Orleans, LA, March 3 - April 27

2011 *Expo Francis Pavy,* Chateau Chavanic-Lafayette,
Chavanic, France July 22 - Oct 2

New Roads, Barbara Archer Gallery, June 10 - July 31

35 year Retrospective,
Acadiana Center for the Arts, March 11 - May 7

Expo Francis Pavy, Musee Rops,
Namur, Belgium, Jan 10 - April 28

2010 *Expo Francis Pavy,* Musée Beurnier, Rossel, France,
Nov 27- Dec 24

2009 Arthur Roger Gallery, New Orleans, LA, April 4 -28

2005 Arthur Roger Project, New Orleans, LA, March 5 - April 24

2004 University Art Museum,
University of Louisiana at Lafayette, LA, April 21 - Aug. 21

2003 Arthur Roger Gallery, New Orleans, LA, Feb 1 - Mar 28

2001 McMurtrey Gallery, Houston, TX, June 2 - June 30

2000 Parchman Stremmel Gallery, San Antonio, TX, Oct 12 - Nov 16

Opelousas Museum of Art, Opelousas, LA, May 17 - Aug 30

Arthur Roger Gallery, New Orleans, LA, May 6 - June 2

1999 Salon du Grand Large, Saint Malo France in association with the
10th anniversary of the Festival international du livre, May 1 - 30

1998 McMurtrey Gallery, Houston, TX, Sept. 12-Oct. 10

Arthur Roger Gallery, New Orleans, LA, May 2-30

Les Chanson De Mardi Gras, Galveston Arts Center,
Galveston, TX, Feb. 7 - 28

1997 Arthur Roger Gallery, New Orleans, LA, Jan. 4 - Feb. 27

1996 McMurtrey Gallery, Houston, TX, May 4 - June 1

1995 Galerie Espace Flon, Lausanne, Switzerland, Dec. 14 - Jan. 27

Arthur Roger Gallery, New Orleans, LA, May 7 - 26

1994 Swanson Cralle Gallery, Louisville, KY, April 22 - May 21

McMurtrey Gallery, Houston, TX, Jan 8 - Feb 5

1993 Arthur Roger Gallery, New Orleans, LA, May 1 - June 15

1992 Arthur Roger Gallery, New York, NY, March 13 - April 4

1991 *La peinture de Francis Pavy, artiste de Louisiane*,
Gallery Les Franciscains, rue de Croisic,
Saint Nazaire, France, Nov 8 - Dec 1

McMurtrey Gallery, Houston, TX, Sept 15 - Oct 12

Arthur Roger Gallery, New Orleans, LA, Oct 5 - Nov 6

1990 *La peinture de Francis Pavy, artiste de Louisiane*,
En association avec le Transmusical de Rennes,
Salon Jaune, Rennes, France, Nov 1 - Dec 14

Barney Wyckoff Gallery, Aspen, CO, Aug 3 - Sept 5

Simms Fine Art, New Orleans, LA, May 5 - July 15

Fine Arts Building, Los Angeles, CA, March 15 - April 12

B-1 Gallery, Santa Monica, CA, March 15 - May 15

1989 *Four Guitars*, St Tammany Parish Art Association,
Covington, LA, Nov 17 - Dec 31

J'ai Été-Z-Au Bal, Swanson Cralle Gallery,
Louisville, KY, Sept 2 - Nov 10

Swamp Pop, Barney Wyckoff Gallery,
Aspen, CO, Aug 2 - Sept 4

1988 *Zydeco Images*, University Art Museum, University of
Southwestern Louisiana, Lafayette, LA, May 27 - Aug 31

1987 *Heritage*, Duplantier Gallery, New Orleans, LA, Nov 8 - Dec 26

Délegation de Québec Gallery, Lafayette, LA, April 21 - May 2

1984 Délegation de Québec Gallery, Lafayette, LA, May 4 - June4

1983 Jazz Gallery, Lafayette, LA, Oct 2 - Oct 30

1982 Antlers Gallery, Lafayette, LA, Nov 4 - Dec 4

1976 Union Gallery, University of Southwestern Louisiana,
Lafayette, LA, May 1 - 14

Invitational Exhibitions:

2016 *Tierce: Artists of Louisiana Francophone Cultures*,
Alexandria Museum of Art, Alexandria, LA, Sept 2 - Nov 9

Total Immersion: Water and the Louisiana Landscape, LSU
Museum of Art,Baton Rouge, LA, Feb 16th, 2016 - Feb 20 2017

2015 *Monuments and Metaphors: Art in Public Spaces*, Lousiana Arts
and Science Museum, Baton Rouge, LA, March 21 - Jun 28

2013 The Los Angeles Printmaking Society 21st National Exhibition,
CSUN, Northridge, CA, Oct 23 - Dec 14

2011 *Reconsidering Regionalism: Contemporary Prints About the South*,
Jule Collins Museum, Auburn, AL, April 2 - July 23

2006 *Sustained Winds*, Acadiana Center for the Arts,
Lafayette, LA, Jan 14 - March 18

2005 *Spirit of Place*, Ogden Museum of Southern Art,
New Orleans, LA, April 21 - July 23

2004 *Spirit of Place*, Acadiana Center for the Arts,
Lafayette , LA, Oct 16 - Jan 20

2000 *Outward Bound: American Art on the Brink of the Twenty First
Century*, The CIPTA Gallery, Jakarta Arts Center ,
Jakarta, Indonesia, Feb1-29

The Metropolitan Museum, Manila, Philippines, April 1 - 30

The Singapore Art Museum, Singapore, July 3 - Sept 15

1999 *Invitèmes: Peintres louisianais*, 92 Salon,
Presented by the Maire de Paris and the Société internationale
des Beaux-Arts (SIBA), Paris, France, October 7 - 28

*Outward Bound: American Art on the Brink of the Twenty first
Century*, White-Meyer Galleries Meridian International
Center, Washington D.C., May 20 - Jun11th

The Museum of Fine Arts, Hanoi, Vietnam, Aug 25 - Sept 23

The Painting Institute, Shanghai, China, Oct 23 - Nov 20

The Working People's Cultural Palace,
Bejing, China, Dec 8 - Dec 28

Louisiana Visual Artist Fellowship Exhibit,
Baton Rouge Gallery, Baton Rouge, LA, Jan 24 - Feb 19

Southeastern University, Clark Hall Gallery,
Houma, LA, Mar 18 - April 15

Alexandria Museum, Alexandria, LA, June 5-July 22

Loyola University, New Orleans, LA, Aug 19-Oct 23

1998 New Orleans Triennial, New Orleans Museum of Art,
New Orleans, LA, Aug 15 - Oct 12

Elvis & Marilyn: Two Times Immortal
Mitsukoshi Museum of Art, Fukuoka, Japan, Feb 5 - March 1

Kumamoto Prefectural Museum of Art,
Kumamoto, Japan, April 3 -May 10

The Colors of Rhythm, Contemporary Arts Center
New Orleans, Louisiana, May 2 - June 27

Body & Soul, Contemporary Southern Figures,
The Mobile Museum of Art, Mobile, AL, Mar 13-May 5

The Cummer Museum of Art, Jacksonville, FL, May 15-Aug 15

1997 *Body & Soul*, Contemporary Southern Figures,
The Columbus Museum,Columbus, GA, May 30 - Aug 17

The Mississippi Museum of Art,
Jackson, MS, Dec 13 1997 - Feb 15 1998

Elvis & Marilyn: Two Times Immortal
Honolulu Academy of Arts, Honolulu, HI, April 4 - June 8

Hokkaido Museum of Art , Hokkaido, Japan, June 21 - July 31

Daimaru Museum,Umeda-Osaka,Japan, Aug 6 - Aug 18

Takamatsu City Museum of Art, Japan, Sep 19 - Oct 19

Sogo Museum of Art, Yokohama, Japan, Nov 14 - Dec 14

1996 *Elvis & Marilyn: Two Times Immortal*

The Philbrook Museum of Art,Tulsa, OK, April 13 - June 3

Columbus Museum of Art, Columbus, OH, June 22 - Aug 19

Tennessee State Museum, Nashville, TN, Sep 7- Nov 3

San Jose Museum of Art , San Jose, CA, Nov 23- Jan 30

POP! goes the Icon: Southern Artists Use the Symbols of America,
Art Walk at Lennox Square, Atlanta, GA, June 14 - Sep 9

1995 *Elvis & Marilyn: 2 Times Immortal*
Contemporary Art Museum, Houston, TX, Feb 4 - March 26

Mint Museum of Art, Charlotte, NC, April 15 -June 30

Cleveland Museum of Art, Cleveland, OH, Aug 2 - Sept 23

New York Historical Society, New York, NY, October 15 - Jan 8

1994 *Elvis & Marilyn: 2 Times Immortal*
Institute of Contemporary Art, Boston, MA, Nov 2 - Jan 29

1995 *Contemporary Southern Narrative Painting*
Morris Museum of Art, Augusta, GA, May 19 - Aug 14

Gibbes Museum of Art, Charleston, SC, Sep 6 - Oct 9

Musician as Artist, St. Tammany Art Association,
Covington, LA, May 15 - June 11

Tune In, An Exhibit of works on a musical theme celebrating 25
Years of Jazz Festival, Gallery I/O, New Orleans, LA, Apr 1- May 31

1992 *Cast in Glass*, Gallery I/O, New Orleans, LA, Jun 13 - Jul 15

1991 *Ship Shapes*, A Multi Media Exhibition celebrating the
opening of the Texas SeaportMuseum,
Galveston Arts Center, Galveston, TX, Nov 12- Dec

New Regional Painting, Moody Gallery,
University of Alabama, Tuscaloosa, AL, Sep 15 - Dec 06

1990 *I-49*, Alexandria Art Museum, Alexandria, LA, July 25 - Sept 1

Louisiana In Black Light, Tulane University,
New Orleans, LA, Jan 26 - March 1

1989 *Tattooed Walls*, A Multi-Media Drawing performance,
Historic New Orleans Collection, New Orleans, LA,
Sponsored by The Contemporary Arts Center, May 14

Fresh From Down the Road, Historic New Orleans Collection,
Sponsored by the CAC, New Orleans, LA, May 14 - June 28

1988 *The Elephant in Art*, Simms Fine Art,
New Orleans, LA, Aug 9 - Sept 10

Gone Fishing, Simms Fine Art, New Orleans, LA, April 19 - May

1987 *Tattooed Walls*, A Drawing Performance,
Artists' Alliance Gallery, Lafayette, LA, July 1

Gris Gris, Artist's Alliance Gallery, Lafayette, LA, June 24- July 31

1986 *Tattooed Walls*, A drawing performance,
Artist's Alliance Gallery ,Lafayette, LA, Nov 1

1984 *A Showing of Small Works*, Miller Gallery,
Carencro, LA, Aug 15-Sep 29

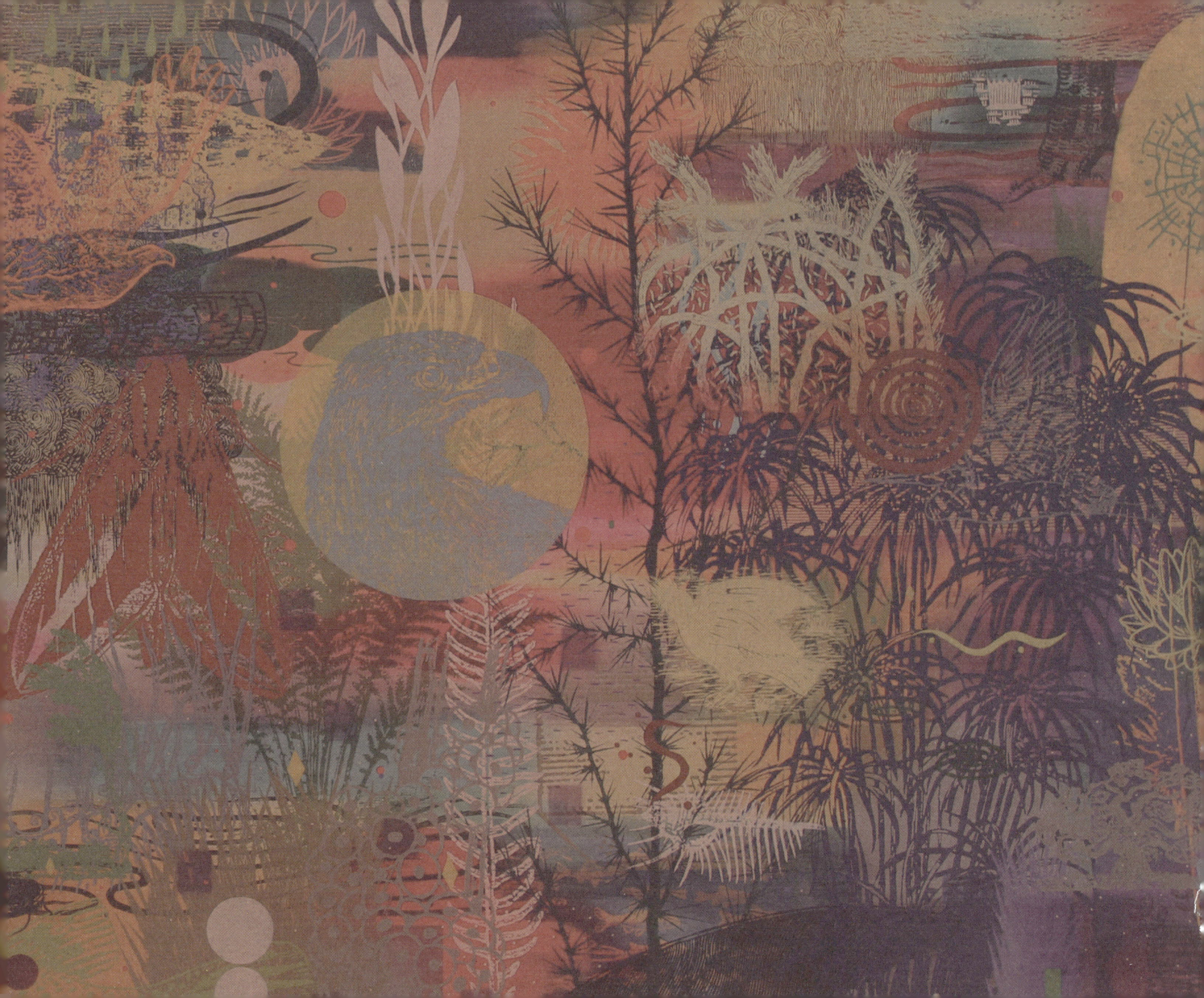